konkursbuch 20

Das Sexuelle, die Frauen und die Kunst

D1937894

konkursbuch VERLAG CLAUDIA GEHRKE

Die Texte dieses *konkursbuches* sind Vorträge des Symposions »Weibliche Kreativität und Sexualität in Psychoanalyse und Literatur«, das von Karin Rick konzipiert und organisiert wurde und vom 15.–17. Mai 1987 an der Hochschule für angewandte Kunst in Wien stattfand.

PF 1621 · 7400 Tübingen · Tel. 07071/66551
Satz & Gestaltung: VA Peter Großhaus, Berlin
ISBN 3-88769-220-9

KONKURSBUCH 20

Das Sexuelle, die Frauen und die Kunst

herausgegeben von Karin Rick

konkursbuch VERLAG CLAUDIA GEHRKE

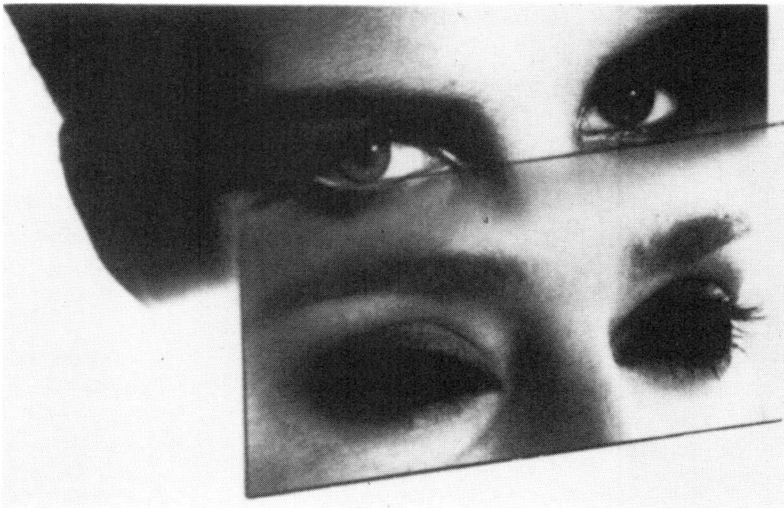

KARIN RICK

Vorwort

DIE WEIBLICHE SEXUALITÄT ist für unseren Kulturbetrieb immer noch ein heißes Eisen. Es kann gegebenenfalls passieren, daß die Verantwortlichen kreativitätsfördernder Institutionen, wenn ein Projekt mit solchen Inhalten an sie herangetragen wird, bei einer Ablehnung sich nicht scheuen, auch folgende Begründung auf den Tisch zu knallen: »Werte Frau, wir können uns doch keine Frivolitäten leisten!« [1]

Frivolitäten!

Bei den hier dargebotenen Frivolitäten geht es immerhin um Theorien zur Genese weiblicher Geschlechtsidentität, zur Neuformulierung der weiblichen Triebökonomie in Überwindung des Freudschen biologischen Determinismus in Bezug auf die Sexualität der Frau und um deren Zusammenhang mit der Entstehung des kreativen Aktes. In einem allgemeinen philosophischen Klima der Subjekt- und Metaphysikkritik sind diese theoretischen Ansätze von äußerster Brisanz. Es liegt ja hier die Möglichkeit, den Objektstatus zu überwinden, den die Philosophie für die Frau immer beansprucht hat, und trotzdem nicht in die Irrtümer des Idealismus zu verfallen, das Subjekt als Weltbeherrschendes, ja Welterzeugendes zu setzen.

Trotzdem – oder gerade wegen ihrer Brisanz – sind diese Forschungen, wenn schon nicht totgeschwiegen, so doch einhellig ignoriert worden. Das Weibliche sei an den Rändern ausmachbar, sagt man gern, wenn man es sich angelegen sein läßt, über weibliche Ästhetik zu sprechen. Das Weibliche ist vor allem an den Rand gedrängt worden, sage ich.

In Anthologien zeitgenössischen Denkens, die in letzter Zeit aus dem Boden sprießen, ist von ihm keine Spur, tauchen Philosophinnen höchstens in Fußnoten auf.

Die Frau, bis jetzt als das Andere von der Philosophie vom Tisch gewischt, wird jetzt ganz zum Verschwinden gebracht – verschluckt im Loch der von Männern konstruierten Repräsentationssysteme, die leider innerste Tatsachen unseres eigenen Bewußtseins zum Ausdruck bringen: »La femme n'existe pas.« – Die Frau existiert nicht.

1 ▪ Aus einem Brief an die Herausgeberin, Februar 1987

Da der Anspruch der hier vorgebrachten Forschungsarbeiten und literarischen Entwürfe um die Bestimmung weiblicher Subjektivität kreist – wobei die Psychoanalyse die Subjektkonstitution auch von der ontogenetischen Entwicklung des Individuums her begreift, möchte ich noch kurz auf das eingehen, was mir an der aktuellen philosophischen Diskussion für die Gespräche der nächsten Tage als entscheidend vorkommt:

Die feministische Theoriebildung hat sich in den letzten Jahren verstärkt an den Denkströmungen orientiert, die man global unter der Bezeichnung »Poststrukturalismus« zusammenfassen könnte. Besonders deutlich wurde mir das 1986 in Hamburg, bei der Tagung, »Frauen in der Literaturwissenschaft«, wo man nicht oft genug auf die Bedeutung französischer Denker für die Entwicklung feministischer Theorien von gesellschaftspolitischer Bedeutung hinweisen konnte. Zitiert wurden vor allem Foucaults Denkkonstruktion der Macht, Lacans Lektüre Saussures und Freuds, sowie Derridas Konzept der Schrift als Hieroglyphe, die beiden letzteren im Hinblick auf den Begriff der »weiblichen Schrift«.

Was diese Ansätze für die feministische Philosophie so interessant macht, ist die ihnen inhärente Kritik am autonomen Subjekt, das als Inbegriff männlichen Denkens und Formprinzip patriarchaler Vernunft, schlechthin als Illusion verworfen wird.

Ohne auf die Verkürzungen einzugehen, die französische Denker mit dem Erbe des deutschen Idealismus getrieben haben, möchte ich in diesem Zusammenhang nur auf folgende Aporien hinweisen, die sich für die feministische Kritik logo- und phallozentrierten Denkens ergeben:

Eine Entlarvung des autonomen Subjekts mit Zugriff auf die Welt als Männliches – der Subjektbegriff in der Philosophie soll sich angeblich von selbst als männlicher verstehen, steht im Widerspruch zum Subjektverständnis Schlegels, der es als Passives, der Welt Unterworfenes, ja Hingegebenes definiert, Attribute, die gemeinhin als Weibliche bezeichnet werden.

Eine der Radikalisierungen der zeitgenössischen Subjektkritik ist es überdies, das Weibliche »ex negativo« zu bestimmen, nach dem Modus »tollendo tollens«, wie Lacan dies macht, der es durch negative Prädikate ganz aufhebt.

Lacans Vorgehen ist symptomatisch für eine Auffassung, die die absolute Herrschaft des Sprachzusammenhangs über den Seins- und Existenzzusammenhang setzt, und ist eigentlich nichts anderes als eine neue Modifikation eines alten, glottozentrierten Idealismus.

Diesem allen gegenüber geraten jene Ansätze ins Hintertreffen, die an der unmittelbaren Existenz des weiblichen Individuums orientiert sind.

Ich als individuell Existierende sehe mich durch folgende das allgemeine

Bewußtsein bestimmende Auffassungen eingeschränkt, die meine Existenz als Frau betreffen, beziehungsweise dazu beitragen, sie ontologisch zu bestimmen. Da wäre einmal die Behauptung, »Die Frau existiert als das Andere«, die etwa dem Ansatz Simone de Beauvoirs entspricht. Ich würde sie als objektive Wiedergabe gesellschaftlicher Gegebenheiten bezeichnen.

Am Gegenpol dieser Behauptung befindet sich deren utopische Verneinung,
»Die Frau existiert NICHT als das Andere«.

Das stellt eine historische Entwicklungslinie dar, die noch nicht – aber hoffentlich bald – realisiert ist.

Gekreuzt wird diese Vertikale vom Lacan'schen Anspruch,
»Die Frau existiert NICHT.«

Welchen ich zwar nicht ernst nehmen kann, welcher jedoch zumindest die theoretische Formulierung des uns Frauen anerzogenen Bewußtseins der Minderwertigkeit und Nichtigkeit ist – nicht so leicht vergessen zu machen oder zu überwinden, und als Produkt der Sozialisierung immer in uns präsent. Dem entspricht als Verneinung der Satz,
»Die Frau existiert«
als naive Wunschvorstellung subjektiver Gegebenheiten, von Frauen formuliert, die die objektiven Gegebenheiten nicht zur Kenntnis nehmen, weil sie sich in gepolsterten sozialen Verhältnissen befinden.

Ich bin in meinem Bewußtsein/Selbstbewußtsein, in meinen Versuchen, mich zu entwerfen, eingeschränkt durch diese von außen an mich herangetragenen, objektiven Bestimmungen meines Seins als Frau.

Ich, die ich mich durch, sagen wir einmal, mein Begehren, als existierende erfahre. Begehren zum Anderen hin, und, für mich als Schriftstellerin, Begehren zum Text hin, das mittelbar wieder das Begehren zum Anderen hin ist.

Dieses Begehren ist die Verbindung, die ich persönlich zwischen der Sexualität und der kreativen Handlung setzen würde. Das Begehren – dieser Moment des Außer-sich-Seins, dieses Stehen wie auf einem Sprungbrett vor dem Abgrund, diese Unerträglichkeit des Seins und das Gefühl vom Leben abzutreiben, knapp bevor ich den ersten Schritt nach vorne mache – zum Anderen hin, oder zum Text – und die Verbindung mit der Welt wieder da ist, sekundenlang, durch das Schwindelgefühl der Verwirklichung, durch die Illusion der Möglichkeit der vollkommenen Mitteilbarkeit und vollkommenen Einheit zwischen mir und der Welt.

Mit diesem Schritt auf den anderen zu – mit dieser Reduktion der Distanz zwischen ihm und mir auf Null – oder beim Schreiben, mit dem

Aufsetzen der Feder, bin ich wieder IN der Welt, hafte ich momentelang am Leben.

Und mit dieser Verwirklichung, Konkretisierung stehe ich aber auch wieder im Schnittpunkt der Koordination gesellschaftlicher Bestimmungen und Utopien des Frau-Seins. »Der Traum ist besser als die Verwirklichung«, wäre ich dann versucht, zu sagen, wenn ich nicht sosehr vom Gegenteil überzeugt wäre. Und trotzdem: Je länger ich lebe und je dringlicher es wird, etwas zu entwerfen, mich zu entwerfen, umso enger ziehen sich die Maschen des patriarchalen Netzes um mich zusammen, die einer Gesellschaft, die vom Tod und der Vergänglichkeit besessen ist, je intensiver meine Bemühungen werden, den Objektstatus zu überwinden, der mir von außen aufgezwungen wird und von dem ich mich an jeder Straßenecke, jeden Tag aufs Neue überzeugen kann und muß. Der Sprung vom Plakat zur Frau, die in Fleisch und Blut darunter auf der Straße geht und von der nicht nur visuelle Verfügbarkeit angenommen wird, ist für den männlichen Blick, wie wir alle wissen, ein kleiner, wird Männern von Männern geradezu angeboten, denn die Frau HAT nicht die Sexualität, sie IST die Sexualität und damit zum zweiten Mal verdinglicht.

Und deshalb »Das Sexuelle, die Frauen und die Kunst« als Titel für dieses Buch, und nicht »Subjekt Frau« und nicht »Die Frau im philosophischen Diskurs« und nicht »Frau und Theorie«, obwohl es um das alles auch geht.

Jedoch:

Solange sich eine Frau nicht unbehelligt auf der Straße bewegen kann, solange die gelben Herzschläge, die mir auf jedem Laternenmast fast schon entgegenzucken, jene der Plakate der abtreibungsfeindlichen, klerikalen »Aktion Leben« sind und nicht endlich einmal meine eigenen Herzschläge als Frau in einer dunklen Gasse, solange auch noch in unseren hochindustrialisierten, fortschrittlichen Ländern jede Zehnte Frau von ihrem Mann geschlagen wird, und es auf der ganzen Welt 84 Millionen durch Exzision und Infibulation verstümmelte Frauen gibt, ist noch nichts, gar nichts über weibliche Sexualität gesagt worden.

Und noch immer nicht genug über weibliche Kreativität, solange die Umsetzung des weiblichen Imaginären von den neuen Männern und Machern der Kulturschickeria als Frivolität hingestellt wird. Solange bleibt jede vorschnelle Rede vom weiblichen Subjekt euphemisch und unwahr.

Christina von Braun

Männliche Hysterie Weibliche Askese

Zum Paradigmenwechsel in den Geschlechterrollen

Das Paradigma ist bekanntlich ein Denkmuster oder eine Betrachtungsweise, mit der die Realität untersucht, erforscht wird und die im allgemeinen dazu führt, daß sich die Wirklichkeit selbst verwandelt. Letztlich sind Paradigmen also zu vergleichen mit Mythen oder sogar Religionen, die – wir wissen es deutlich genug vom Monotheismus –, die Realität verändern. Sie treten jedoch, im Unterschied zu den Religionen, mit einem eher wissenschaftlichen Anspruch auf – also dem Anspruch, ein getreues Spiegelbild der Wirklichkeit zu liefern.

Der Paradigmenwechsel, um den es hier geht, betrifft die Geschlechterrollen und fand statt – seit etwa der Aufklärung. Natürlich brachte die Aufklärung auch andere Paradigmenwechsel, aber – ich hoffe, das wird aus dem Vorgetragenen deutlich werden – die anderen Paradigmenwechsel sind meines Erachtens untrennbar von denen, die die Geschlechterrollen betreffen.[1]

Es gibt zwei große Geschlechterrollenmythen, die in der Aufklärung einen grundlegenden Wandel erfahren: Das eine ist der Mythos des Don Juan, das andere der Mythos der Hexe, bzw. ihrer Nachfolgerin Carmen.

Um mit letzterer zu beginnen: Carmen ist eine Erfindung der Aufklärung, eine Schöpfung des romantischen Vernunftpropheten Prosper Mérimée: eine Schöpfung, die seitdem unendlich oft erneuert, ausgeschmückt, gesteigert wurde – bis die Heldin der Novelle schließlich im 20. Jahrhundert – namentlich bei Peter Brooke – die Größe einer Tragödiengestalt der griechischen Klassik annimmt.

An der Figur der Carmen verwundert vor allem der Wandel in der Bewertung des Mythos Hexe, deren Verkörperung sie doch unbestreitbar ist – allein das Wort »Carmen« heißt soviel wie »Zauberspruch« –, verwundert also die neue, positive Einschätzung der unbändigen, den Leidenschaften ergebenen – gewissermaßen besessenen – Frau. Die Hexen der vorangegangenen Jahrhunderte wußten von ihrer »Passion« wahrlich ein anderes Lied zu singen als das von der »Freiheit der Liebe«, das Mérimée und später Bizet ihrer Hexe in den Mund legten.[2]

Dies wäre also der erste Paradigmenwechsel: Während bis Ende des 18. Jahrhunderts und an manchen Orten sogar noch Anfang des 19. Jahrhunderts Frauen wegen der angeblichen »Unersättlichkeit ihrer fleischlichen Begierde« als besonders anfällig für den Pakt mit dem Teufel galten und deshalb bis auf den Tod verfolgt wurden – taucht Mitte des 19. Jahrhunderts ein nicht minder von der Fleischeslust besessenes, nicht minder sündiges und den Mann ins Verderben reißendes weibliches Geschöpf auf, das geradezu mit der Aura des Sakralen umgeben wird. Mehr noch als sakral: Dieses Bild wird, besonders deutlich im 20. Jahrhundert, zum Idealbild von Weiblichkeit erhoben werden, zum Inbegriff des authentischen Gefühls, eines ungebrochenen ursprünglichen Frauseins, das geradezu normativen Charakter erhält für jede Frau, die eine »echte« Frau sein will. Über Bizets »Carmen« schreibt Nietzsche 1888: »Endlich die Liebe, die in die Natur zurückübersetzte Liebe. *Nicht* die Liebe einer »höheren Jungfrau«! Keine Senta-Sentimentalität! Sondern die Liebe als Fatum, als *Fatalität*, zynisch, unschuldig, grausam – und eben darin *Natur*.«

Auch in einem Brief an Peter Gast schreibt er über dieselbe Carmen, die er mindestens zwanzig Mal auf verschiedenen Bühnen Europas gesehen hatte: »Eros, wie die Alten ihn empfanden – verführerisch spielend boshaft dämonisch unbezwinglich. Zum Vortrag gehört eine wahre Hexe.«[4]

Diese Aufwertung der Hexe im 19. Jahrhundert beschränkte sich keineswegs nur auf die literarische Gestalt der Carmen. Sie galt auch der realen Hexe – wohlgemerkt rückblickend. Den Anstoß dazu hatte der Historiker und Mythologe Jules Michelet gegeben mit seinem Buch »Die Hexe«, das beinahe gleichzeitig mit Mérimées »Carmen« erschien und mit dem er einen groß angelegten Versuch zur Rehabilitation der Hexen unternahm.

Keine Rehabilitation in dem Sinne, in dem auch schon früher Humanisten für ein Ende der Hexenverfolgung und die Abschaffung der Folter plädiert hatten, sondern eine Rehabilitation, die nichts weniger als die Verherrlichung der alten Kräuterweiber und ihrer Kräfte darstellte. Nicht nur bezeichnet er sie als Ärztin des Volkes, darüber hinaus beschreibt auch er, nicht anders als Mérimée, die die Hexe als die Quelle aller Lust, der pulsierenden Natur, als die Verkörperung des »wahren Lebens«. Er verkündet: »Man sehe sich die Unfähigkeit der Kirche, etwas Lebendiges zu erzeugen, an. Wie sind ihre Engel blaß, grau in grau, ätherisch! Man kann durch sie hindurchblicken. (...) Ganz anders steigt Satan aus dem brennenden Busen der Hexe hervor, lebendig, gerüstet und explosiv. – Welche Angst man auch immer vor ihm haben mag, es bleibt unbestreitbar, daß ohne ihn das Leben in Eintönigkeit versiegen würde.«[5]

Der Paradigmenwechsel, der sich hier abspielt, ist also der von einer

Hexe, die Tod und Unheil bringt und deshalb selbst den Tod erleiden muß, zu einer Hexe, die zum Synonym für »Lebendigkeit« erhoben wird – ein seltsamer Wandel, vor allem wenn man die Kürze der Zeit betrachtet, in der er sich vollzieht. Allein dieser schnelle Wandel, so meine ich, sollte Frauen nachdenklich stimmen und die Frauenbewegung davon abhalten, übereifrig in den Kanon der neuen Hexenverherrlichung einzustimmen.

Wenden wir uns Don Juan zu. Es existieren über tausend Fassungen dieses Mythos.[6] Die erste entstand um 1630 – gleichsam als ideologische Begleiterscheinung der conquistadores, die ebenfalls zur Eroberung neuer »dunkler Kontinente« aufgebrochen waren, aber auch als Schreckbild, mit dem ihr Verfasser, der Mönch Tirso de Molina, den Menschen der Neuzeit vor dem Größenwahn, vor der Phantasie der Gottwerdung warnen wollte. Zu einem »Frauenheld« wird die Figur erst im Verlauf der beiden darauffolgenden Jahrhunderte, bis sie (zwei Jahre vor dem Ausbruch der Französischen Revolution) in Mozarts und Da Pontes »Don Giovanni« zugleich ihren Höhepunkt an ästhetischer Verfeinerung finden wird *und* ihren Umbruch ins Karikaturale. Das Karikaturale kommt etwa in dieser kleinkrämerischen Buchhaltung zum Ausdruck, die der Verführer über seine Eroberungen führen muß – er, der sich doch eigentlich den Sinnen, der Lust und der Anarchie verschrieben hat.

Nach Mozart und da Ponte, und immer deutlicher im Verlauf des 19. und 20. Jahrhunderts, vollzieht sich mit der Figur des Don Juan ein Wandel, bei dem dieser Aspekt der Lächerlichkeit eine immer wichtigere Rolle spielen wird. Der Eroberer wird sich zunehmend »vergeistigen«, er wird zum Asketen, der nurmehr der »Idee des Weibes« nachjagt, wie Ernst Bloch über den Lenau'schen Don Juan schreibt.[7] Nicht mehr der Körper der Frau interessiert ihn, sondern das entleibte Frau-Sein, wenn er sich nicht ganz der Geometrie, der Mathematik oder anderen Freuden der reinen Abstraktion zuwendet. Als Sexualpartner verschwindet er völlig – er wird zum Schwächling, zum Versager im Bett. Als solchen werden ihn schließlich auch die Psychoanalytiker im 20. Jahrhundert auseinandernehmen und als Weiberhelden endgültig über Bord werfen. – Dies wäre also der zweite Paradigmenwechsel: die Verflüchtigung des Männlichen, die Entleibung des erotischen Verführers, die Vergeistigung des Herausforderers, der einst als das Gegenbild entstanden war zum asketischen Männlichkeitsideal des Christentums.

Nun wären die Dinge sehr einfach, wenn sich diese beiden Paradigmenwechsel einfach auf die Realität der Geschlechter oder der Geschlechterrollen übertragen ließen. Aber es gibt einen zweiten Paradigmenwechsel, der diesem ersten zu widersprechen scheint, und es gibt andererseits auch

Entwicklungen, die diesen ersten Paradigmenwechsel bestätigen. Der Mythos Carmen wird ja tatsächlich begleitet von der allmählichen Emanzipation der Frau im Verlauf des 19. Jahrhunderts: Frauen greifen zur Feder, man verlegt sogar ihre Werke; sie erkämpfen sich den Zugang zu verschiedenen Berufszweigen, sie organisieren sich, um für das Stimmrecht zu kämpfen, sie erringen allmählich wirtschaftliche Unabhängigkeit *und* last not least sie kämpfen für die »freie Liebe«, sie erheben und gewinnen Anspruch auf eine Sexualität, die vom Korsett einer einschnürenden Moral befreit ist.

Ebenso scheint sich die Entwicklung des Don Juan – zumindest auf einigen Ebenen – in der Realität wiederzufinden. Vor allem die Künstler und Schriftsteller der Romantik und der Décadence erscheinen wie das realistische Spiegelbild des versagenden – effeminierten – Don Juan. Mit ihren Migränen, ihrer Kränklichkeit, ihrem Kult der Gebrechlichkeit und der Vergeistigung treten auch sie, nicht anders als Don Juan, auf, als wollten sie dem traditionellen Männerbild des Eroberers, des Helden und Kraftmenschen eine Absage erteilen.[8]

Aber es gibt auch Entwicklungen, die genau das Gegenteil besagen, und diese sind nicht minder mythisch – auch wenn sie meist aus dem Bereich der sogenannten Wissenschaften kommen.

So tauchen, was die Frau betrifft, im 19. Jahrhundert Theorien auf, laut denen eine »normale« Frau einen reduzierten oder sogar überhaupt gar keinen Geschlechtstrieb habe. Als Beispiel sei hier nur die »Psychopathia Sexualis« des Nervenarztes Krafft-Ebing zitiert, der schreibt: »Ohne Zweifel hat der Mann ein lebhafteres geschlechtliches Bedürfnis als das Weib. Folge leistend einem mächtigen Naturtrieb, begehrt er von einem gewissen Alter an ein Weib. (...) Anders ist das Weib. Ist es geistig normal entwickelt und wohlerzogen, so ist sein sinnliches Verlangen ein geringes. Wäre dem nicht so, so müßte die ganze Welt ein Bordell und Ehe und Familie undenkbar sein. Jedenfalls sind der Mann, welcher das Weib flieht, und das Weib, welches dem Geschlechtsgenuß nachgeht, abnorme Erscheinungen.«[9] Von einigen Forschern und Biologen – aber bekanntlich auch von einigen Psychologen – wird sogar die Frigidität zur gesetzmäßigen Erscheinung der weiblichen Konstitution erklärt.

Diese Theoriebildung bedeutet einen ungeheuren Wandel in der Vorstellung von weiblicher Normalität. Immerhin waren keine hundert Jahre zuvor noch Frauen wegen der Unbändigkeit ihrer Fleischeslust auf den Scheiterhaufen verbrannt worden, während es im »Hexenhammer« über die männlichen Sexualbedürfnisse hieß: »Gepriesen sei der Höchste, der das männliche Geschlecht vor solcher Schändlichkeit bis heute so wohl bewahrte.« Überhaupt taucht die Vorstellung, daß der Frau eine geringere Libido eigen sei als dem Mann, einzig in den Industrieländern auf und in diesem Zeitalter zum ersten Mal. Das gilt nicht nur für das christliche sondern auch für das vorchristliche Abendland. Erwähnt sei hier nur der Mythos des Tiresias aus der griechischen Antike, der von Hera mit Blindheit geschlagen wurde, weil er verraten hatte, daß der weibliche Geschlechtsgenuß zehnmal höher sei als der des Mannes.

Auf der anderen Seite taucht im 19. Jahrhundert aber, ebenfalls zum ersten Mal im Abendland, auch die Magersucht auf – eine Symptombildung, die einst dem christlichen Askese-Ideal entsprochen hätte. Nur: War dieses Askese-Ideal einst wie ein Widerspruch zu weiblicher Fleischlichkeit erschienen, so zeichnet sich die Magersucht gerade dadurch aus, daß sie Frauen vorbehalten bleibt und, anders als das Askese-Ideal, nicht in den Bereich der Heilslehre, sondern gerade in den der Krankheit verwiesen wird.

Im gleichen Zuge gewinnt das Männerbild auf der anderen Seite an Sinnlichkeit, Körperlichkeit, Geschlechtlichkeit. Natürlich sind die Verfechter einer Unterlegenheit des weiblichen Geschlechtstriebs im Allgemeinen identisch mit denen, die die Theorien der männlichen Potenz verkünden. Als Theoretiker dieser neuen Schule, die sich gerne auf die Gesetze des Tierreichs berief (nachdem über Jahrhunderte die Definition von Männlichkeit gerade in der Unterscheidung vom Tier bestanden hatte, das seinerseits als Definition von Weiblichkeit diente), als Theoretiker dieser neuen Schule also seien hier nur die Namen von Darwin, Möbius oder Lombroso genannt, die zum Teil abenteuerliche Gesetze über die Männlichkeit vom Verhalten der Tiere oder der Anatomie der Geschlechter ableiteten.[10] Sie erhielten ihrerseits eine Bestätigung aus psychologischer Sicht in den Theorien Freuds über die weibliche Geschlechtlichkeit. Ich erspare Ihnen diese Theorien, die Sie alle kennen. Mich interessiert hier vielmehr die Widersprüchlichkeit dieser Geschlechtsrollenbilder, die um etwa 1900 ihren Höhepunkt findet, indem nun auf einmal Sexualforscher wie etwa Havelock Ellis auf der Bühne der Paradigmenbildung erscheinen und zusätzliche Verwirrung stiften, indem sie erklären, daß die Theorien von der geringeren weiblichen Libido nicht nur verfehlt seien, sondern darüber hinaus der ganze weibliche Körper ein einziges erogenes Gebilde darstelle. Verglichen mit dem »umfangreichen Geschlechtsapparat des Weibes« sei der männliche »geradezu kümmerlich«, sagt Ellis und fügt hinzu, daß man deswegen auch in verschiedenen Ländern auf die Amputation der Klitoris verzichtet habe: Wegen der erogenen Veranlagung des gesamten weiblichen Körpers habe sie sich als sinnlos erwiesen.[11]

Auch dieses Paradigma, das viele Parallelen zum Carmen-Mythos aufweist, fand in der Realität seine Entsprechung: erwähnt sei hier nur die verblüffende Geschwindigkeit, mit der die Frau seit etwa 1900 entkleidet wurde und ihre öffentliche Nacktheit die »völlige Entblößung des erogenen Gebildes« in die Sitten einging. Erwähnt seien hier auch diese Handbücher, die in Millionenauflagen erscheinen und nach deren Vorgaben Frauen gelehrt werden, ein erotisches, sinnliches Leben zu führen, kurz: eine »echte Frau« zu sein.

Wir stehen also vor einer verwirrenden Fülle von völlig widersprüchlichen Geschlechterrollen – nicht nur auf mythischer Ebene, sondern auch auf der der gelebten Realität. Aber ich denke, daß es sich nur um scheinbare Widersprüche handelt und daß sich die Paradoxien dieser Geschlechterrollen durchaus entwirren lassen. Einen der Schlüssel zu dieser Entwirrung scheint mir die männliche Hysterie zu bieten, die um etwa 1800 ihr gesellschaftliches Entrée erlebt, also zu etwa jener Zeit, in der sich diese ganzen sexuellen Mutationen – man möchte beinahe sagen: transsexuellen Mutationen – zu vollziehen beginnen.

Die männliche Hysterie taucht auf mit der Aufklärung. Zuerst wird sie noch Hypochondrie genannt. Man scheut sich, die Hysterie, deren Wortursprung auf die Gebärmutter, also die weibliche Anatomie zurückgeht, auf Symptome des männlichen Körpers anzuwenden. Aber diese Scheu verliert man bald, und – bemerkenswert genug – es sind nicht so sehr die Ärzte wie die Intellektuellen, die Künstler und Literaten, die als erste das Wort für den Mann in Anspruch zu nehmen beginnen. Mit ihm erheben sie auch Anspruch auf weibliche Symptombildung, auf Weiblichkeit schlechthin.

Meine erste These lautet also, daß die männliche Hysterie gewissermaßen als Ersatz für den erfolgreich bekämpften und auf den Scheiterhaufen mittlerweile zu Asche reduzierten Körper der Frau auftaucht – diesen Körper, in dem zugleich auch die Sinnlichkeit überhaupt, die Geschlechtlichkeit selbst bekämpft worden waren. Diesen Ersatz schafft sich der männliche Hysteriker durch die neue Zelebrierung des Körpers, durch seine Hypochondrie, eine argwöhnische Beobachtung aller Regungen seiner Physiologie; er entwickelt die Lust an der eigenen Kränklichkeit, Schwäche, Gebrechlichkeit, mit denen er gewissermaßen seine eigene Weiblichkeit beschwört und exhibiert.

Bis zur Impotenz geht er, um eine echte Frau zu werden – eine Frau freilich, die der Vorstellung der asexuellen Frau entspricht, nicht dem

Mythos der Carmen oder den Vorstellungen von Havelock Ellis. Das Fallen, die Schwächlichkeit wird zu *dem* Muster der Lust: »Seltsamer- und eigentümlicherweise habe ich alles geliebt, was sich in diesem Wort Sturz zusammenfassen läßt,« schreibt Stéphane Mallarmé.[12] Und Gustave Flaubert entwickelt seinerseits die »Fallsucht«, epilepsieähnliche hysterische Anfälle. Beide schmücken sich wiederholt – und geradezu genüßlich – mit dem Wort der Hysterie, wie es auch andere Künstler und Schriftsteller des 19. Jahrhunderts tun.[13]

Daß sich hinter dieser Hinwendung zur Weiblichkeit jedoch nicht unbedingt eine Hinwendung zur Frau verbirgt, geht aus vielen Details hervor: vor allem der Tatsache, daß das Bekenntnis zur männlichen Hysterie fast immer einhergeht mit einer Abwendung von allen weiblichen Wesen – außer der Mutter. Und die Mutter wird ihrerseits geradezu zu einem Schutzschild gegen jede Berührung mit der Frau. Worum es dem männlichen Hysteriker geht, ist nicht die Neubewertung des Weiblichen, sondern die Aufwertung männlicher Weiblichkeit. Mit anderen Worten: In der Fallsucht steckt eine neue Phall-Sucht, die die Entleibung und Vergeistigung des Don Juan um 1800 nicht als Verschwinden des Eroberers sondern als Veränderung seiner Eroberungsstrategie erscheinen läßt. Aus diesem Grund möchte ich mich den destruktiven Seiten zuwenden, die sich beim männlichen Hysteriker hinter der Fassade der Weichheit, Zärtlichkeit, aber auch des Masochismus und der Selbstvernichtungslust verbergen.

Daß der Décadent die Gewalt, den Untergang liebt, ist keine besonders neue Erkenntnis. Nur wird diese Eigenschaft im Allgemeinen damit erklärt, daß der effeminierte Mann seine Schwäche durch besondere Herauskehrung von Stärke und Gewalt zu überwinden suche; daß die Kraftmeierei gewissermaßen helfen solle, das Gefühl der eigenen Hilflosigkeit zu kompensieren; daß die gezielte Zerstörungslust nichts anderes sei als eine in ihr Gegenteil umgeschlagene Willensunfähigkeit.[14]

Ich möchte die Gegenthese aufstellen, daß die Liebe zur Gewalt des männlichen Hysterikers und seine Kultivierung der eigenen Gebrechlichkeit ein und demselben Ziel dienen: nämlich das Werk der Scheiterhaufen zu vollenden, die Frau endgültig aus dem Weg zu räumen, um Raum zu schaffen für ein eigenes, »besseres« Frau-Sein. Dabei wird es sich auch erweisen, daß das Bild des »passiven« Mannes keineswegs so unvereinbar ist mit dem des »aktiven« Mannes, das die Lombrosos, Freuds und anderer Theoretiker der männlichen Potenz entworfen haben. Andererseits – und das sei hier nur erwähnt – scheint mir in dieser Zerstörungslust, dieser Lust, Gewalt *am anderen* auszuüben, auch der Hauptunterschied zwischen männlicher Hysterie und weiblicher Anorexie zu liegen, die doch auf den ersten Blick einiges gemeinsam haben, vor allem das Bekenntnis zum Ideal eines »vergeistigten« Körpers.

Ich möchte diese These an einem Beispiel darstellen, nämlich einem Dichter der Frühromantik, Friedrich von Hardenberg, genannt Novalis. Allein das Pseudonym, das er sich gab, ist aufschlußreich, bezeichnet es doch »einen, der rodet und Neuland bestellt.« Er wählte den Namen in bewußter Anlehnung an diese Bedeutung, die er auf sein eigenes Werk übertrug.

Novalis war unbestreitbar ein Hysteriker, mit allen Symptomen der Effeminierung – der schmerzlich lustvollen Effeminierung – die dazugehören. Die peinlich genaue Beobachtung aller Körperregungen, die er in seinem Tagebuch festhält, die Verherrlichung der Krankheit, von der er sagt, daß sie ein Ausdruck erhöhter »Sensibilität« sei und »wahrscheinlich (...) der interessanteste Reiz und Stoff unsers Nachdenkens und unsrer Tätigkeit«. Man müsse die Krankheiten »durch tägliche Bemerkungen zu benützen suchen«, denn sie stellten »Lehrjahre der Lebenskunst und Gemütsbildung« dar. Durch sie erhebe sich der Mensch über das Tier und nähere er sich Gott.[15]

Auch Novalis' Neigung, in der keuschen, vergeistigten Liebe mehr als in der sinnlichen die erotische Erfüllung zu suchen, kennzeichnet ihn als männlichen Hysteriker.[16] Novalis beschäftigt sich damit, seitenlange Exzerpte aus medizinischen Büchern über die »impotentia virilis« anzufertigen[17] – und gerade dieses Interesse am »Versagen« des Mannes und anderes mehr charakterisiert ihn als männlichen Hysteriker. Dabei lebte er zu einer Zeit, in der die männliche Hysterie noch nicht zur Mode geworden war wie später zu Lebzeiten von Flaubert, von Mallarmé, Baudelaire, Huysmans, Oscar Wilde und schließlich den Surrealisten.[18] In diesem Sinne schuf Novalis tatsächlich Neuland – aber er rodete auch.

Auf der anderen Seite zeigte Hardenberg aber auch einen ausgeprägten Sinn für die Wirklichkeit. Seine Biographen zeigen sich immer wieder erstaunt darüber, daß der Dichter des Esoterischen, der Blauen Blume, gleichzeitig mit Fleiß und Gewissenhaftigkeit, ja mit Willensstärke und Zielstrebigkeit seinem juristischen Studium und seiner Tätigkeit als Salinenassessor nachging. Auch aus den Zeugnissen von Zeitgenossen geht hervor, daß Novalis alles andere als ein Phantast gewesen sein muß.[19] Auch das scheint mir keineswegs so außergewöhnlich für einen männlichen Hysteriker, betrachtet man das Arbeitspensum eines Flaubert, eines Proust oder anderer. Immer waren bei ihnen enorme Energien am Werke, die in merkwürdigem Widerspruch zu der angeblichen Willensschwäche und

Passivität des männlichen Hysterikers stehen. Ich denke, der Eindruck der Weltabgewandtheit täuscht. Vielmehr handelt es sich um die mit zäher Entschlossenheit verfolgte Bemühung darum, das Unwirkliche Wirklichkeit werden zu lassen – auf Kosten einer bestehenden Wirklichkeit, die entweder verleugnet oder aber, wie im Fall von Novalis, sogar bereitwillig der Zerstörung anheim gegeben wird.

»Natur soll Kunst und Kunst zweite Natur werden«, schreibt er.[20] Im »Heinrich von Ofterdingen« heißt es ähnlich: »Die Welt wird Traum, der Traum wird Welt«.[21] An wieder anderer Stelle schreibt er: »Die Welt muß romantisiert werden. So findet man den ursprünglichen Sinn wieder. Romantisieren ist nichts anderes als eine qualitative Potenzierung. (...) Indem ich dem Gemeinen einen hohen Sinn, dem Gewöhnlichen ein geheimnisvolles Ansehn, dem Bekannten die Würde des Unbekannten, dem Endlichen einen unendlichen Schein gebe, so romantisiere ich es.«[22] Kurz: Materie soll in Gedanken verwandelt werden, und Gedanken ihrerseits materielle Form annehmen. Das Geistige soll versinnlicht, das Sinnliche vergeistigt werden. Dementsprechend werden in seinem Roman Menschen spielerisch in Metaphern verwandelt – in Blumen, Sterne, den Mond usw. – und Metaphern treten ihrerseits als Menschen aus Fleisch und Blut auf. Wenn man diesem Wechselspiel von Novalis folgt, so wird schon leicht ersichtlich, daß die Beleibung oder Materialisierung der Idee, die er propagiert, untrennbar ist von der gleichzeitigen Bemühung um die Entleibung alles Sichtbaren, Sinnlichen, Lebendigen[23] – eine Bemühung, die den Schlüssel zur Destruktivität des männlichen Hysterikers darstellt.

Motor dieses Verwandlungsprozesses ist für ihn nun wiederum der Dichter – und hier zeigt sich auch, warum sich die männliche Hysterie unter Künstlern und Schriftstellern besonders großer Beliebtheit erfreute und noch erfreut. Novalis nennt ihn den »Kunstmenschen« und erhebt ihn zum »Messias der Natur«.[24] Tatsächlich entsteht in diesem Zeitalter ein neuer Künstlertyp, dem – nicht nur bei Novalis – geradezu priesterähnliche Funktionen zugewiesen werden. »Der echte Dichter ist aber immer der Priester, so wie der echte Priester immer Dichter geblieben«, sagt Novalis wortwörtlich.[25] Dabei ist der Dichter Priester und Politiker zugleich, zuständig sowohl für das Transzendente wie auch für die Entstehung eines neuen »poetischen Staates«, in dem der Fürst der »Künstler der Künstler« sei.[26] Auf diese Weise werde die Menschheit ins »Tausendjährige Reich« geführt werden, sagt er.[27] Ich denke, man kann nicht deutlich genug darauf hinweisen, daß Begriffe wie dieser nicht durch Zufall in der Romantik – und gerade bei Novalis – auftauchen, entspricht doch das »Tausendjährige Reich«, so wie es im 20. Jahrhundert reale Formen annahm, durchaus den Kriterien eines »Kunststaates« im Sinne von Novalis. Auch die Tatsache, daß der Gedanke eines »deutschen Vaterlandes« in der Literatur der Frühromantik eine Rolle spielte, schon lange bevor er irgendeiner gesellschaftlichen Realität entsprach, sollte an dieser Stelle erwähnt werden. Dieses »Deutschland« war zunächst eine literarische Schöpfung von Dichtern und Philosophen, dem die napoleonischen Feldzüge zwar bald eine soziale und emotionale Realität verschaffen sollten – aber seine Künstlichkeit wird diesem Deutschland immer anhaften.[28]

Novalis war ein eifriger Leser von Fichte, den er auch kannte. Seine Aufzeichnungen über Fichtes Werk umfassen alleine 500 Seiten.[29] Er machte sich seine Lehre des Ichs, das sich durch Gegensetzung eines Nicht-Ichs zum Teil eines monströsen, gleichsam im parthenogenetischen Akt erzeugten Ichs erhebt, zu eigen und übertrug sie auf die Dichtung, die er zum »Helden der Philosophie« ernannte.[30] »Die Trennung von Poet und Denker sind nur scheinbar und zum Nachteil beider,« schreibt er.[31] Für Novalis – und man muß auch sagen: in Novalis – wird der Dichter zur Verkörperung der Fichte'schen Ich-Phantasien: »Der poetische Philosoph,« so schreibt er, »ist en état de Créateur absolu.«[32] Bei Novalis wird aber aus dem Fichte'schen »Nicht-ich« (dem Objekt, aus dem das Ich gleichsam seine Seinsberechtigung bezieht) ein »Du«.[33] Und dieses »Du« wird, anders als bei Fichte, wo es einen Gegensatz zum Ich bildet, als Teil des Ichs begriffen.[34] Auf diese Weise soll der Dichter, gleichsam zweigeschlechtlich geworden, dazu befähigt werden, »von innen heraus die Welt zu gebären«.[35] Aus dem Fichte'schen »Willen« aber, der Energie, die es erlaubt, ein »Nicht-ich« zu setzen, wird bei Novalis »Liebe«.[36] Sie sehen an den Begriffen des »Dus« und der »Liebe«, wie deutlich sich das Muster dem Verhältnis der Geschlechter anzunähern beginnt. Hegel wird den Vorgang wiederum abstrahieren, indem er von These und Antithese spricht, die miteinander eine Synthese eingehen.[37] Aber seine These und Antithese unterliegen den gleichen Gesetzen wie Fichtes Ich und Nicht-ich. Wie synthetisch – im wahrsten Sinne des Wortes – das »Ich« ist, das die »Liebesdialektik« eines Novalis zeitigt, wird gleich aufzuzeigen sein.

Für Novalis beschränkt sich die Dialektik dieser »Liebe« keineswegs nur auf das dichterische Werk oder seine philosophische Arbeit. Er überträgt sie auch auf die gelebte Wirklichkeit,[38] und hier wird die Destruktivität des männlichen Hysterikers, der Frau-Sein – oder das Du – aus sich heraus erschaffen will, und dem zuliebe das reale Frau-Sein in eine »Idee« verwandelt werden muß, besonders deutlich.

Mit 22 Jahren lernt Friedrich von Hardenberg seine spätere Verlobte Sophie von Kühn kennen. Er verliebt sich in sie, sobald er sie gesehen hat.

»Eine Viertelstunde hat mich bestimmt«, schreibt er an seinen Bruder.[39] Sophie von Kühn ist damals zwölfeinhalb Jahre alt – ein Kind, auch für damalige Verhältnisse. Laut den wenigen Portraits, die wir kennen, war sie hübsch, aber nicht mehr, anmutig, fröhlich – kein ungewöhnliches Mädchen, auch nach den Zeugnissen derer, die sie gekannt haben. Nur Novalis' Freund Ludwig Tieck, der Sophie nie gesehen hat, malt ein überschwengliches Idealbild von ihr.[40] Was ihre geistigen Qualitäten angeht, so waren diese eher unbedarft. Davon zeugen ihre eigenen Briefe und einige Tagebucheintragungen. Sophie von Kühn war also – als reale Person – keine überragende Gestalt. Umso geeigneter war sie aber als Projektionsfläche für *Vorstellungen* von Frau-Sein, für die Ideale dieses »Dus«, das »aus Innen heraus geboren wird«, nämlich als Teil des Ichs. Novalis macht keinen Hehl daraus, daß er in Sophie ein Ideal sucht, daß die »Liebe« zu ihr wenig mit der angeblich geliebten Person zu tun hat.[41] Einer seiner Biographen drückt es in Worten aus, die an Deutlichkeit nichts vermissen lassen: »Ist es bei Novalis überhaupt »Liebe« im üblichen Sinne? Sophie hat auf ihn entscheidend gewirkt. Er hat in ihr ein geschwisterliches Wesen empfunden aus der ewigen Heimat, er will mit ihr verbunden bleiben. Ist vielleicht seine Vorstellung, daß dies Verhältnis ein bräutliches sein müsse, ein Irrtum? Gibt es nicht, außer dem üblichen Brautverhältnis, das zur Ehe führt, noch ein anderes, in welchem dem Strebenden in dem andern Wesen sein Schutzgeist, sein Ideal, zur Seite steht? So bei Dante, so bei Novalis?«[42]

Dantes Beatrice war tot; Sophie sollte ihrerseits bald sterben: an ihrer Verwandlung in eine Metapher, gegen die sie keine Möglichkeit hat, sich zur Wehr zu setzen – dazu hätten ihr Selbstvertrauen, ihre geistigen Fähigkeiten in einer ganz anderen Weise ausgebildet sein müssen als ihr Alter und ihre mangelhafte Schulung zuließen. Aber sie sagt, und Novalis notiert es selbst: Sie empfindet »Schreck vor der Ehe (...) Sie will sich nicht durch meine Liebe genieren lassen. Meine Liebe drückt sie oft.«[43] Tatsächlich hat im Gegensatz zu Sophies Bedürfnis, Distanz zu ihm aufrechtzuerhalten[44] – seine Liebe etwas Kannibalisches. Er will sie ganz in sich hineinnehmen.[45] Seinem Freund Schlegel schreibt er: »Mein Lieblingsstudium heißt im Grunde, wie meine Braut. Sofie heißt sie – Filosofie ist die Seele meines Lebens und der Schlüssel zu meinem eigensten Selbst. (...) Etwas zu schreiben und zu heyrathen ist *Ein* Ziel fast meiner Wünsche.«[46]

Schon zu Lebzeiten beginnt Sophie die Gestalt einer Muse anzunehmen – und an eben diesem Entleibungsprozeß wird sie auch zugrundegehen. Ein halbes Jahr nach der Verkündung ihrer Verlobung mit Friedrich von

Hardenberg erkrankt sie. Es beginnt ein harter Leidensweg, an dessen Ende ihr Tod stehen wird. Sie ist zu dem Zeitpunkt gerade 15 Jahre alt geworden. Ihr Todestag fällt auf den 18. März. In einer fiktiven Hochzeitsanzeige, die er einige Zeit vorher zum Spaß aufgesetzt hatte, wählte Novalis eben dieses Datum für seine Eheschließung mit Sophie. Sie starb pflichtschuldig, möchte man sagen, gleichsam einen Opfertod, der zugleich den Vollzug der Ehe darstellte. Dieser Eindruck verstärkt sich, wenn man sieht, was nach ihrem Tod geschieht. Novalis verfällt zunächst in tiefe Trauer, aber schon diese Trauer selbst hindert ihn nicht, ein Tagebuch zu führen, in dem er seine Gefühle beobachtet und beschreibt. Der Tod Sophies sei die Geburtsstunde des romantischen Dichters Novalis gewesen, behaupten viele seiner Biographen.[47] Andere schreiben: Ihr Tod »hatte in Novalis erst die Potenzen seines Fühlens und Denkens ausgelöst.«[48] Das ist keine reine Erfindung der Biographen. Novalis selbst bestätigt es in einem Brief an Friedrich Schlegel, kaum einen Monat nach Sophies Tod: »Mein Herbst ist da und ich fühle mich so frey, gewöhnlich so kräftig – es kann noch etwas aus mir werden. Soviel versichre ich dir heilig – daß es mir ganz klar schon ist, welcher himmlische Zufall ihr Tod gewesen ist – ein Schlüssel zu allem – Ein wunderbarschicklicher Schritt. Nur so konnte so manches rein gelößt, nur so manches Unreife gezeitigt werden. Eine einfache, mächtige Kraft ist in mir zur Besinnung gekommen. Meine Liebe ist zur Flamme geworden, die alles Irdische nachgerade verzehrt.«[49] Und Schlegel antwortet ihm nicht minder deutlich: »Du glaubst nicht, wie ganz ich bey Dir bin, und wie ganz ich in Deine Lage eingehen kann. Aber ich versichre Dich, daß ichs oft beneidenswürdig finden könnte, einen solchen Verlust gehabt zu haben.«[50] Daß es sich hier um mehr als Trauerarbeit handelt, geht auch aus einer Bemerkung hervor, die Novalis schon Wochen vor dem Tod von Sophie von Kühn notierte: »Meine Phantasie wächst, wie meine Hoffnung sinkt.«[51] Es geht vor allem auch aus seinem Werk hervor, in dem immer wieder das Motiv der jungen Frau auftaucht, die ihr Leben läßt, damit der Held zum Dichter werden oder auf andere Weise das Heil erringen kann.[52]

Novalis war sich des Opfers, das diese junge Frau für ihn brachte, durchaus bewußt: dieses Opfer, das darin bestand, den Geist aufzugeben, damit er sie als Metapher, als Gestalt seines eigenen Frau-seins nach innen nehmen – ich möchte sagen: verspeisen – konnte. Eine seiner letzten Tagebucheintragungen, bevor er dieses für literarische Arbeit von höherem Wert beiseite legt, berichtet von einer Vision, die er am Grabe seiner Braut hatte, und in der ihm Sophie mit Christus oder als Christusgestalt – man weiß es nicht genau – erschienen war. »Aus der verblaßten irdischen war in geradezu blasphemischer Freizügigkeit eine mythische Gestalt geworden,« schreibt der Novalis-Forscher Gerhard Schulz dazu.[53] In den »Hymnen an die Nacht«, im Roman »Heinrich von Ofterdingen«, immer wieder wird die Gestalt der Sophie auftauchen: als Schutzheilige, oder als »Philosophie«. Die unberührbare, keusche Sophie, deren Kindlichkeit zu Lebzeiten jede erotische Begegnung unterband – und ich behaupte, daß Hardenberg sie aus eben diesem Grund, ihrer Ungeschlechtlichkeit, zur Projektionsfläche seiner Liebe und das heißt seiner Selbst-Liebe machte – diese keusche Sophie also durfte erst küssen, nachdem sie verstorben war, nämlich als Muse.[54]

In dieser Verwandlung von lebendiger Frau in eine Metapher männlichen Frau-Seins liegt meiner Ansicht nach einer der Schlüssel zu dieser seltsamen Hochzeit, die die Begriffe von Liebe und Tod, von Erotik und Gewalt im Verlauf des 19. Jahrhunderts eingehen werden: ein Amalgam, das nichts mit der immer wieder beschworenen Nähe von Eros und Thanatos zu tun hat, mit dieser Erfahrung und dem Erleiden des Fremden, die die Sexualität, als eine Ahnung des Fremden, des Dunklen vermittelt. Die »Hymnen an die Nacht«, die Novalis nach dem Tod von Sophie verfaßt, sind voll von Rausch, Ekstase, Wollust; die Abwesenheit des Lichts – das Nicht-Licht, wie Schulz so treffend sagt[55] – wird gefeiert, und die verstorbene Geliebte nimmt in diesem Nicht-Licht die Rolle einer Sonne der Nacht ein.[56] Die Romantiker treten die »Reise nach innen« an, heißt es; sie stoßen vor in die dunklen Bereiche des Unbewußten. Aber ist es nicht seltsam, daß diese Reise ins Nicht-Licht zu genau dem historischen Zeitpunkt stattfindet, an dem Galvani den Strom entdeckt? Novalis kannte die Entdeckungen von Galvani, er hatte sich, wie auch die anderen Romantiker des Jenaer Kreises, intensiv mit ihnen beschäftigt. Vergleichbar der Philosophie, die das »Ich« in eben jenem historischen Moment erfindet, in dem das »Zeitalter der Massen« anbricht (um mit marxistischen Historikern zu sprechen) und das Individuum aufhört, Anspruch auf eine eigene Geschichte zu haben, so entdeckt auch Novalis die Reize der Nacht kurz bevor die Glühlampe die Nacht taghell erleuchtet.

Sollen wir wirklich glauben, daß die Romantiker, die so gerne als Querdenker des Positivismus und der Aufklärung gesehen werden, als Feinde des Fortschrittes, sollen wir wirklich glauben, daß sie sich dem »Fremden« aussetzten? War es nicht vielmehr so, daß sie das Fremde besetzten? »Wo gehen wir denn hin?« fragt der Held im ›Heinrich von Ofterdingen‹. »Immer nach Hause«, lautet die Antwort.[57] Bei der Begegnung der Romantiker mit dem »dunklen Kontinent« handelt es sich eben *nicht* um eine Begegnung mit dem Fremden, um eine Auslieferung an die beängstigende Macht des Eros, noch um eine Absage an das aufziehende Industriezeitalter – hier handelt es sich vielmehr um die Fabrikation von Eros, um ein Ich, das seinen eigenen Rausch seine eigene »Lebendigkeit« inszeniert.[58] Es geht, wie Novalis selber sagt, um die »Kunst, alles in Sophien zu verwandeln – oder umgekehrt.«[59] – und eben diese »Kunst« ist es, die dem Vorgang seine Gewalttätigkeit verleiht. Wir werden dieser Gewalt – als Gewalt einer künstlich produzierten Erotik – in den Kriegsbüchern von Ernst Jünger wiederbegegnen wie auch im Werk Richard Wagners und, untrennbar davon, in seinem Judenhaß und seiner Vernichtungsideologie.[60]

Aber kommen wir nun zurück auf Don Juan und Carmen. Was den alten Eroberer mit dem neuen männlichen Hysteriker verbindet, ist aus dem bisherigen – hoffentlich – deutlich geworden: Daß nämlich Don Juan zum Esoteriker wurde, weil er die Frau nicht nur erobern, sondern auch »von innen heraus« fabrizieren wollte. Was aber verbindet Carmen mit diesem ätherischen Frauenbild einer verstorbenen Sophie oder Beatrice? Was hat sie gemein mit der »Muse«?

Eines der Leitthemen der Romantik ist das Thema des Doppelgängers, des Schattens, des Spiegelbildes, kurz des anderen Ichs, nach dem der Held sucht. In vielen Fällen taucht dieses Alter-Ego auch in weiblicher Form auf: dann als Schwester, mit der der Held schließlich Hochzeit feiert. Fast immer endet diese Liebe tödlich, gleichsam als letzte Erfüllung, die über das irdische Sein hinausführt. Das Aufkommen und die Bedeutungszunahme dieses Motivs wird auf der Ebene der realen Geschlechterbeziehung aber begleitet von einer zunehmenden Synthese der Geschlechter, ihrer Verschmelzung in immer enger werdenden Häusern, Familienbanden, Ehebeziehungen, in denen zunächst der Anspruch auf die »Liebesehe« und später auch noch der Anspruch auf die vollkommene sexuelle »Harmonie« zu einer völligen Symbiose führen wird.[61] Einer Symbiose, in der die Grenzen zwischen dem Ich und dem Du verwischen, wenn nicht gar völlig aufgehoben werden. Hier findet auf der Ebene der gelebten psychischen Realität dieser Akt einer Vereinnahmung des anderen statt, den ich am Beispiel von Novalis und seiner Braut darzustellen versuchte.[62] Diesem geschwisterähnlichen – und eben dadurch die Sexualität letztlich ausschließenden – Verhältnis der Geschlechter – ein desexualisiertes Verhältnis, von dem sich ihrerseits die Theorien über den Mangel an weiblicher Libido ableiten werden – diesem Verhältnis also steht andererseits ein Frauenbild gegenüber, das im Verlauf des 19. Jahrhunderts an Bedeutung gewinnt: das Bild der »grausamen Frau« und der machtvollen Verführerin. Und hier sind wir wieder bei Carmen. Sie – wie all die anderen

Verführerinnen und Hexen der Neuzeit – stellt die Wiederbeleibung der Metapher gewordenen Frau dar. In Carmens leidenschaftlichem, mit allen Trieben und allen Ekstasen der »echten« Frau, der einstigen Hexen ausgestattetem Körper nimmt die »nach innen genommene« Frau des männlichen Hysterikers wieder sichtbare, lebendige Gestalt an, eine Gestalt, die das Blut in Wallungen bringt und die schließlich, logische Folge, auch in Blut baden wird. Die Verbindung von Blut und Eros, von Untergang und Leidenschaft, die die Figuren der Carmen, der Salomé oder Flauberts Salambô umgibt, weist eine frappierende Ähnlichkeit mit der männlichen Lust am Kriegserleben in den Texten von Ernst Jünger auf und dient gleichsam als sichtbarer Beweis für die Lebendigkeit, »Echtheit« dieser »grausamen Frauen« und ihrer Erotik. Sie ist aber auch eine Erbschaft des Zerstörungsprozesses, den die Sophies erlitten hatten und aus dem die Carmens hervorgegangen sind. Daß es sich bei den »grausamen Frauen« um Phantasien männlichen Frau-Seins handelt, läßt sich an vielen Beispielen belegen: »Das Weib als Sphinx!« schreibt etwa Weininger, »Ein ärgerer Unsinn ist kaum je gesagt, ein ärgerer Schwindel nie aufgeführt worden. Der Mann ist unendlich rätselhafter, unvergleichlich komplizierter.«[63] Tatsächlich ist im Französischen die Sphinx auch männlich, was in der französischen Décadence-Literatur zu einer völlig anderen Behandlung der Fabelgestalt geführt hat als in der deutschen. Flauberts Dialog zwischen Sphinx und Chimäre in der »Versuchung des Heiligen Antonius« sei hier nur als Beispiel angeführt. Dort verkörpert die Sphinx nicht das erotische, archaische Element, sondern die Vernunft, das ruhende, berechnende Prinzip – ganz im Gegensatz zu den Sphinx-Darstellungen deutscher und österreichischer Künstler, aber auch bei Malern wie Gustave Moreau, Fernand Khnopff. Daß sich aber auch hinter den weiblichen Rätselgestalten in Wirklichkeit ein Mann verbirgt, zeigt sich etwa bei Novalis: Als er schließlich den Schleier der Göttin von Sais lüftet, entdeckt der Held dahinter keinen anderen als sich selbst.[64]

Unzählig sind die Gestalten, die das männliche Frau-Sein annimmt im 19. und Anfang des 20. Jahrhunderts: Es inkarniert sich in Salome, Medusa oder Lulu als femme fatale. Aber auch die kometenhafte Karriere, zu der ein eher madonnenhaftes Frauenportrait wie das der Mona Lisa im 19. Jahrhundert plötzlich antritt,[65] gehört hierher. Ihre angebliche »Rätselhaftigkeit«, die Vieldeutigkeit ihres Blicks, die Androgynität, die viele, auch schon vor Duchamps, gerade in ihrem Lächeln gesehen haben wollen[66] – all das macht sie zur idealen Darstellung männlichen Frau-Seins. Die Tatsache, daß eine amerikanische Computerkünstlerin bei einem Vergleich der Daten von einem Selbstportrait Leonardos mit der Mona Lisa feststellte, daß zahlreiche Details der beiden Portraits völlig miteinander übereinstimmten, widerspricht dem schwerlich.[67] Der Erfolg des Bildes, das wie kein anderes Gemälde der Welt, zu *dem* Kunstwerk überhaupt wurde, erklärt sich meines Erachtens mit der Tatsache, daß hier männliches Frau-Sein, ein »besseres«, weil echteres, Frau-Sein als das der realen Frau auf die Leinwand gebannt worden war.

Wo aber bleibt unter diesem mächtigen Frauenbild die reale Frau – und zwar gerade die sogenannte »starke Frau«, die sich ihrer Verspeisung in der Ehe oder anderen Institutionen der »Geschlechterharmonie« widersetzen möchte? Ich will versuchen, auf diese Frage so kurz wie möglich zu antworten. Sie findet sich einerseits wieder in der magersüchtigen Frau, die sich ihrer Verspeisung durch die Reduktion ihres Körpers entzieht; die dem übermächtigen, gefräßigen Ich, das sich in ihr ein »Du«, ein Nicht-ich oder die Anti-These zu setzen versucht, aushungert. Sie weigert sich, ihren Körper zur Beleibung der Metapher herzugeben. Aber das bedeutet auch, daß sie, deren Äußeres doch das Bild einer »normalen« weiblichen Frigidität zu bestätigen scheint, in Wahrheit Ausdruck von genau dem *Gegenteil* ist – nämlich dem Versuch, einer weiblichen Selbstbehauptung: Sie ringt um ein Ich, das sich seiner Verwandlung in ein Nicht-ich oder ein »Du« im Sinne von Novalis widersetzt. Eine Anti-These, die der These die Erweiterung auf dem bequemen Weg der Dialektik verwehrt.[68]

Die sogenannte »starke« Frau findet sich andererseits aber auch wieder als *Verkörperung* der »grausamen Frau«. Sie ist es, die für das Stimmrecht der Frau auf die Straße geht, das Recht fordert, schreiben zu dürfen, in den Kunstakademien aufgenommen zu werden, als Ärztin, Anwältin zu praktizieren. Und sie wird schließlich auch das Recht auf die »freie Liebe«, die ungebundene Sexualität in Anspruch nehmen. Sogar als Verführerin, als femme fatale wird sie in Erscheinung treten und in Erscheinung treten wollen. Zu diesen Frauen gehören einige der mutigsten und meist bewunderten – auch von mir meist bewunderten – Frauen, die in den letzten 200 Jahren hervorgetreten sind. Die Namen dieser Frauenrechtlerinnen, Schriftstellerinnen, Künstlerinnen brauche ich hier nicht aufzuführen. Aber zur Illustration einer Frau, die sich den Pelz der femme fatale überzog, möchte ich das Beispiel der Franziska von Reventlow anführen. Wahrlich eine »emanzipierte« Frau, gerade in Fragen der Geschlechtsmoral. In einer Tagebuchtragung von 1905 schreibt sie etwa: »Cruel énigme – das Zeichen, unter dem mein ganzes Leben steht (...) Wenn ich das eine halten möchte, braust tausend anderes über mich her. (...) Wenn ich liebe, ist es immer ein Unglück für alle beide, immer, immer, unweigerlich.«[69] Der Preis, den die Anorektikerin für ihre Form der Verweigerung bezahlt, ist bekannt. Der Preis, den die Fleisch gewordene femme fatale zahlt, ist vielleicht sogar noch höher: Er besteht im Verzicht darauf, Subjekt des eigenen Frau-Seins zu sein, vielmehr zur Inkarnation eines fremden Frauenbildes zu werden, das mit ihr als realer Frau in Konkurrenz steht. Andererseits hat die »starke« Frau aber auch dazu beigetragen, daß die femme fatale im Verlauf des 20. Jahrhunderts Einiges von ihrem übermächtigen Mythos büßen mußte – ein Mythos, dessen Macht eben darauf beruhte, daß keine reale Frau ihm gerecht zu werden schien. Indem die »starke Frau« den Mythos in ihren Körper aufsog, brachte sie ihn auch zum Verschwinden. In ihr – Paradoxon unter vielen – trifft sich so der Carmen-Mythos, der Mythos der leidenschaftlichen Frau, mit der Symptombildung der Anorektikerin: in beiden Fällen bringt die reale Frau die mythische Frau, das männliche Frau-Sein zum Verschwinden.

Insgesamt, so läßt sich sagen, löst sich das Rätsel der widersprechenden Geschlechterrollen, wenn man begreift, daß hier verschiedene Sexualwesen – ein reales und ein mythisches, das aber nicht minder real geworden ist – miteinander in Konkurrenz stehen und daß in diesem Konflikt – so widersprüchlich es auch klingen mag – die Anorektikerin um die Bewahrung des Sexualwesens kämpft, während Carmen als eine der Gestalten betrachtet werden muß, die zum Untergang des Eros beigetragen hat. Denn in ihr fand ein männliches Frau-Sein seinen Ausdruck: ein Frau-Sein, das die Frau selbst überflüssig machte. Ich denke, daß die Selbstzweifel, denen viele Frauen in diesem Zeitalter ausgesetzt sind, das doch anscheinend die Rechte der Frau wiederentdeckt hat, in diesem Konflikt ihren Ursprung haben: in einer Verunsicherung über das, was man »Identität« nennt. Was, so etwa lautet die Frage, die hinter diesen Selbstzweifeln steht, ist nun eigentlich mein reales Ich? Kann ich meinen Gefühlen, meinen Trieben, meinem Körper selbst trauen oder sind diese nur fremde Wunschvorstellungen, die in mir Gestalt angenommen haben? Für den Mann hat der Konflikt zwischen Mythos und Realität andere Konsequenzen gehabt, die vor allem beim Künstler offenbar werden. Es scheint sich für ihn zunehmend als schwierig zu erweisen, zugleich Künstler zu sein und eine Frau zu lieben: die »Beleibung« der eigenen Weiblichkeit, des eigenen Frau-Seins im anderen macht es ihm eigentlich unmöglich, dem »anderen«, dem Fremden noch zu begegnen.[70]

All das bedeutet freilich, daß die Suche nach einer spezifisch weiblichen Sexualität oder Ästhetik, wie sie auch hier zur Debatte steht, eigentlich zum Mißerfolg verurteilt ist. Mehr noch: sie birgt die Gefahr in sich, zu einer Bestätigung männlichen Frau-Seins zu werden – zu sehr sind inzwischen die Grenzen verwischt zwischen der realen Frau und der Manngeschaffenen Frau. Ein anschauliches – und amüsantes – Beispiel dafür ist die Tatsache, daß in England kürzlich ein junger Mann, der von der Jury als solcher nicht erkannt worden war, als Siegerin aus einem Schönheitswettbewerb hervorging.[71] Zu solchen Entwicklungen hat auch die Frauenbewegung beigetragen. Gerade was die Hexe betrifft, haben viele Teile von der Frauenbewegung entscheidend mitgeholfen, deren Bild ganz im Sinne einer Carmen umzuformen: als Verkörperung der pulsierenden Natur, der unbezähmbaren Leidenschaft – ganz so wie Michelet es vorgeschrieben hatte. Sie unterstützten so, wenn auch unfreiwillig, den Anspruch des männlichen Frau-Seins, das »echtere« Frau-Sein zu verkörpern.

Meine Vorbehalte bei der Suche nach einer spezifisch weiblichen Sexualität oder Ästhetik und mein besonderes Mißtrauen allen Versuchen einer Rehabilitation und Reinstallation dieser »Weiblichkeit« gegenüber bedeutet aber nicht, daß ich der Frauenforschung an sich ablehnend gegenüberstehe. Im Gegenteil: Ich verdanke ihr unendlich viel an Einsichten und an Aufdeckung von verschütteten Quellen. Aber ich denke, daß die Frauenforschung auf anderen Bereichen Entscheidendes zu leisten vermag und vielleicht sogar als einzige unter allen Forschungsgebieten zu leisten vermag: nämlich bei der Aufdeckung der Geschlechtlichkeit von Geschichte. Ich meine damit, daß Begriffe wie etwa der der »Nation« oder der des »Staates« untrennbar sind von der Rolle, die das Sexualwesen – seine Verfolgung und Refabrikation – im Abendland gespielt hat. So wurden, zum Beispiel was den Nationalsozialismus betrifft, bisher vor allem seine verbrecherischen Aspekte behandelt, die Staatsmaschinerie, die er in Gang setzte, es wurde die Banalität des Bösen gezeigt, die Feindbilder dieses Systems gezeigt – aber es wurde bisher noch viel zuwenig auf die erotische – oder genauer: pseudo-erotische – Anziehungskraft gerade dieser Feindbilder eingegangen. Dabei kann doch eigentlich erst die Erkenntnis dieser erotischen Ersatzfunktionen – die in enger Verbindung stehen zu der oben beschriebenen Durchsetzung männlicher Weiblichkeit – auch die Tatsache erklären, daß es eine Kraft gab, die stärker war als jede Ethik und jedes Gefühl von Menschlichkeit.[72]

In diesem Zusammenhang möchte ich noch einmal kurz auf die männliche Hysterie zurückkommen, die am Anfang meiner Überlegungen stand. Die Entstehung – oder Salonfähigkeit – der männlichen Hysterie zeitigte auch einen Wandel in der Bedeutung des Wortes, der seinerseits in enger Beziehung zur schon behandelten Destruktivität des männlichen Hysterikers steht. Das Wort Hysterie nimmt im Verlauf des 19. Jhs. und noch deutlicher nach 1900 eine völlig konträre Bedeutung, nämlich die der »Massenhysterie« an: eines Ichs, das im Rausch der Masse seinen eigenen Untergang lustvoll erlebt. Es hatte schon vorher Massenphänomene gegeben, die Veitstänze zum Beispiel im ausgehenden Mittelalter, aber nie war das Wort Hysterie, das ausschließlich dem individuellen weiblichen Körper vorbehalten blieb, auf diese Phänomene angewandt worden. Auch unterscheidet sich die Massenhysterie des 20. Jahrhunderts erheblich von der der Vorzeit: Während die Menschen, die dem Veitstanz verfielen, keines Feindbildes bedurften, um in einen Zustand der Sinnesentrücktheit zu geraten, scheint das Feindbild zu einem der wichtigsten Faktoren der Massenhysterie im 20. Jahrhundert zu gehören. Ich möchte sogar die Behauptung aufstellen, daß dieses Feindbild die entscheidende erotische Komponente des politischen Massenrausches darstellt. Und eben dieses Bedürfnis befriedigte der Judenhaß. Im Feindbild des Juden – und noch mehr: im Feindbild des verfolgten Juden – setzte das monströse Ich, die Masse, sich sein Nicht-ich im Sinne Fichtes, oder das »Du« im Sinne von Novalis.[73] Auch hier wurde das Töten zum Ersatz – ja mehr noch: zum Ausdruck – für einen von Gewalttätigkeit ununterschiedenen Begriff von »Lieben«. Die Verfolgung und Vernichtung eines selbstgeschaffenen »Anderen« wurde zum erotischen Erlebnis eines Ichs, das mit sich selbst – durch Töten – Hochzeit feierte. Richard Wagner, Otto Weininger sind nur einige Glieder in dieser Kette, durch die der Jude zum Opfer phantasierten Mann-Seins wird, zum Nicht-ich des selbstgesetzten Nicht-ichs, zur Antithese männlichen Frau-seins. Der »Jude« wird gewissermaßen zum Mittel der Selbstdefinition – durch Abgrenzung gegen ein Feindbild –, durch das sich der entleibte männliche Hysteriker wieder einen *männlichen* Leib zulegt – einen Leib, der unter anderem in den schon benannten Theorien einer Überlegenheit des männlichen Geschlechtstriebs seinen Niederschlag finden wird.

Die Fabrikation dieser beiden Nicht-ichs oder »Dus« gleichen einander, gleichen einander vor allem was die Gewalttätigkeit betrifft, mit der sie hervorgebracht werden. In beiden Fällen wird Realität in Imagination verwandelt und wird die Imagination ihrerseits physische Realität produzieren – physische Realität in jedem Sinne des Wortes: als Produktion von Vernichtung. Solange wir nicht begriffen haben, daß sich hinter der Wirklichkeit der Gaskammern ein Mythos verbirgt, solange werden wir die physische Realität der Vernichtungslager überhaupt nicht erfassen können. Dieser Mythos wiederum ist untrennbar von dem Paradigmenwechsel, der uns hier beschäftigt und bei dem es um die Konfrontation zwischen einem Sexualwesen geht, das durch Mythisierung entleibt wurde und einem mythischen Sexualwesen, das sich einen realen Körper zugelegt hat.

Ich möchte zuletzt noch eines hinzufügen: Bei dem Vorgang, den ich hier beschrieben habe, gibt es zwar Opfer – unfaßbar viele Opfer –, aber es gibt keinen Täter im eigentlichen Sinne des Wortes. Ich würde mich mißverstanden fühlen, sollte man diese Abhandlung als eine moralische Anklageschrift verstehen. Es gab nicht den Täter als Subjekt von Geschichte, und das ist im Grunde genommen ein Gedanke, der unendlich viel schwerer zu ertragen ist, als wenn es einen Täter gäbe, der für diese Verbrechen dingfest zu machen wäre. Es gab dieses Subjekt von Geschichte nicht aus dem einfachen Grund, daß es das bewußte Subjekt, das Geschichte vorausplant und in Erfüllung gehen läßt, nicht gab – und immer weniger gibt. Gerade die ich-zentrierten Lehren eines Kant oder Fichte, aber auch die romantische Verherrlichung der Subjektivität verdeutlichen, wie sehr der Mensch zum Objekt von Geschichte geworden ist und seine Ohnmacht verspürt.

Diese Tatsache erklärt aber auch, weshalb wir nunmehr beginnen, männliche Anorektiker zu erleben. Während der männliche Hysteriker sich gerne der Mutter als Schutzschild gegen die reale Frau bediente, bemüht sich der Anorektiker darum, sie am eigenen Körper auszuhungern, diesem Körper, den er als weiblich zu identifizieren gelernt hat. Das bedeutet aber, daß er letztlich seine imaginäre Weiblichkeit aushungert, dieses Frau-Sein, das er »von innen heraus« hervorgebracht hat.

Andererseits ist diese Entwicklung aber auch Symptom für einen Paradigmenwechsel, der sich auf den Begriff der »Mutter« bezieht. Die Erwartungen an die »Mütterlichkeit« – sowohl im fürsorglichen wie im kontrollierenden Sinne – beziehen sich immer weniger auf die reale Mutter oder auch nur auf eine einzelne Frau,[74] sie beziehen sich auch nicht auf den Vater, sondern immer mehr auf die Institution Staat, den sozialen Wohlfahrtsstaat mit all seinen Kontrollmechanismen und seinen Zwangsernährungssystemen. Tatsächlich scheint das Bild vom »Vater Staat« zunehmend in eines vom »Mutter Staat« überzugehen, wobei auch hier in einem gewalttätigen Prozeß die reale Mutter, der reale Vater durch eine Leib gewordene Imagination, gleichsam eine übermächtige mère fatale ersetzt wird. Die sinkenden Geburtenraten, die gleichzeitige Entwicklung der Gentechnologie sind nur die offensichtlichsten Anzeichen dafür.

Ich denke, daß die Frauenforschung auf all diesen Gebieten – ob es sich nun um die Vernichtungslager oder um die gentechnologischen Labors, den »Mutter Staat« oder den Hungerstreik handelt – noch vieles aufzudekken vermag, vor allem eine Frauenforschung, die sich mit den Mythen beschäftigt, die sich hinter den sichtbaren Realitäten verbergen. Es sind Mythen, die die Frauen über Jahrhunderte am eigenen Leibe erfahren haben und noch immer erfahren, die sie sich aber hüten sollten, zur weiblichen Wirklichkeit zu erklären. Eine solche Forschung würde freilich beinhalten, daß Luise endlich ihrem Gatten antwortet: »ach weißt du, *mir* kann das Feld gar nicht weit genug sein.«

1 ▪ Natürlich zeichnet sich der hier dargestellte Paradigmenwechsel auch schon früher ab, aber mit der Aufklärung wird er besonders deutlich sichtbar.

2 ▪ »Die Liebe gleicht Zigeunerart« heißt es in Bizets »Carmen«, oder auch: »Die Liebe ist ein wilder Vogel...«

3 ▪ Friedrich Nietzsche, Der Fall Wagner, mit einer Einführung von Walter Franke, Frankfurt, 1946, S. 34

4 ▪ zit. n. Hugo Daffner, Friedrich Nietzsches Randglossen zu Carmen, Regensburg, 1938, S. 34

5 ▪ Jules Michelet, Die Hexe, mit Beiträgen von Roland Barthes und Georges Bataille, übers. v. G. Klose, hrg. v. Traugott König, München, 1974, S. 25

6 ▪ Brigitte Wittmann, Hrsg., Don Juan, Darmstadt, 1976

7 ▪ Ernst Bloch, Don Giovanni, alle Frauen und die Hochzeit, in: Das Prinzip Hoffnung, Gesamtausgabe, Bd. V, Frankfurt 1959, S. 1187

8 ▪ Die enge Verwandtschaft einer Reihe zeitgenössischer Entwürfe über den »neuen Mann«, in denen vornehmlich die Forderung nach einem Bekenntnis zur Weiblichkeit im Mann auftaucht, mit Décadence und Romantik soll hier nicht übergangen werden. Sie ist vielmehr einer der Gründe, weshalb mir eine umfassende Beschäftigung mit der männlichen Hysterie von besonderer Aktualität erscheint.

9 ▪ Richard von Krafft-Ebing, Psychopathia sexualis I, (Reprint) München, 1984, S. 12f

10 ▪ Vgl. z.B. Charles Darwin, Die geschlechtliche Zuchtwahl, Deutsch von Heinrich Schmidt, Leipzig, 1909, S. 250; P. Möbius, Die Geschlechter der Tiere, Halle, Bd. 2, S. 4 u. ders. Über den physiologischen Schwachsinn des Weibes, Halle, 1902, S. 14ff; C. Lombroso und G. Ferrero, Das Weib als Verbrecherin und Prostituierte, Anthropologische Studien, gegründet auf eine Darstellung der Biologie und Psychologie des normalen Weibes, übers. v. H. Kurella, Hamburg, 1894, S. 129f u. S. 172. Die beiden letzteren erklären die weibliche Prostitution mit dem Mangel der Libido bei der Frau. In anderen Schriften wird die weibliche Prostitution gerade mit der Unersättlichkeit der sexuellen Bedürfnisse der Frau begründet.

11 ▪ M. Hartung, Homosexualität und Frauenemanzipation, Leipzig, 1910, S. 28; Havelock Ellis, The Mechanism of Detumescence, in: Studies in the Psychology of Sex, Kingsport, Tenn., 1942, Volume II, part I, S. 132

12 ▪ Stéphane Mallarmé, Plainte d'automne, 1867, in: Oeuvres complètes, Paris, 1945, S. 270

13 ▪ Flaubert bezeichnete sich selber gerne als »dickes hysterisches Mädchen« oder als »alte hysterische Frau«, zit. n. Jean Paul Sartre, Der Idiot der Familie, Gustave Flaubert, 1821–1857, Deutsch von Traugott König, Reinbek b. Hamburg, 1977, Bd. 4, S. 230; s.a. den Brief an George Sand v. 12./13.1.1867, in: Gustave Flaubert – George Sand, Correspondance, Paris, 1981; Baudelaire schreibt: »Die Hysterie: Warum sollte dieses physiologische Rätsel nicht die Grundlage und den Tuffstein eines literarischen Werkes bilden.« Charles Baudelaire, Madame Bovary,

in: L'art romantique, Oeuvres, Texte établi et annoté par Y.-G. Le Dantec, Paris, 1932, Bd. 2, S. 447. Ebenso billigt auch Joris-Karl Huysmans seinem Romanhelden Jean Des Esseintes »gelehrte Hysterien« zu. Joris-Karl Huysmans, Gegen den Strich, Aus dem Französischen übertr. v. Hans Jacob, Zürich, 1965, S. 126; Die Liste dieser Adepten der Hysterie ließe sich noch lange fortsetzen. Unter ihnen befinden sich – das sei hier keineswegs nur am Rande bemerkt – einige der bedeutendsten Künstler des 19. und 20. Jahrhunderts, denen Literatur, Malerei und Musik entscheidende neue Anstöße verdanken.

14 ▪ vgl. d. Abschnitt »Die Affinität der Décadence zur Gewalt« in: Wolfdietrich Rasch, Die literarische Décadence, um 1900, München, 1986, S. 87 ff

15 ▪ Novalis, Schriften. Die Werke Friedrich von Hardenbergs, Hg. v. Paul Kluckhohn und Richard Samuel, 2. ergänzte, erweiterte und verbesserte Auflage, Stuttgart, 1960ff (im folgenden: HKA), Bd. II, S. 667, 686 f, 662 f

16 ▪ In einem Brief an seinen Bruder Erasmus schreibt Novalis über sein Verhältnis zu Frauen: »Mit der zarten Blüte meiner Neigung ist es vorbei, sobald ich gemeine Gunstbezeugungen erhalte.« Novalis, Schriften, Im Verein m. Richard Samuel hg. v. Paul Kluckhohn, 4. Bde., Leipzig, 1929, (im folgenden: Kl.), Bd. 4, 81 f

17 ▪ HKA III, 613 ff

18 ▪ Die Surrealisten nannten die Hysterie »die größte poetische Entdeckung vom Ende des 19. Jahrhunderts«, Louis Aragon, André Breton, Le cinquantenaire de l'hystérie, in: Révolution surréaliste, Nr. 11, 15. 3. 1928; vgl. auch Anmerkung 13

19 ▪ vgl. d. Bericht des Amtmannes August Coelestin Just über Friedrich von Hardenberg, in: HKA IV, S. 536 ff

20 ▪ Novalis, Werke, hg. v. Gerhard Schulz, München, 1969 (im folgenden: Werke), 412 f

21 ▪ Novalis, Heinrich von Ofterdingen, Textrevision und Nachwort v. Wolfgang Frühwald, Stuttgart, 1984, S. 159

22 ▪ HKA II, 545

23 ▪ Frühwald schreibt über den Ofterdingen: »Durch die Identifizierung der Romangestalten mit denen der Märchen wollte Novalis den Übergang aus der »wirklichen Welt in die geheime« sinnfällig machen, die Traumwelt als poetische Realität konstituieren. (...) So ist der Stil des »Ofterdingen« geformt von der Kraft Gestalt gewordener und gegenseitig gespiegelter Paradoxien, wobei Bild und Spiegelbild gleichsam aufeinander zuschreitend ineinander verschmelzen.« Nachwort z. »Heinrich von Ofterdingen«, S. 244 f

24 ▪ HKA III, 248

25 ▪ HKA II, 441

26 ▪ HKA II, 497

27 ▪ HKA II, 281

28 ▪ Wie eng Kunstwerk und Deutschtum zusammenhängen, wird in der Nachfolge von Novalis noch viel deutlicher bei Richard Wagner, der seine Kunstwerke als politische Werkzeuge betrachtete und sich selbst als den Messias einer neuen »deutschen« – und das hieß für ihn »nichtjüdischen« Religion. Vgl. dazu u.a. Zelinsky, Hartmut, Richard Wagner, ein deutsches Thema. Eine Dokumentation zur Wirkungsgeschichte Richard Wagners 1876–1976, Berlin, Wien 1983; ders. Der Plenipotentarius des Untergangs, in: Neohelicon IX, 1, Budapest, Amsterdam, 1982, u. Christina von Braun, Nicht ich, Logik Lüge Libido, Frankfurt, 1985, S. 404 ff

29 ▪ zit. n. Gerhard Schulz, Novalis, Reinbek b. Hamburg, 1969, S. 54

30 ▪ HKA II, 291

31 ▪ Ebda.

32 ▪ Kl. 3, 145

33 ▪ Kl. 3, 157

34 ▪ »Jetzt sehn wir die wahren Bande der Verknüpfung von Subjekt und Objekt – sehn, daß es auch eine Außenwelt in uns gibt, die mit unserm Innern in einer analogen Verbindung, wie die Außenwelt außer uns mit unserm Äußeren, und jene und diese so verbunden sind, wie unser Innres und Äußres.« Ebda.

35 ▪ Kl. 4, 330f

36 ▪ vgl. Hugo Kuhn, Poetische Synthesis, in: Novalis, Hg. v. Gerhard Schulz, Darmstadt, 1970, S. 217

37 ▪ Auch in Hegels dialektischem Modell ist die Antithese nichts, das sich als autonom denken läßt. Ohne die These ist sie bar jeden Sinnes. Sie ist gleichsam das selbstgesetzte Nicht-ich, das in seiner »Annihilation«, wie es bei Hegel heißt, zur Erweiterung der These führt.

38 ▪ Das rege Interesse an der Wirklichkeit (individueller oder kollektiver Art) mag erstaunen bei diesem Dichtertypus, der sich doch anscheinend der Esoterik verschrieben hat. Tatsächlich interessiert ihn aber die Wirklichkeit brennend – sowohl jene, die er untergehen sehen möchte wie auch jene, die er fabrizieren will. Dieses Interesse an der Wirklichkeit erklärt auch die Tatsache, daß sich so viele Gestalten dieses Künstlertypus zum »Priester« oder Politiker wenn nicht gar zum Religionsstifter berufen fühlen, ja aus ihrem Sendungsbewußtsein die künstlerische Rechtfertigung beziehen. (Bei Richard Wagner ist das besonders deutlich). Insofern ist aber auch die heute so oft geforderte Trennung von Werk und Biographie eines Künstlers völlig verfehlt, geht sie doch an den Intentionen des Künstlers selbst vorbei.

39 ▪ Kl. 4, 81f

40 ▪ HKA, IV, 553

41 ▪ Heinrich von Ofterdingen sagt zu seiner Braut Mathilde: »Was mich so unzertrennlich zu dir zieht, was ein ewiges Verlangen in mir geweckt hat, das ist nicht aus dieser Zeit. Könntest du nur sehen, wie du mir erscheinst, welches wunderbare Bild deine Gestalt durchdringt und mir überall entgegenleuchtet, du würdest kein Alter fürchten. Deine irdische Gestalt ist nur ein Schatten dieses Bildes.« Novalis, Heinrich von Ofterdingen, S. 121. Gerhard Schulz schreibt: »Liebe und liebende Vereinigung waren, wie Novalis selbst erfahren hatte, eigentlich nur noch eine höhere, ja die höchste Stufe der Selbsterkenntnis und Selbsterfüllung.« G. Schulz, Novalis, S. 98

42 ▪ Heinz Ritter-Schaumburg, Novalis und seine erste Braut, Sie war die Seele meines Lebens, Stuttgart, 1986, S. 50f

43 ▪ Kl. 4, 375f

44 ▪ Sophie bleibt in der Anrede immer beim »Sie«, was Novalis selbst auffällt (ebda.) und auch damals nicht unbedingt üblich war unter Verlobten.

45 ▪ vgl. Heinz Ritter-Schaumburg, Novalis und seine erste Braut, S. 155

46 ▪ Brief v. 8. 7. 1796, HKA IV, 186

47 ▪ vgl. Schulz, Novalis, S. 63

48 ▪ Hugo Kuhn, Poetische Synthesis, S. 212

49 ▪ Brief v. 13. 4. 1797, HKA IV, 220

50 ▪ Brief v. 5. 5. 1797, HKA IV, 226

51 ▪ Kl. 4, 175

52 ▪ Vor allem Mathilde muß sterben, bevor Heinrich zum wirklichen Dichter werden kann, und sie tut es mit Freude, ja der Wunsch zu sterben ist der höchste Ausdruck ihrer Liebe selbst.

Sie sagt ihm: »Ich weiß nicht, was Liebe ist, aber das kann ich dir sagen, daß mir ist, als finge ich erst jetzt zu leben an, und daß ich dir so gut bin, daß ich jetzt gleich für dich sterben wollte.« Heinrich von Ofterdingen, S. 120. An anderer Stelle, in den Romanfragmenten heißt es: »Mystizism der Geschichte. Das Hirtenmädchen, oder Cyane opfert sich für ihn auf.« (S. 193) Man muß Goethes »Werther« zugutehalten, daß es in diesem Roman, der nicht minder von Todessehnsucht durchsetzt ist, zumindest der Held selber ist, der das Leben läßt, während es bei Novalis, in der Romantik überhaupt, später in den Opern von Wagner etc. immer die Frauen sind, die sterben müssen, damit die Liebe oder sonstige Heilswerke ihre Erfüllung finden können.

53 ▪ Gerhard Schulz, Novalis, S. 69

54 ▪ Novalis verlobt sich ein zweites Mal, mit Julie von Charpentier. Erst als sie ernsthaft erkrankt war, so schrieb er selbst »fiel mir der Gedanke, ihr mein Leben zu widmen, lebhaft ein.« (Kl. 4, 320f) Julie überlebte ihn freilich.

55 ▪ Gerhard Schulz, Novalis, S. 133

56 ▪ vgl. Max Kommerell, in: Novalis, hg. v. Gerhard Schulz, Darmstadt, 1970, S. 181

57 ▪ Heinrich von Ofterdingen, S. 166

58 ▪ Über den Ofterdingen schreibt Frühwald: »Der Blick nach innen aber, kdie absondernde BeschauungO des Selbst hat sich umgekehrt in den wirksamen Blick nach Außene. So wird die für Heinrich zunächst dunkel-unerklärliche Begegnung mit dem provenzalischen Buch übergeführt in eine aktive Inszenierung der eigenen Geschichte während des Festes am kaiserlichen Hof zu Mainz«. Wolfgang Frühwald, Nachwort zum »Heinrich von Ofterdingen«, S. 242

59 ▪ Kl. 3, 139

60 ▪ Über die enge Verbindung von Ernst Jünger zur Décadence vgl. Karl Heinz Bohrer, Die Ästhetik des Schreckens, München, 1978. Aber auch die Verbindung zur Romantik wird offensichtlich bei der Lektüre etwa folgender Passage aus dem »Heinrich von Ofterdingen«: »Der Krieg überhaupt,« sagte Heinrich, »scheint mir eine poetische Wirkung. Die Leute glauben sich für irgendeinen armseligen Besitz schlagen zu müssen und merken nicht, daß sie der romantische Geist aufregt, um die unnützen Schlechtigkeiten durch sich selbst zu vernichten. Sie führen die Waffen für die Sache der Poesie, und beide Heere folgen *einer* unsichtbaren Fahne«. »Im Kriege,« versetzte Klingsohr, »regt sich das Urgewässer. Neue Weltteile sollen entstehen, neue Geschlechter sollen aus der großen Auflösung anschießen. Der wahre Krieg ist der Religionskrieg; der geht geradezu auf Untergang, und der Wahnsinn der Menschen erscheint in seiner völligen Gestalt. Viele Kriege, besonders die vom Nationalhaß entspringen, gehören in die Klasse mit, und sie sind echte Dichtungen. Hier sind die wahren Helden zu Hause, die das edelste Gegenbild der Dichter, nichts anders, als unwillkürlich von Poesie durchdrungene Weltkräfte sind.« S. 116f, vgl. auch S. 191f

61 ▪ Diese Verschmelzung der Geschlechter vollzieht sich auf sinnfällige Weise auch im Tanz. Gegen Ende des 18. Jahrhunderts kommt der Walzer auf, der eine radikale Neuerung bedeutete. Gerhard Schulz über ein kleines Gedicht auf den Walzer von Novalis (HKA I, 385): »Die Aufforderung darin, die Mädchen fester ans klopfende Herz zu drücken, hatte ihre revolutionären Untertöne. Denn der Walzer, der damals gerade erst recht in Mode kam, war kein Gesellschaftstanz höfischer Provenienz mehr, sondern hier bildeten zwei Tänzer eine kleine Welt für sich, aneinander gepreßt und im Wirbel verbunden.« (Gerhard Schulz, Novalis, S. 42)

62 ▪ Daß sich dieser Kannibalismus keineswegs nur auf die psychische Ebene beschränkt, sondern auch auf physischer Ebene stattfindet, kann ich hier nur andeuten: Es scheint, daß sich im Verlauf der letzten zweihundert Jahre die Gewalttätigkeit zunehmend auf den sogenannten »intimen« Bereich verlegt hat, also zunehmend zwischen Familienmitgliedern, Geschlechtspartnern stattfindet. Besonders deutlich erscheint die Symbiose – die Aufhebung der Ich-Grenzen innerhalb der Familie – da, wo eines der Familienmitglieder den Selbstmord mit der Ermordung der Angehörigen verbindet.

63 ▪ Otto Weininger, Geschlecht und Charakter, Wien, Leipzig, 1917, S. 277

64 ▪ HKA II, 584

65 ▪ Ursula Renner-Henke, Mona Lisa, Zum Frauenphantom des Mannes um 1900. Vortrag gehalten in Osnabrück anläßlich des Symposions »Thema Frau um 1900: Bild, Paradigma, Realität«, 21. 11. 1986

66 ▪ Zu den Wunschvorstellungen, die sich hinter der Androgynität von Frauenbildern verbergen, vgl. das Kapitel »Madonna und Maschine« in: Christina von Braun, Nicht ich, S. 234 ff

67 ▪ Die Künstlerin heißt Lillian Bell und führte ihre Untersuchung am Bell-Institut für Computerforschung durch. vgl. »Arts and Antiques«, Jan. 1987

68 ▪ Auf die Bedeutung der Anorexie, die ich hier nur andeuten kann, bin ich in diesem Zusammenhang ausführlicher eingegangen im Kapitel »Der Mensch ist, wenn er nicht ißt«, Nich ich, S. 458 ff

69 ▪ Franziska Gräfin zu Reventlow, Gesammelte Werke, München, 1925, S. 369

70 ▪ Peter Handke ist ein besonders gutes Beispiel für diese Berührungsangst des männlichen Künstlers mit der Frau. Vgl. Christina von Braun, Nicht ich, S. 401 ff

71 ▪ Der Sieger hieß Nicholas Barret und der Schönheitswettbewerb fand im Mai 1986 in Selsey, England statt.

72 ▪ Stefanie, 19 Jahre alt, in: Peter Sichrovsky, Schuldig geboren, Kinder aus Nazifamilien, Köln, 1987: »Man kann ja sagen, was man will, über die Nazis, aber toll ausgesehen haben die schon. Die Männer zumindest. Die Frauen in ihren Blusen und den Frisuren, die kannst du vergessen. Aber es muß was los gewesen sein, damals. In der Schule sahen wir Filme mit Aufmärschen, Paraden. Wie die alle vor Begeisterung gebrüllt haben. Zeig mir doch heute was Ähnliches, du wirst nichts finden. Ja, ich weiß, es war eine schlimme Zeit Der Krieg, nichts zum Fressen, die Bomben, die Juden. Wir hatten einen Geschichtslehrer. Lange Haare, Bart, Norwegerpullover, entweder über der Latzhose oder darunter. Was hat der uns nicht alles vorgelabert. Stundenlang über die Juden, die Kommunisten, die Zigeuner, die Russen, alles Opfer, nichts als Opfer. (...) Einer aus der Klasse hat ihn mal gefragt: »Wo war denn das Tolle damals? Warum haben denn so viele Hurra und Heil gebrüllt? Warum waren die alle so begeistert? Da muß es doch noch etwas anderes gegeben haben?« Da schaute der blöd, der liebe Lehrer. Fing an, den Schüler als Neonazi zu beschimpfen, ob er denn keine Achtung vor den Opfern hätte usw. Aber wir anderen ließen nicht los. Endlich hat das einer mal ausgesprochen. Wir wollten wissen, was damals wirklich los war. Da hatte sich richtig was aufgestaut. Immer nur Verbrechen und Schandtaten, und immer waren's wir, die Deutschen. Die ganze Klasse schrie durcheinander. Das sei alles Schwachsinn, was er uns hier erzähle, rief einer. Wir hätten es doch in den Filmen gesehen, die er uns gezeigt hat. Die lachenden Kinder, die leuchtenden Augen der Frauen, Hunderttausende in den Straßen, und alle haben sie gejubelt. Woher kam denn diese Begeisterung? (S. 41 f)

73 ▪ Vladimir Jankelevitch sagt: »Wenn der Nazi sie (die Juden d.V.) haßt, so deshalb, weil sie ihm ähnlich sind, ihm nahestehen, weil sie a priori nichts auf sichtbare Weise von ihm unterscheidet: weder die Hautfarbe noch die Größe, noch die Haare, nichts, oder *beinahe* nichts; und aus diesen *beinahe* wird der Nazi seinen unendlichen Haß schöpfen. Dieses *beinahe* wird die Ideologie bis ins Übermäßige steigern. Es muß Unterscheidung da hergestellt werden, wo zunächst und vor allem Ähnlichkeit besteht, das »Besondere-Merkmale-Keine« (signe-particulier-néant). Aus diesem zwanghaften Streben heraus, den Juden zum »Monstrum« zu machen – jenen, auf den man zeigt und den man erkennt – werden alle Phantasmagorien des arischen Biologismus und natürlich das »Spezifische« der »Endlösung« hervorgehen.« Vladimir Jankelevitch, La haine devant le miroir, in: Le Nouvel Observateur, 19. 2. 1979, S. 34

74 ▪ Alfred Döblin, Kannibalisches, 1919: »Das Volkslied bezeichnet als den schönsten Platz, den es für die nächsten Angehörigen hat, das Elterngrab mit der Rasenbank. Andere moderne Menschen haben eine begreifliche Vorliebe, den Eltern, besonders der Mutter, an der Häuserwänden auf Plakaten zu begegnen; es ist nicht uninteressant zu beobachten, wie sich eine Mutter da benimmt. Sie hat sich gewöhnt, sie bewegt sich ganz heimisch. Sie hat schon eine gewisse Routine, sich an den Häuserwänden zu bewegen, man begegnete ihr schon im Krieg. Sie rief zur Zeichnung der Kriegsanleihen auf, seufzte, dem Zeichnungsfaulen drohend, um ihr kleines Kind. Um dasselbe Kind seufzt sie jetzt, wenn wir nicht sozialdemokratisch wählen. Sie bemerkte von ihrem windigen Postamente aus, wir müßten England rasch niederringen, U-Boote, U-Boote, England aushungern. Sie hat die Religion für die Zentrumspartei beschirmt. Neuerdings vergießt sie Tränen um 800000 Gefangene, lamentiert über die Blockade, ruft gegen den Bolschewismus auf. Sie ist ersichtlich vielseitig. Sie hat etwas Allversöhnendes. Sie leuchtet über Gerechte und Ungerechte. Wohl dem, der eine Mutter hat. Denn zwei wären zuviel.« in: Deutsche Intellektuelle 1910–1933, Aufrufe, Pamphlete, Betrachtungen, hg. v. Michael Stark, Heidelberg, 1984, S. 144

Auszüge aus der
Diskussion zu dem Vortrag
von Christina von Braun
Männliche Hysterie
Weibliche Askese

ZUHÖRER 1: Mir hat Ihr Vortrag außerordentlich gut gefallen. Ich habe nur eine Frage dazu. Wie ist das, wenn sie als Frau versuchen, von dem Mythos, den der Mann von der Frau hat, zu sprechen, ihn zu analysieren, entsteht da nicht ein Gegenmythos, ein Mythos vom Mann?

VON BRAUN: Also ich habe schon genug Probleme, mich mit dem eigenen Mythos zu beschäftigen. Mich hat diese Gespaltenheit der Rollen, mit der man als Frau lebt, interessiert. Daher auch am Schluß meine Bemerkung. Ich glaube nicht, daß das ein Prozeß ist, in dem der Mann gewissermaßen zum Schöpfer der Frau wird, das ist ein Prozeß, in dem er selbst ein Objekt einer historischen Entwicklung ist. Natürlich hätte ich auch den Mythos Mann entwickeln können, wie er eines Tages vielleicht auch aus einer Zurückprojektion von uns entstehen wird, aber ich hab schon soviele Energien dafür verwendet, mir diesen Mythos zu erklären, was ja auch bedeutet, ein völlig asketisches Umgehen, um sich außerhalb zu stellen, um zu sehen, was mit mir und mit anderen Frauen geschehen ist, daß mir das erstmal als Energie reicht.

ZUHÖRERIN 1: Ich hab da einige Anmerkungen, so würd ich das nennen. Ich weiß nicht, was das für Auswirkungen auf ihre These hat. Aber dieser Wechsel in den Paradigmenrollen, daß die Frau als die Verführende zur Asexuellen erklärt wird, ist ein Phänomen schon vom Anfang des 18. Jhdts. an, z.B. bei der Madame de la Fayette, bei der Prinzessin von Cleves, und beim ersten bürgerlichen Roman, z.B. bei Richardson (1740). Das hat etwas mit der Industrialisierung zu tun, nicht umsonst ist das im fortschrittlichsten Land, mit puritanischer Moral, in England, aufgetaucht, d.h. 60–100 Jahre vorher, als Sie sagten, das ist dann wieder umgekippt, um sich erneut zu ändern...

VON BRAUN: ...es ist nur wahnsinnig schwer... im Grunde muß man bis in die

Renaissance zurückgehen, wo die Venus auftaucht. Wenn man aber versucht, von einem konkreten Beispiel auszugehen, dazu hab ich jetzt Novalis ausgesucht, dann wird man sich auf eine Periode beschränken. Aber ich geb Ihnen vollkommen recht, das Datum ist fiktiv, man könnte genauso auf die griechische Klassik zurückgehen...

Zuhörerin 1: Es käme da nur ein anderer Aspekt rein, denn bei Richardson, z. B., der ja ein Verfechter von Frauenrechten war, ist es nicht umsonst, daß sich diese Asexualität nach der Interpretation von dem einen Gott präsentiert. Diese Asexualität Anfang des 18. Jhdts. wird in der Literaturwissenschaft interpretiert als eine taktische Verbesserung der Frauenposition auf dem Heiratsmarkt, denn es gab damals zuviele Frauen. London war übervölkert von Frauen, aber die Männer fehlten, warum weiß ich nicht...

von Braun: ...das spielt auch im 19. Jahrhundert eine Rolle, also die emanzipierte Frau war die erotisch anziehendere, auch wenn in vielen Texten sie als der Blaustrumpf dargestellt wird...

Zuhörerin 1: Nein andersrum, und das ist heute noch so, wenn ich meine sexuelle Engagiertheit dem Mann gegenüber offen darlege, habe ich die schlechteren Karten, das ist doch völlig klar, wenn ich nicht so engagiert bin, muß er sich mehr bemühen und je mehr ich sage, was ich will, desto weniger muß er machen. Das ist ein anderer Akzent, und auf den hat man damals sehr viel Wert gelegt, offensichtlich, dieser Paradigmenwechsel hat etwas damit zu tun, den Marktwert der Frau zu erhöhen, das hat etwas mit ihrer schlechten sozialen Lage zu tun, daß ihr Vermögen dem Mann anheim fiel, als sie geheiratet hat und wenn sie da noch sexuell wahnsinnig offen gewesen wäre, da hätte man sie um Kopf und Kragen gebracht, und so konnte sie sich immer noch zurückziehen und sagen, »also sexuell habe ich überhaupt keine Karten im Spiel, wenn du etwas von mir willst, dann erhöhe deinen Einsatz.« Also, das nur einmal als Anmerkung. Was hier an der Hauptthese nicht ganz einleuchtend erscheint, abgesehen davon, daß ich dieses Paradigma, Novalis–Romantik = Tausendjähriges Reich–KZ, also ich vereinfache jetzt etwas, das erinnert mich so an Lukacs' Kleist-analysen, also wirklich, da habe ich viel einzuwenden:

Man muß erstens trennen zwischen den realen Männern, die die Schriftsteller auch sind, und ihrem Werk. Also für mich wäre es z. B. eine Horrorvorstellung als Frau oder Geliebte etwas zu tun gehabt zu haben mit einem Kleist, einem Kafka oder Brecht, aber ich kann ihr Werk trotzdem goutieren, und deshalb ist die Vermischung von Novalis Verhalten Sophie gegenüber und dem Werk nicht ganz koscher.

Das zweite ist, wenn wir die weibliche Hysterie, ich will jetzt nicht sagen, hofieren, aber darin ein Widerstandspotential sehen und das als Voraussetzung zur Kreativität sehen, manchmal zumindest, leuchtet mir nicht ganz ein, warum auf einmal die männliche Hysterie so schlecht wegkommen und diesen destruktiven Zug haben soll bzw. warum der in diesem Vortrag so betont wird. Für mich ist es in der Tat so, daß Hysterie eine Bedingung von Kreativität ist, ob auf der männlichen oder auf der weiblichen Seite. Man kann das psychoanalytisch erklären, man kann es mit Lacan erklären, dann ist es die Verweigerung des Wortes des Vaters und das muß sein, wenn man mit dem Wort spielen will, denn wenn ich das Wort als gesetzt ansehe, dann kann ich kein Schriftsteller sein, und deshalb verstehe ich nicht, warum da so eine unterschiedliche Bewertung gemacht wird.

von Braun: Ich habe Ihre Ansicht lange geteilt, daß die männliche Hysterie nur ein etwas spätes Bekenntnis zu ähnlichen kreativen Kräften ist, wie die weibliche Hysterie, sogar eine Überlebensstrategie in einer besonders schwierigen Situation. Dem widersprechen jedoch Aspekte, die ich zum Teil hier dargelegt habe, dem widerspricht auch der seltsame Wandel, den das Wort gegen Ende des 19. Jh. durchmacht, zur Massenhysterie. Also die Hysterie selbst bekommt eine ganz andere Bedeutung und eine andere Symptombildung, und ich bin zunehmend – ich vermute, Sie beziehen sich auf das, was ich in dem Buch »Nicht Ich« über die weibliche Hysterie geschrieben habe – zu der Erkenntnis gekommen, daß die männliche Hysterie gewissermaßen die Voraussetzung dafür war, daß der Mann in einer Situation, in der die Frau zunehmend dem Verschwinden anheim gegeben worden ist, versuchte, eigenes Frau-Sein zu schaffen, und in diesem Sinne auch den Prozeß vorangetrieben hat, indem sein eigenes Frau-Sein allmählich das noch vorhandene reale Frau-Sein überlagert hat, und somit der Destruktionsprozeß erheblich vorangetrieben wurde. Also meine These, und hier steht Ihre These gegen meine These, würde darin bestehen, daß die männliche Hysterie ganz andere Faktoren bedeutet und für den Mann gezeitigt hat. Ich glaube, daß für den Mann sowie für die Frau die verschiedenen Rollenangebote schwierig geworden sind. Welche Rolle die Frau auch immer wählt, sie nur in ein schon vorhandenes Muster hineinschlüpfen kann. Auf männlicher Seite ist das die Schwierigkeit, daß er entweder kreativ sein kann oder die Frau lieben kann, um es ganz extrem auszudrücken. Männer schlagen sich mit diesem Problem herum, daß sie entweder die reale Frau suchen, akzeptieren und begehren oder aber ihr eigenes Frau-Sein, ihre Hysterie als eine Konkurrenz dazu empfinden.

Zuhörerin 1: Diese These würde ich unterstützen.

von Braun: Aber dann gibts doch einen grundlegenden Unterschied zwischen der männlichen und der weiblichen Hysterie.

Zuhörerin 1: Dann ist nur die Definition, was ist Kreativität und was ist Schriftstellersein? Hat das was mit Lieben realer Personen zu tun? Gar nichts.

Zuhörer 2: Um an die Vorrednerin anzuknüpfen, möchte ich sagen, auch ich habe in Ihrem Vortrag heute wesentliche Unterschiede zu Ihrem faszinierenden Buch »Nicht Ich« gesehen, das ich gelesen habe und das mir einen Interpretationsversuch meiner männlichen Hysterie gegeben hat, den ich irgendwo gesehen habe, er war ja positiv und heute war das sehr relativiert. Sie haben ja in Ihrem Buch eine Gleichung von Kreativität und männlicher Hysterie gemacht, und zwar durch die Erklärung der psychischen Bisexualität. Die hat mir sehr gefallen. Für mich als Kunsthistoriker war das ein Schlüssel, um die Kunst des 19. und 20. Jahrhunderts zu verstehen – ich sprech jetzt gar nicht vom Surrealismus, da gehts phantastisch. Man kann mit diesem Schlüssel tatsächlich die moderne Kunstgeschichte aufschließen. Mit Ihren Analysen von Charcot, z.B. den Begriff des »tic convulsif«, die ganze surrealistische, konvulsivische Ästhetik aufschließen. Es ist phantastisch. Ich selber beschäftige mich seit Jahren mit körperbestimmter Ästhetik in der Kunst – nun kam aber heute diese andere Erklärung, mehr in Richtung auf die phallische Mutter, auf die »mère fatale«...

von Braun: Nein, nein, nein. Ich hab gesagt, der männliche Anorektiker, der jetzt ein ganz neues Phänomen ist, reagiert auf die »mère fatale«. Aber ich verstehe schon, daß Sie sagen, daß das Bild des männlichen Hysterikers hier mehr negative Seiten hat, als im Buch. Im Buch ist es potentiell auch vorhanden, in dem Kapitel, das auf die männliche Hysterie folgt, wenn ich von dem manngeschaffenen Frau-Sein spreche. Nur hab ich in diesem Vortrag jetzt die enge Verbindung gezeigt zwischen den beiden Dingen, daß einerseits der männliche Hysteriker sein Frau-Sein entdeckt und braucht, um Künstler zu sein, aber gleichzeitig auch gesehen, wie sehr dieses männliche Frau-Sein zu entwickeln, in der historischen Situation zumindest, auch bedeutet hat, daß Frauen nur diese Angebote bekamen, an ihr eigenes Sein. Die reale Frau eigentlich nur mehr an diese Medusas, Lulus oder Carmens erinnern mußte, um eine echte Frau zu sein. Diese fatale Verstrickung habe ich jetzt versucht, noch etwas deutlicher darzustellen.

Zuhörer 2: Es wären zwei Konsequenzen daraus zu ziehen. Für mich impliziert das auch eine Kritik an der matriarchalen Ästhetik, an ganz bestimmten Vorstellungen innerhalb des Feminismus, und für mich wäre dann zu überlegen, wie das mit der Proportionalität ist, also weibliche und männliche Hysterie, was darauf folgt. Ich kann da zwar keine Patentantwort geben. Sie klang für mich nur sehr feministisch, Verzeihung, ich meine pessimistisch und fordernd. Um auf das Wort »Kreativität« hinauszukommen: Liebe als Alternative zur Kreativität für den männlichen Künstler. Ich könnte sehr viel empirisch dazu sagen, »ja so ist es bei vielen Künstlern«, aber ist das alles? Diese These wäre zu überprüfen mit den realen Gegebenheiten, z. B. den starken transvestitischen Strömungen in der modernen Kunst, ob es wirklich so ist, oder ob es die Amalgamierung gibt, also Transsexualismus oder Transvestitismus, der transzendent aus dieser Fichte'schen »Ich macht das Nicht-Ich«-Dialektik herauskommt und wo das Du im Novalis'schen Sinn wieder ein Ich wird. Als Utopie gibt es das in der Kunst. Ich bin aber nicht so sicher, ob man mit dieser sehr interessanten These die ganze Kunstgeschichte, die Moderne des 20. Jahrhunderts über einen Kamm scheren kann…

VON BRAUN: …hab ich nicht vor… Im Grunde geht Ihre Frage doch darauf hinaus, was bleibt uns überhaupt noch. Daß es ein pessimistischer Ansatz ist, geb ich Ihnen natürlich recht und im Grunde genommen sag ich auch, ja, wir stehen vor einer Situation, wo die Beziehung der Geschlechter tatsächlich in so viele Sackgassen geraten ist, daß ich kein positives Angebot machen kann. Sie beziehen sich ja darauf, daß es vielleicht noch irgendwelche Überreste gibt, in jedem von uns, die noch nicht vereinnahmt sind – da würde ich Ihnen vielleicht zustimmen, noch höher bewerte ich aber die Möglichkeit, diesen Mangel zu akzeptieren und die Unmöglichkeit vor der wir stehen, zum Programm zu machen. Das ist aber eine ganz individuelle Entscheidung, eine Arbeit, die jeder ganz für sich allein leisten kann und muß, die psychische, vor allem aber emotionale Arbeit bedeutet und die sich nicht kollektiv vollziehen läßt.

Ich würde mich strikt gegen jede Möglichkeit wehren, ein kollektives Programm gegen diese Situation zu entwickeln.

Rita Bischof

Formen poetischer Abstraktion im Werk von Meret Oppenheim

Die moderne Kunst wird von einem hartnäckigen, manchmal fast aggressiv anmutenden Schweigen beherrscht, das sich im Zuge ihrer Entwicklung vom gegenständlichen Realismus zur ungegenständlichen Malerei noch vertieft hat. Vermöge seiner gelingt es ihr, gerade jene Themenbereiche zu erobern, für die sie als eine Kunst der Visualisierung nach idealistischer Auffassung nicht zuständig ist. Dieses Schweigen, das aus der Zerstörung des klassischen Sujets resultiert, hat zu einer neuen Bildkonzeption geführt. Neue Aufmerksamkeiten strukturieren den künstlerischen Blick, der nicht mehr einfach nur abbildet, sondern – nach innen gewendet – sich seinen Gegenstand erfindet, der ihn aus sich selbst heraus konstruiert, so daß dessen Genese mit der Entstehung des Bildes zusammenfällt. Das »äußere« wird durch das »innere Modell«, das im Geist gegenwärtige Bild, ersetzt. Es hört auf, bloßes Abbild der gegebenen sichtbaren Welt zu sein, um zu einem Bild des Bildes zu werden, woraus für den Künstler die neue Forderung einer unbedingten Treue gegenüber dem im Blitzstrahl der Inspiration Wahrgenommenen fließt.

Insbesondere vier Gegenstandsbereiche scheinen zur Abstraktion hinzudrängen, sobald sie zum Vorwurf der Malerei oder der bildenden Kunst werden: das Nächste oder das, was im Menschen ist, also das Immanente; das Fernste oder das, was – der Transzendenz vergleichbar – jenseits des Menschen und über der Erde sich befindet; die Bewegung oder das Bewegte und schließlich das Unsichtbare, das selbst wiederum eine subjektive und eine objektive Erscheinungsweise hat. Und in all diesen Fällen ist das Sehen dem Wiedererkennen wie das Formen der Nachahmung entzogen.

Viele der Bilder Meret Oppenheims ähneln jenen *kalten Lachblumen*, die ihr, wie sie in einem ihrer Gedichte schreibt, die liebsten gewesen sind. Ihre Winke erleuchten mit ihren Schatten einen dunklen, verborgenen Abgrund, einen Raum im Raum, der das eigentliche Problem der modernen Malerei formuliert. Und sie strahlen ein Licht aus, um das selbst die Sonne sie beneiden würde. Auffällig ist der Gegensatz zwischen ihrem zeichnerischen und ihrem malerischen Werk, die verschiedenen Prinzipien der Raumgestaltung entsprechen und doch in eine und dieselbe Konzeption münden. Es ist eine eigenwillige, ganz und gar originelle Weise, mit der Meret Oppenheim die Raumerfahrung neu organisiert, und die Tiefe, die sie ihren aperspektivischen Werken abgewinnt, ist nicht nur vom formalen Standpunkt aus eine ungewöhnliche. Es ist eine Tiefe, die sich bewegt, die sich beständig in sich selbst vertieft, die den Betrachter in immer fernere Schichten führt, eine Bewegung, die ihn allmählich ins Unsichtbare hinüberzieht. Ihre Werke bilden nicht ab, sie machen sichtbar. Jedes von ihnen affirmiert die Möglichkeit einer anderen Sichtbarkeit, einer, die aufs Unsichtbare hin durchscheint. So spröde, so unentwirrbar die Strukturen dieses ständigen Sich-Verlierens im Anderen, im Unsichtbaren, auch sein mögen, sie verführen den Blick, ziehen ihn in eine unbekannte malerische Wirklichkeit, in der das Unsichtbare immer neue Ideen der Sichtbarkeit aus sich gebiert.

Wo sich die meisten Augen schließen, um, was sie nicht sehen wollen, in eine Nacht zu verdrängen, die immer undurchdringlicher wird, lernte Meret Oppenheim sehen. Ihre »Nachtbilder« gehören zu den schönsten. Auf ihnen werden die Schatten, die das Unbewußte in unser Leben wirft, transparent. Und Meret Oppenheim kommunizierte auf umso tiefere Weise mit ihnen, als sie die Formen des Unbewußten respektierte, als sie nicht, wie einige Surrealisten und Surrealistinnen, nach einer, sozusagen naturgetreuen, Widerspiegelung der Inhalte des Unbewußten suchte, sondern nach dem malerischen Analogon seiner Formen. Es kennzeichnet ihr Werk, daß sie das Unsichtbare nicht auf die Ebene der körperlichen Tageserscheinungen transponiert; eher ist es das Unsichtbare, dessen beunruhigende Anwesenheit im Bild an der Grenze die Sichtbarkeit absorbiert. Denn das Sichtbare bezeichnet nur die Ränder eines unendlich Unsichtbaren, über das sie meditiert. Und während die Surrealisten das Flüchtigste, vorüberziehende Wolken nämlich, zu den festen, bestimmten Gestalten eines konkreten Wunsches verdinglichen, bleiben die Wolken bei Meret Oppenheim Wolken, auch wenn sie in Bronze gegossen auf einer Brücke stehen. Es sind Wolken in einem absoluten Sinn, nicht Wolken, die bald diese, bald jene Form annehmen, je nach dem Individuum, das sie sieht, sondern Wolken, einer Unzahl möglicher Bedeutungen entsprungen, die nicht aufhören, in ihnen weiter zu vibrieren.

Meret Oppenheim hat das optisch Unbestimmbare ins Zentrum ihrer Malerei gestellt. Ein Sehen an der Grenze der Sichtbarkeit kennzeichnet große Teile ihres Werkes. Die Sparsamkeit ihrer ästhetischen Mittel und bisweilen Sprödigkeit rühren daher. Eine gewisse Scheu hält sie davon ab, allzu voreilig zu Bestimmungen überzugehen. Die letzte Wirklichkeit der

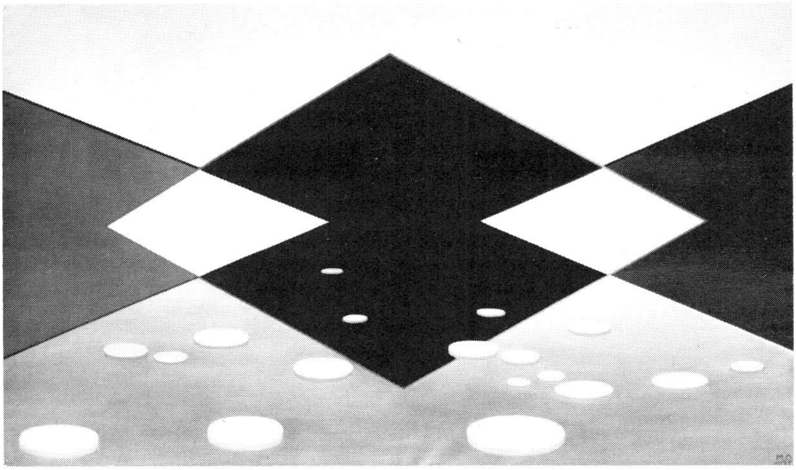

Malerei ist unsichtbar. Was die Werke Meret Oppenheims vom visionären Naturalismus der menschlichen Innenwelt unterscheidet, ist, daß in ihnen ein Unbewußtes der Malerei beschworen wird, das Unbewußte in seiner rein optischen Dimension, ohne jede Anleihe bei der Literatur.

Werke wie *Wir können es nicht sehen*, 1946–47, oder *Im Nebel Verborgenes* 1974, zeigen etwas, das sich zusammenbraut, aber noch nicht Ereignis ist. Eine Ahnung wird visualisiert. Etwas, das nicht ist, aber sein könnte oder sein wird, kündigt sich an, kommuniziert sich dem Geist, der für die leisesten Schwingungen des Kommenden empfänglich ist. »Auch der Maler weiß nicht, was im Nebel verborgen ist.« Aber das Unbestimmte ist für ihn kein Grund, nicht hinzusehen, sondern ein unendlich Mögliches – und mithin der geistige Raum, in den eine Idee einfällt. Das Werk Meret Oppenheims enthält die Lösung des eminent künstlerischen Problems, wie man etwas darstellt, das wesentlich verborgen ist, auf dessen Anwesenheit Symptome zwar verweisen, jedoch ohne sich zur Gestalt zusammenzuschließen. Das Motiv der Ahnung als eines Sehens, das vor der Sichtbarkeit liegt, bestimmt aber auch die Idee von Bildern wie *Nommé allusion* und *Appelles-moi comme tu veux* (beide 1977), in denen das Unsichtbare als Unbewußtes zwar der subjektiven Sphäre angehört, wenn es auch immer noch um eine Art Erinnerung an die Zukunft geht.

Dasselbe Prinzip beherrscht schließlich eine Reihe von Porträtzeichnungen, die zumeist den Eindruck erwecken, als ob sie in großer Eile, atemlos, aufs Papier geworfen worden wären. Man könnte sich streiten, ob die Zuordnung dieser Zeichnungen zur Kategorie des Porträts überhaupt zulässig ist, ob nicht die Flüchtigkeit ihrer Ausführungen, das Skizzenhafte an ihnen, dagegen spricht. Es handelt sich bei dieser Serie fast ausschließlich um Gedankenporträts, um Gesichter, die einen Augenblick lang aus der Menge aufgetaucht sind, um im nächsten schon wieder in ihr unterzugehen. Und dieser Rhythmus, dieses schnelle Auf- und Untertauchen ist den Gesichtern eingeschrieben; er determiniert das Formgesetz, unter dem sie stehen. Fast will es scheinen, als habe Meret Oppenheim, von einem dunklen Impuls getrieben, nach einer neuen malerischen Lösung des uralten Problems der Darstellung des Menschen gesucht, und zwar eine, die von vorneherein mit der allgemeinen psychologischen Verwirrung rechnet, die in den zeitgenössischen Gesellschaften das menschliche Gesicht auslöst. Es besteht sozusagen ein sozialer Zwang, das Gesicht zu verbergen, zumindest ihm seine Nacktheit zu nehmen, und diesem Zwang entspricht die Leere, die in der Moderne das menschliche Gesicht mit einer Aura der Gleichgültigkeit umgibt, die manchmal bis zur Apathie gesteigert wird. Bereits Manet hatte den Menschen auf eine Weise porträtiert, die ihn den Austern, den Zitronen auf seinen Stilleben anähnelte. Seitdem aber ist das Verhältnis der Malerei zum Porträt ein gebrochenes, was sich bis in die Selbstdarstellungen Meret Oppenheims hinein manifestiert. Ihre Selbstporträts stehen im Zeichen der Groteske. Sie spielen mit der Grimasse, mit der Verzerrung. Gerade jene Zustände werden zitiert, in denen sich das Subjekt an seine Stimmungen, an seine Wut, seine Trauer, seine Verzweiflung verliert. Und nicht nur das, im Alter von fünfundzwanzig Jahren gezeichnete *Zukunftsporträt als Greisin*, 1938, beweist, daß es hier um die schonungslose Darstellung eines Menschen geht, der sich nur noch in seinen »Extremismen« wiederzuerkennen scheint.

Das Gesicht, das man porträtieren könnte, scheint es nicht mehr zu geben. Untergetaucht in einer Menge, zeigt es sich nicht. Immer ist es die Menge, die man erblickt, wenn man einem Menschen ins Gesicht sieht. Ja, man könnte, im Angesicht all der Masken und Metamorphosen des Menschlichen im Werk Meret Oppenheims von einer Magie der Entpersönlichung sprechen. Jedes Gesicht zerbricht unter ihrem offensiven künstlerischen Blick; es vervielfältigt sich, und die Verwandlungen, die es erlebt, sind alogisch wie die verschiedenen Konstellationen eines Kaleidoskops. Das ist es, was diese verhuschten, unklaren, nichtssagenden Gesichter bedingt, die so etwas wie das Treibgut der Wahrnehmung sind. Nur im Tod zeigt sich für Meret Oppenheim das Gesicht, in dem sich die Wahrheit eines

Individuums abdrückt. Und es ist gewiß kein Zufall, daß sie, die dem Porträt im Allgemeinen gleichgültig gegenüberstand, drei hervorragende Porträts von Toten gezeichnet hat. Die Überzeugung, daß sich das Gesicht eines Menschen erst im Tode zeigt, wird in ihrem letzten Werk noch einmal affirmiert. Es handelt sich um ein unvollendetes Porträt in Öl, das einzigartig in ihrem Werk dasteht. Es handelt sich genauer noch um eine Art Doppelporträt und: um ihren letzten Blick. Er hat noch einmal Verwirrung gestiftet.

Meret Oppenheim entwickelt, wie alle großen Künstler, ihre eigene Form der Abstraktion. Ihr Werk scheint von der Erkenntnis auszugehen, daß das Verfahren der Verbildlichung immer schon einen gewissen Grad an Abstraktheit impliziert, daß mithin jedes Bild seinen Ursprung in einer Geste der Abstrahierung findet, was auch für die Kunst der ideellen Vergegenwärtigung und selbst noch für die der Nachahmung gilt. Im Lichte dieser Erkenntnis mußte ihr die sogenannte abstrakte Malerei als die formale Hypertrophierung einer fundamentalen künstlerischen Wahrheit erscheinen. Und doch ist auch in ihrem Werk die Abstraktion das Entscheidende. Neu sind nicht so sehr die Themen ihrer Malerei, als vielmehr die Formen, in denen sie erscheinen.

Das Werk Meret Oppenheims wirkt auf den ersten Blick sperrig und abweisend. Es mutet zwar einfach an, entzieht sich aber, wenn man es deuten will, auf eine so vollkommene Weise, daß man die Ursachen dieses Sich-Entziehens in seiner Struktur selbst aufsuchen muß. Viele ihrer Bilder, darunter gerade die Ölgemälde, kehren zu einer raffiniert gebrochenen Zweidimensionalität zurück, wie sie im Gefolge der Abstraktion immer wieder auftritt. Sie scheinen flächig, sogar oberflächlich, aber gerade dieses ihr vorherrschendes Merkmal bedingt jene profunde Widerspenstigkeit, an der jeder *erste* Blick erbarmungslos abgleitet. Jede Stütze, jeder Halt am Wiedererkennen, der primitivsten optischen Funktion, ist ihm genommen. Die Form irritiert den Blick, und zwar in solchem Grade, daß er auch die Gewißheit des Inhalts verliert. Jeder *erste* Blick macht die Erfahrung, daß er verschwimmt. Und vielleicht hat die Tatsache, daß wir uns diesem Werk mit einer fertigen Philosophie des Auges (oder der Kunst) nicht nähern können, daß es sich den üblichen Deutungsmustern hartnäckig entzieht, obwohl sein Zusammenhang mit der allgemeinen Moderne in Kunst und Literatur außer Frage steht, nicht zuletzt darin ihren Grund, daß hier das Auge selbst philosophiert. Die einzig adäquate Haltung ihm gegenüber ist denn auch die Kontemplation, die die Verbindung zwischen Fläche und Raum herstellt. In der Komtemplation dehnt sich die Fläche aus, sie bewegt sich, verflüssigt sich und wird selbst zum Raum. Die Fläche springt augenblicksweise in jenen undefinierten – und daher unergründlichen – Raum hinein, über dem sie sich gewöhnlich wie eine Decke ausbreitet. Liebevoll zeichnet Meret Oppenheim das Geflecht der Äderungen an der Oberfläche nach, denn sie weiß, daß es allein das Geheimnis potentieller Räume offenbart. Ihre Bilder gleichen Augenlidern; es sind Siegel, pseudoflächige Verschlüsselungen oder Chiffren einer neuen unbekannten Raumtiefe. Und manchmal öffnen sich diese Lider in der Kontemplation für die Blicke eines metaphysischen Auges.

Was nun die besondere Form der Abstraktion anbetrifft, die ich zunächst am Beispiel des Todesmotivs entwickelte,[1] so lassen sich in ihrem Werk zwei entgegengesetzte Verfahrensweisen unterscheiden, deren eine von der Abstraktion ihren Ausgang nimmt, gleichsam als handele es sich darum, bei jener ganz und gar abstrakten Ausdrucksform einer Menschheit anzusetzen, die lange vor der Zeit lebte, in der die Höhlenmalereien entstanden sind, während die andere vom Allerkonkretesten ausgeht und gerade in ihm das Zeichen der Existenz aufspürt, jenes Zeichen also, das von sich aus zu einer abstrakten Gestaltung drängt. Hier handelt es sich darum, eine besondere, nur diesem Konkreten angemessene und daher, wenn man so will, partikulare Form der Abstraktion zu finden, eine, die das Symbol der Dinge aus den Dingen selbst extrapoliert und darin das immer schon und immer wieder Gesehene plötzlich wie zum ersten Mal wahrnimmt. Aber auch bestimmte existentielle Grundsituationen, elementare Gefühle und innere Erfahrungen, die immer wiederkehren, können zum Material einer abstrakten Vergegenwärtigung werden. Und gerade an diesem Material hat sich das Verfahren der Abstraktion zu bewähren.

Die Art, wie Meret Oppenheim Gefühle darstellt, wirft zugleich ein prinzipielles Licht auf das Verhältnis, das in ihrem Werk zwischen dem Konkreten des Stoffs und seiner abstrakten Formierung besteht. Der Weg vom Material zur Form entspricht dem Gang einer Reflexion, in deren Verlauf sichtbar wird, daß die von der Selbstwahrnehmung supponierte fraglose Gewißheit gerade in Bezug auf die Gefühle nicht besteht. Erst die künstlerische Gestaltung gibt diesem Stoff – den Imponderabilien des seelischen Lebens – seine Konkretheit zurück. Wie die Dinge, beispielsweise eine Blume, eine Wolke, ein Stein, Meret Oppenheim zufolge, nur die Stoffe sind, an denen sich die Gefühle sedimentieren, ohne in ihnen ihre genuinen Verkörperungen zu finden, so sucht die poetische Abstraktion aus diesen Stoffen neuerlich Formen zu bilden, die den Gefühlen, dem eigentlichen Material, ähnlicher sind, die ihnen entsprechen. Von den Dingen, an denen sich die Gefühle zunächst bewußtlos ablagerten, bleibt schließlich nur noch die Farbe zurück, beziehungsweise der Ton, auf den sie gestimmt sind. Und diese Farbe, dieser Ton implizieren eine Schwingung, die sich bis in den Raum hinein fortsetzt. Vermöge dieser ihrer Schwingung erobern Gefühle den Raum. Einmal durch eine Blume, eine Wolke oder einen Stein in Vibration versetzt, breiten sie sich unaufhaltsam aus, stoßen auf Widerstand im bereits strukturierten Raum und prallen zurück, bis sie sich in dieser Bewegung verdichten und zur bestimmten Form kristallisieren, einer Form, in der sie zu sich selbst gekommen sind und die sie als bewußte, begriffene zurückspiegelt.

Teich in einem Park, 1975, ist, um ein Beispiel zu nennen, einer solchen poetischen Abstraktion entsprungen. Das Bild zeigt die Verwandlung von Tränen in Seen inmitten eines Parks der Melancholie. Die Emotionen werden aus einer gewissen Distanz heraus gesehen, also nicht im Augenblick ihres Durchlebtwerdens abgebildet. Die Künstlerin wartet vielmehr bis sie sich wie von selbst zur Form verdichten und darin ihr geheimes Königtum offenbaren. Daher ist die Melancholie nur in dem Blick enthalten, der in die Darstellung einfließt und sich dem Betrachter kommuniziert. Die Gefühle werden nicht benannt oder auf den Begriff gebracht, was nur eine, wenn auch subtile, Form ihrer Verdrängung wäre; sie werden aber auch nicht erzählt aus einer großen Ferne, sondern aus nächster Nähe geformt, und zwar mit einer Kühnheit, die sie unendlich reflektiert, bis sie sich, gleich Blumen, dem inneren Auge entfalten und in ihren verborgenen Dimensionen sichtbar werden. Diese aber sind ästhetischer Natur.

Meret Oppenheim scheint von dem Verlangen angetrieben, für jene beunruhigenden inneren Konstellationen, die beständig zerfließen, den einfachsten und zugleich kühnsten Ausdruck zu finden. Dem Amorphen wird eine Form gegeben, die seine unvorhersehbaren Bewegungen je schon miteinbezieht. Das Bild inauguriert eine Reflexion, die die formlosen Potentiale in ihre nackte Immanenz zurückübersetzt, um sie auf diese Weise dem Gemurmel eines sie immer schon begleitenden gesellschaftlichen Textes zu entreißen. Das Konkrete wird verzaubert und transfiguriert, bis es die definitive Schönheit eines Kristalls annimmt. Und so beschwört auch das Bild *Teich in einem Park* eine neue, rein innere Souveränität, eine, die nicht von den Gefühlen, sondern die Gefühle von den Dingen abstrahiert, mit denen sie gewöhnlich assoziiert sind. Wir erleben, *wie* sich die Melancholie zu einer königlichen Landschaft ausdehnt, in der sie, zumindest mit den Augen, begehbar wird.

In dieser Metamorphose aber wird alles, was die Malerei ans optisch Gegebene binden könnte, aufgelöst. Das im Titel beschworene Sujet scheint im Bild selbst nicht anwesend. Es wird in das Schweigen einer rein pikturalen Form überführt, in der sich der wissende Blick verliert. Alle Assoziationen, die aus dem Bild heraus zu einer außerhalb seiner liegenden Wirklichkeit führen, werden in diesem poetischen Prozeß der Abstrahierung zerstört. Und sabotiert werden gleichermaßen die Mittel des Erzählens. Eine Geschichte will nicht aufkommen. Denn das Bild kann nur dadurch zu einer Realität sui generis werden, daß von ihm die Beziehungen zwischen dem Sichtbaren und dem Unsichtbaren neu definiert werden. Nur dadurch gelingt es ihm, seinen Objektcharakter zu zerstören, aus seiner Funktion der endlosen Vergegenwärtigung vergangener Wahrnehmungen herauszutreten und neue Wahrnehmungsstrukturen, neue Wahrnehmungstatsachen auch, zu determinieren. Bilderfolgen entstehen, in denen Subjekt und Phänomen unendlich interferieren.

Wie sehr bereits das Frühwerk im Zeichen einer poetischen Abstraktion steht, mag jene paramathematische Gleichung: *x = Wurzel aus (e − b) (a + f)* belegen, die die sechzehnjährige Schülerin ihrem Vater zum Geburtstag schenkte, um damit ihre Abneigung gegenüber der Mathematik auszudrücken. Die vier gegebenen Punkte werden auf höchst ungeometrische Weise zur Figur eines Hasen verknüpft, und darauf wird anschließend die Probe gemacht: der nunmehr auf den Kopf gestellte Hase verwandelt sich in ein zusammengebundenes Tuch oder Bündel, gewinnt eine Form, die vielfach zwischen einer stilisierten Karotte und einem schwebenden Damenkleid oszilliert. X ist also gleich Hase, wohinter wir unschwer die bekannte und bei Kindern sehr beliebte Redewendung erkennen: Mein Name ist Hase, ich weiß von nichts!

Dieselbe Paralogik oder besser: Paraoptik findet sich in einem Bild, aus dem Jahre 1934, das den Titel *La nuit, son volume et ce qui lui est dangereux* trägt. Hier handelt es sich um eine pseudophilosophische Fragestellung, die eine überraschende Lösung findet. Abstrakt werden die Elemente des Problems skizziert und gleichsam in eine Gleichung aufgelöst. Die Nacht und ihr Volumen werden in Form eines dunklen blauschwarzen, fast opaken rechteckigen Kastens symbolisiert, über dem ein transparenter, von weißem Licht durchdrungener, gelber Zylinder schwebt. Und ohne jeden Zweifel ist dieses Morgengrauen, das hier nur in seiner zerstörerischen Potentialität dargestellt wird, der Nacht und ihrer schützenden Dunkelheit gefährlich. Das Bild visualisiert einen bohrenden Schmerz, der mit jedem allzu frühen Erwachen wiederkehrt. Es wirft sein Licht aber auch auf eine neue Raumkonzeption, die die Fläche als einen Ausschnitt

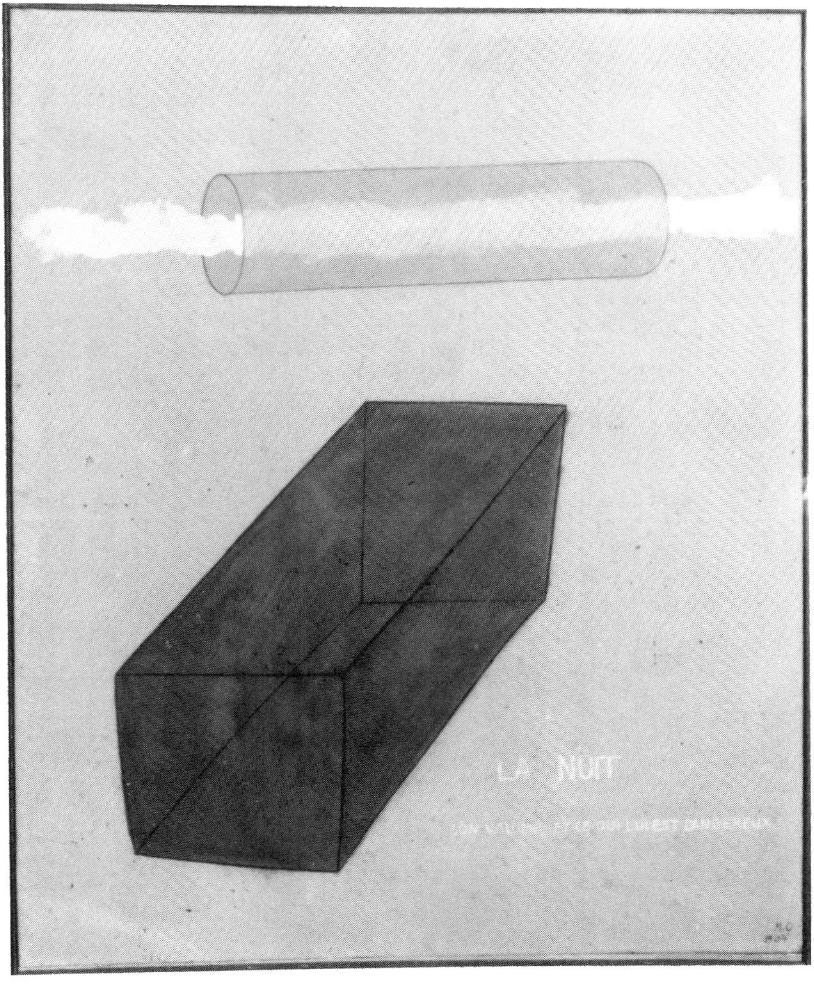

des Raumes, und genauer noch, als sein Bild anruft. *Habillez-vous en ours blanc*, das ein Jahr später entsteht, kann durchaus als eine Replik auf Marcel Duchamps *Mariée mise à nue par ses célibataires, même* verstanden werden. Einige, eher nebensächliche Elemente des »Großen Glases« werden zitiert, um mit anderen, neuen (einer Messingplatte mit Briefschlitz, einer gemalten, eigenartig quellenden, an Organisches erinnernden Form) abermals eine Maschine zu konstruieren, die nur auf symbolische Weise funktioniert. Gleichwohl scheint diese weibliche Variante der Junggesellenmaschine nicht so sehr Wünsche zu produzieren, als vielmehr Stereotypen des Wunsches aufzuzehren. Die Aufforderung, sich in Eisbär zu kleiden, macht die Entblößung rückgängig. Und auch die Entleerung wird irritiert; ein Element schießt quer.

Paralogische Figuren finden sich schließlich auch in einigen Gedichten Meret Oppenheims, so heißt es in einem aus dem Jahre 1935:

> Wer nimmt den Wahnsinn von den Bäumen?
> Wen beschenkt der Himmel mit Dampfveilchen?
> Wie rät ein Untergang dem nächsten?
>
> Diese und andere Fragen werden so gelöst:
> Man trenne den Duft von seiner Fahrt und
> Versuche sein Ohr im Lauf um eine Meile
> Zu schürzen. Jetzt kann die Luft ihre Grenzen
> Um zwei Grad verengen und das Ergebnis läßt nicht
> Auf sich warten.

Von diesen und anderen Paralogismen aus will es scheinen, als wäre hier der Protest gegen eine bestimmte, gelehrte und gelernte Form der Abstraktion schöpferisch geworden, als brächte die Revolte gegen die Abstraktion notwendig eine andere Form der Abstraktion hervor. Es gibt eine gewisse Affinität zwischen Meret Oppenheim und Gertrude Stein, die ihren Grund in dem besonderen Abstraktionsverfahren findet, das beide mit ihren jeweiligen Mitteln entwickeln. Die Auflösung der gewöhnlichen Wort-Sinn-Verbindungen und die bewußte Deformation des Netzhautbildes intendieren gleicherweise, das Konkrete gerade dadurch zu retten, daß sie es ins Poetisch-Abstrakte übersetzen. Das Gewöhnliche, Banale wird von einem mikroskopischen Blick erfaßt und aus so großer Nähe gesehen, daß es sich vergrößert und seine Vertrautheit dabei gänzlich einbüßt. Dieser mikroskopische Blick aufs Konkrete erfüllt jedoch insofern eine paradoxe Funktion, als er es ist, der allererst die Distanz herstellt. Gerade die äußerste Nähe verhindert, daß das Konkrete am Subjekt festklebt. Das Konkrete wird von seinem Kontext isoliert und als ein An-sich unendlich variiert, bis sich in der Folge der Variationen sein verborgenes Formgesetz enthüllt. Das Kreisen um einen thematischen Kern erfüllt den ganz präzisen Zweck, gerade in der Wiederholung die Möglichkeit neuer Formen zu entdecken. Das zeigt sich, was das Werk Meret Oppenheims anbetrifft, insbesondere an dem Verhältnis von Text und Bild.

In Anbetracht ihrer Gedichtbände *Sansibar* und *Caroline*[2] wäre der Frage nachzuspüren, wie Text und Bild zusammenhängen oder wie sie auseinander treten, in ein Verhältnis der Spannung nämlich, die allmählich explodiert und mit ihren Blitzen Wort und Bild gleichzeitig aufhellt. Angesichts dieser optischen Umsetzungen ihrer Gedichte kann man durchaus von Variationen sprechen, denn Meret Oppenheim entgeht der Gefahr einfacher Übersetzungen. Gedicht und Bild sind weit davon entfernt, in einer tautologischen Beziehung zu stehen; sie verdoppeln sich nicht. Eher scheinen sie dem Verhältnis von Traum und Erinnerungsbild zu entsprechen, und sind, wie diese, durch eine nebelhafte Ferne voneinander getrennt. Andererseits kommunizieren sie durch diesen Nebel hindurch und erhellen sich gegenseitig auf parallelen, kaum sichtbaren Linien. Aber auch in Bezug auf die Bildtitel besteht jene genaue Korrespondenz, und nicht selten scheint es, als habe ein in der Sprache verborgener Witz die besondere bildnerische Idee ausgelöst. Gedicht und Bild ähneln kommunizierenden Röhren.

Einen solchen Kreis von Variationen schlagen beispielsweise auch die Planetenbilder Meret Oppenheims. Dieses Thema, von dem sie besessen ist, demonstriert überdies, daß die Malerei immer dann zur Abstraktion tendiert, wenn es ihr um die Darstellung neuer kosmologischer Erfahrungen geht. Denn der »spiritus phantasticus«, der »Bildergeist« ist, wie Hugo Ball einmal bemerkte, ein Kind der Naturphilosophie. Das Bild *Table dans le ciel, 3 assiettes*, 1962, zeigt einen Ausschnitt aus dem unendlichen Nachthimmel und zwar so, daß die Gestirne wie Teller auf einem gedeckten Tisch stehen. Der Tisch, das ist der nächtliche Himmel, der aus der merkwürdig verzerrten Perspektive eines Erdbewohners wahrgenommen wird, und, genauer noch: aus einer in den Himmel projizierten Perspektive, in der das Größte und das Kleinste, das Fernste und Nächste bruchlos ineinander übergehen. Die Planetenteller, die in zufälliger Konstellation auf dem Himmels-Tisch stehen, müßten eigentlich ineinander stürzen. Man erwartet Geklirr und Scherben, aber ein unendlich ausbalanciertes kosmisches Gleichgewicht hält sie in der Schwebe.

Auch das uralte Thema der Naturimpression wird von Meret Oppenheim in einer Weise gestaltet, der man mit der Funktion des Wiedererkennens nicht mehr beikommt. Einige der Planetenbilder halten Stimmungen oder Eindrücke fest, die schwerlich die des Menschen sind; andere sind Ausdruck freier Schöpfungen. Eine fortgesetzte Genesis des planetarischen Raums findet statt; Dramen werden inszeniert, für die es keine Zuschauer gibt, die aber den Menschen in ihre Verwicklungen einbeziehen, was ihrem Szenario etwas zugleich Vertrautes und Befremdendes gibt. Alltägliches und Kosmisches werden einander so nahe gerückt, daß die überkommene Raumordnung darin zunichte wird. Keine Abstufungen sind zu erkennen, und mithin auch keine Hierarchie der Sphären. In dem Bild *Ein angenehmer Moment auf einem Planeten* wird der Kosmos zu einem modernen Idyll, zu einer Art Refugium, das von Großstadterfahrungen geprägt ist. Auch hier scheint ein kosmischer Tisch gedeckt und getaucht in ein Licht, das wie das der Ideen selber ist. Keine Musik, auch keine der Sphären, aber himmlische Blicke, kreisende Gespräche, voller Poesie und Skepsis, füllen den Raum und geben ihm seine Leere. Denn: »Jeder Gedanke bleibt, verwurzelt, im Universum«. Jedes der zahlreichen Planetenbilder scheint einem besonderen Gedanken gewidmet, der im Bild bleibt und in ihm weiterlebt. Für Meret Oppenheim ist jeder Gedanke sein eigener Weltraum, zumindest aber sein eigenes Sonnensystem, und darin will er aufgesucht werden. Und so scheinen die Werke, die sich dieser Thematik ankristallisieren, abbildlose Symbole für etwas zu schaffen, das jenseits der Grenzen des menschlichen Wahrnehmungsvermögens liegt. Ja, es ist sogar erlaubt, von Urbildern zu sprechen, denn es werden Modelle entwickelt, die neue Strukturen in den Beziehungen von Welt und Gedanken determinieren.

Mit dem Raum, seiner Beschaffenheit und seinen Implikationen hat sich Meret Oppenheim immer wieder auseinandergesetzt, und diese Auseinandersetzung hat zutiefst ihre unverwechselbare Weise der Raumauffassung geprägt. Im Jahre 1983 entstehen, durch die Lektüre des Briefromans *Die Günderode* von Bettine von Brentano angeregt, zwei komplementäre Werke, die eine Hommage an diese beiden Romantikerinnen darstellen. Eine neue Form des Porträts wird inauguriert, eine, für die die äußere Person mit ihren identischen Zügen zu einer quantité négligeable wird, handelt es sich doch um Innenansichten geistiger Welten, die sich in Werken sedimentierten. Mit den beiden Bildern *Für Bettine Brentano* und *Für Karoline von Günderode* hat die Abstraktion im Werk von Meret Oppenheim zweifellos noch einmal einen Höhepunkt erreicht. Und auch die ursprüngliche Erfahrung stellt sich wieder ein: der durch die Bildtitel informierte Blick wird verwirrt; er fällt auf diese beiden Werke, um sich zunächst im Leeren zu verlieren.

Wer konkreten, allzu konkreten Anhaltspunkten in den literarischen Werken, sei es der Bettine, sei es der Günderode nachspürt, sucht vergebens nach einem Schlüssel für Meret Oppenheims Darstellungen zweier geistiger Haltungen, die auf den ersten Blick divergieren, bei genauerer Hinsicht jedoch ineinandergreifen wie zwei sich gegenseitig kommentierende Allegorien. Die verwendeten ikonographischen Elemente, einfache geometrische Formen, finden in den literarischen Vorlagen keine genaue Entsprechung. Meret Oppenheim umgeht, wie schon in der Visualisierung ihrer eigenen Gedichte, auch in ihren literarischen Porträts sicher die Gefahr wörtlicher Übersetzungen. Diese Bild gewordenen Spuren einer Lektüre sind selbst porträtierte Literatur, und die ikonographischen Elemente der visuelle Ausdruck einer langen und intensiven Reflexion auf die Idee des geschriebenen Wortes. Meret Oppenheim ist den freien Räumen des Gedankens auf der Spur. Was sie malt, sind Freiräume der Reflexion. Aus der Art, wie sie – in zahlreichen Gesprächen über dieses Sujet – in den letzten Jahren – selbst ihre Bilder beschrieb, läßt sich zugleich ihr verändertes Raumbewußtsein ablesen.

Der Raum, das wird deutlich, ist für sie eine primär geistige Kategorie, und es sind geistige Erfahrungen, geistige Begegnungen, die ihn strukturieren. Das Bild wird als geistiger Raum neu definiert. Ohne im eigentlichen Sinne aufzuhören, physischer Raum zu sein und als solcher dem äußeren Sinn zu entsprechen, wird der Akzent von Meret Oppenheim allmählich vom Körperraum als der Bedingung der Möglichkeit festumgrenzter, dinghafter Erscheinungen weg auf jene unerforschten Räume verlegt, die die Gedanken entwerfen oder denen sie eingeboren sind. Der Raum, den Meret Oppenheim konzipiert, ist wesentlich Innenraum eines Innenraums, und auch seine Wahrnehmung, seine Erforschung appellieren an den inneren Sinn. Die höchste Bestimmung dieses neuen Bildraumes ist es, aufeinandertreffenden Gedanken, metaphysischen Begegnungen eine symbolische Form zu geben.

Die Elemente, die das Bild *Für Bettine Brentano* komponieren, sind von höchster Transparenz. Ein Raum öffnet sich, dessen Möglichkeit in der Diaphanie liegt; seine einzige Bedingung ist, daß die einzelnen Raumschichten für einander durchlässig, lichtdurchlässig, sind. Alles ist hell, alles fließt, alles bewegt sich in einem Ballet aus »Sommerlicht«, und transparent sind selbst noch die großen, scharf konturierten Formen, die strukturierend wirken in diesen windgetragenen Lichtfluten: ein Quadrat, von Licht und Luft durchpulst, leicht diagonal auf die Spitze gestellt; ein Kreis, oder besser: ein Halbkreis, und schließlich jene »kurze, starke Linie«, ein schwarzer Strich, zen-artig ins Bild gesetzt, auch er leicht schräg, der alles trägt. Die Begierde allen geistigen Lebens, sich in Licht aufzulösen, scheint aus diesem Bild zu sprechen.

Ganz anders dagegen das Bild *Für Karoline von Günderode*, auf dem jene heitere Bewegtheit in einer fast klassisch zu nennenden Raumform erstickt wird. Mit seinem dumpf brütenden Ernst, seiner fernen und düsteren Feierlichkeit, seinem Appell an ein übermenschliches Heldentum schließlich, scheint dieses Bild eine nachgerade aggressive Antwort auf den überschäumenden, formensprengenden Enthusiasmus Bettines zu sein. Alles ist dunkel in diesem Ambiente, das von »erstarrter Unruhe« geprägt wird. Das Bild beschwört ein Verhängnis. In seinem graubraunen Vordergrund schaukelt – unheilverkündend – ein schwarzer Nachen, von dem weißen Licht des Todes überschwemmt, und über ihm hängen schwer drei gleichgroße, aber verschiedenfarbige Quadrate, leicht gegeneinander versetzt. Diese Quadrate symbolisieren Ausschnitte aus den Gedankenräumen der Günderode. Sie sind in den Farben gestaltet, in denen die Grundstimmen und -stimmungen ihrer Gedichte sichtbar werden. Ein fahles, »jenseitiges« Licht bricht hinter ihnen hervor und beherrscht das Bild. Und es ist dieses jenseitige Licht, das Meret Oppenheim zufolge vor allem die lyrische Atmosphäre in den Werken der Günderode determiniert. Während nämlich das Bild *Für Bettine Brentano* von windbewegtem Licht überflutet wird, hat das Licht in *Für Karoline von Günderode* gerade in seiner Transzendenz etwas Imperatives.

Vergleicht man beide Bilder untereinander, so scheinen in ihnen zwei geistige Haltungen aufeinanderzutreffen, die notwendig zwei unterschiedliche Kunstauffassungen nach sich ziehen. Klassische Strenge und gesetzlose Spontaneität treten in einen Wettstreit um die künstlerische Form. Das komplexe Beziehungsgefüge, das zwischen diesen beiden Frauen der Romantik besteht, wird hier auf einer ausschließlich optischen Ebene realisiert. Nicht nur wird die bei Karoline dominierende Form des Quadrats in *Für Bettine von Brentano* »zitiert«; auch die Farben dieses Bildes kommunizieren in gewisser Weise mit denen der Raumausschnitte: ganz unverkennbar das Weiß und das Blau, wenngleich sommerlich und aufgehellt und mit Gelb vermischt, und auch der rosafarbene Marmor kehrt in der umwölkten Halbmondform zurück. Nicht weniger markant aber sind die Abweichungen: so steht das Quadrat bei Bettine allein als ein strukturierendes Element, das mit den beiden anderen dynamische Beziehungen unterhält. Transparent geworden, scheint es im Raum nurmehr zu gleiten oder zu schweben und wirkt wie entmaterialisiert gegenüber den drei massiven Wänden bei Karoline. Kein Heldenideal, kein Klassizismus, auch kein moralischer, bringen hier Festigkeit und Schwere, sondern eine zarte, gerade Linie, und mithin jene Form, die die des Gedankens selber ist. Was für Bettine nur ein Strich ist, fein und stark, wird bei Karoline zu einem Nachen erschwert, dessen tödliche Aura durch die Überflutung mit weißem Licht nur verstärkt wird. Der Nachen symbolisiert ein Ideal, das für das Individuum, das es hegt, zu dem Sarg wird, in das es sich schließlich eingenagelt sieht. – Es wäre sinnlos, Meret Oppenheim mit einer der beiden Gestalten zu identifizieren; sie fühlt sich beiden verbunden, Bettine im Enthusiasmus, in der Revolte, Karoline in der Melancholie, die aus der Schwere des Ideals resultiert. Im Grunde genommen aber ist es die Freundschaft zwischen beiden Frauen, die Meret Oppenheim zu dieser scharfsinnigen Porträtform zweier Gedankenräume inspirierte.

Die Erkenntnis, daß die Linie selbst das Porträt des Gedankens ist, hat Meret Oppenheim übrigens in einem Bild aus dem Jahre 1981 variiert. Das Bild trägt den sachlich-deskriptiven Titel *Bewegung gegen rechts* und zeigt vier dynamische Linien auf weißem Grund, die sich majestätisch und in vollem Bewußtsein ihrer Individualität durch den leeren Raum bewegen. Sie tauchen auf und brechen ab, als ob sie sich im Unsichtbaren fortsetzten. Nur eine hat ihr Ziel, ihre bestimmte Lichtquelle erreicht; sie wirkt wie elektrisiert, entzündet sich und wird zum Blitz. Der »erstarrten Unruhe«, wie sie aus dem Bild *Für Karoline von Günderode* spricht, wird hier die Utopie einer bewegten Ruhe gegenübergestellt. Auch der Raum gewinnt eine neue Souveränität, von allem entblößt, was sich dem freien Fluß der Linie entgegenstemmt. Eine Leere wird präludiert, die wie ein magnetisches Feld die Gedanken anzieht.

Dieser Leere des gemalten Raums korrespondiert im plastischen Werk Meret Oppenheims eine Fülle, die jedoch nur scheinbar einen Widerspruch einführt. Denn auch im plastischen Werk drückt sich jene besondere Abstraktionsweise aus, die gegenüber dem Material nicht gleichgültig und doch frei von der Klebrigkeit falscher, erworbener Gefühle ist. So beispielsweise in einem Objekt aus dem Jahre 1961, das den Titel *Keine Antwort* trägt. Der Blick fällt unvermittelt in den Abgrund leerer Augenhöhlen, in zwei in einen Holzblock gebohrte Öffnungen, die in einer Lederrahmung beziehungslos nebeneinander stehen. Das Sehen wird hier als ein Sprechakt dargestellt, es wird als ein Kommunikationsmittel eingesetzt. Woran aber liegt es, daß eine Verständigung hier nicht zustandekommen will? Daran vielleicht, daß heute nur noch Zeichen zu Zeichen sprechen, Augen aber nicht mehr einbezogen werden, weil ihre Blicke je schon besetzt sind?

Mit *Haus an der Brücke*, 1964, wird eine plastische Paradoxie formuliert, wie sie für zahlreiche Skulpturen Meret Oppenheims kennzeichnend ist. Eine bekannte und vertraute Wirklichkeit wird aus einer seltsamen Perspektive gezeigt. Die Brücke, die gewöhnlich zur Verbindung zweier Punkte oder Ebenen dient, erfüllt hier eher die Funktion, ein Zusammenhängendes zu trennen, eine Einheit aufzulösen, was eine gewisse optische Verwirrung auslöst. Die gewöhnliche Perspektive wird umgekehrt: der Betrachter sieht gar kein Haus, das an einer Brücke steht, sondern ein Haus, das, wenn man so will, überbrückt wird. Alles ist anonym auf diesem Bild: wer oder was sieht? und: wer oder was wird gesehen? Genaugenommen ist es das Haus, das auf die Brücke sieht, auch wenn sein Blick über sie hinaus zielt. Diese merkwürdige Brücke scheint die Verbindung zwischen dem Bild und dem Betrachter herzustellen, der sich seinerseits von einem dunklen, verlorenen Blick erfaßt fühlt. Das Bild fordert zwar gebieterisch den Blick, doch auch es antwortet nicht.

Die plastische Paradoxie, wie sie von Meret Oppenheim entwickelt wird, hat einen doppelten Aspekt. Einerseits haben ihre Skulpturen etwas unendlich Zartes, Zerbrechliches, und es scheint, als genüge ein allzuheftiges Ansehen, um ihre Konstruktion wieder zu zerfällen (*Die Tränen* 1981). Das Ephemere ist hier nicht nur Gegenstand, sondern auch Formprinzip und dringt in dieser Doppelheit in eine Kunstart ein, die, wie kaum eine andere, zur Darstellung des Flüchtigen, Unfaßbaren und Augenblickshaften ungeeignet scheint, was sich bereits an den verwendeten Materialien zeigt. Die traditionellen, dauerhaften Bronze und Stein werden durch leichtes, manchmal schaumiges, manchmal diaphanes Material ersetzt. Und andererseits geht es ihr, wie *Monument pour une phase de la lune*, 1966, beweist, darum, gerade dem Vergänglichsten der Zeit und dem, was gleich ihr verfließt, was von einer Minute auf die nächste bereits vergangen ist, ein unvergängliches Denkmal zu setzen. Daß die flüchtigsten Gegenstände ihrer plastischen Entwürfe nicht selten in traditionell hartem Material ausgeführt werden, repräsentiert also nur die eine Seite jener plastischen Paradoxie, deren andere sich darin manifestiert, daß das vergänglichste Material, die weggeworfenen Reste des alltäglichen Lebens, abfallende, schon verwesende Dinge zu Symbolen typischer Haltungen werden. Meret Oppenheim liegt an der Spannung zwischen den Extremen, was die besondere Weise ihres Umgangs mit den verschiedenen bildnerischen Techniken determiniert. Das zeigt sich bereits an der berühmten *Pelztasse*, 1936, die nicht nur zu ihrem »Markenzeichen« geworden ist, sondern auch zu einem Symbol des Surrealismus, der doch, in bemerkenswerter Ignoranz, in diesem Objekt nicht die originelle und ganz auf die Mittel der bildenden Kunst abgestimmte Anwendung seines Grundprinzips der willkürlichen Annäherung zweier inkompatibler Wirklichkeiten erkannte, sondern ein erotisches Mysterium, und mithin frei für die Freud'sche Traumdeutung. Meret Oppenheim sah in dem von André Breton so benannten *Déjeuner en fourrure* keineswegs ihr wichtigstes Werk, sondern einen Scherz, der aus der komischen Spannung zwischen den beiden widersprüchlichen Materialien des Porzellans und des Pelzes entspringt. In ihren Augen war es daher unsinnig (oder doch ein Symptom für sexuelle Verklemmtheit), dieses Objekt als ein Symbol des weiblichen Geschlechtes zu interpretieren, ihm eine erotische Bedeutung zu unterschieben, die aus einem imaginierten Gebrauch fließt. Denn nur dadurch, daß man die Tasse weiterhin in ihrer gewöhnlichen funktionellen Bedeutung wahrnimmt, der sie durch den Pelzüberzug doch gerade entzogen wurde, ist dieser Trugschluß möglich. *Teller, Tasse, Löffel, mit Pelz überzogen* – so der ursprüngliche Titel – ist eine Invention, die, wenn man so will, Duchamps *ready-mades* in den Raum der bildenden Kunst zurückholt. Die Pelztasse setzt das surrealistische Verhältnis zum Gegenstand zwar voraus, geht aber zugleich entschieden darüber hinaus. Sie ist keine Nachahmung einer Vorstellung oder Obsession, sondern ein den Künstler selbst überraschendes Bild, und mithin, wie Meret Oppenheim es wollte, die Sache selbst. Was künstlerische Ideen von anderen unterscheidet, ist ihrzufolge, daß sie mit ihrer Form erscheinen und anders nicht gegeben sind. Es gib keine prä-existenten Inhalte, für die eine Form zu finden wäre. Die dynamische künstlerische Form ist im Gegenteil ein Magnet, der die zerstörerischen und zerstörten Inhalte anzieht und fügt.

Daß Meret Oppenheim einen lebenslangen intensiven inneren Dialog mit Marcel Duchamp führte, wird nicht nur explizit durch jenes eigenartige Schachspiel in Form eines Gedecks belegt, auf dem die weiße Königin zum Hauptgericht (Rebhuhnknochen in Brotteig) wird: *Bon Appétit, Marcel!* (1966). An diesen Dialog appellieren beispielsweise auch die Modeentwürfe, und dies allein insofern schon, als sie ihr eigentliches Ziel verfehlen. Die Modeentwürfe Meret Oppenheims fallen so bizarr und exzentrisch aus, daß sie sich selbst als Modelle möglicher Kleidungsstücke negieren. Hüte in Form einer aufgerissenen Hundeschnauze, deren Zunge bis über die Nase ihrer Trägerinnen hinabhängen, Handschuhe, die das blaurote Geflecht der Adern exponieren oder Ohrringe in Form von Vogelnestern, um nur einige Beispiele zu nennen, sind für die Zwecke der Mode ungeeignet und fallen an den Bereich der bildenden Kunst zurück. Zur Fertigware bestimmt, entziehen sie sich gleichwohl jenem Prozeß, in dem sich ihr Warencharakter realisierte. Auch die Modeentwürfe Meret Oppenheims sind eine Antwort auf Marcel Duchamp, der mit seinen *ready-mades* gerade umgekehrt banale, serienmäßig hergestellte und im Handel frei erhältliche Gegenstände, Waren also, in den Raum der bildenden Kunst einführte.

Das *Fundbild* ist eine von Meret Oppenheims Grundkategorien. Es bestimmt ihre Poesie aus »gefundenen« Worten wie große Teile ihres bildnerischen Werks. Auch die Erfindung des plastischen *cadavre exquis* in einem Sommer in Carona gehört hierher. Das Fundbild geht, über den surrealistischen Begriff des *objet trouvé* hinaus, von der Existenz von Wahrnehmungen aus, die sozusagen das Bild als fertiges in sich enthalten. Nicht nur jene an die *ready-mades* anknüpfenden komisch-erotischen Objekte wie *Ma gouvernante, my nurse, mein Kindermädchen*, 1936, oder *Das Paar*, 1956, fallen unter diese Kategorie. Auch *Weißer Kopf, blaues Gewand*, ein Relief-Bild aus dem Jahre 1935, auf dem sich ein modellierter, elliptischer Kopf von einer Art Kissen aus Treibholz abhebt, unterstreicht dieses Element, das einer aktiven Intervention des Zufalls zu verdanken ist. Auf jene Art Zufall, die sozusagen im letzten Augenblick das erwartete Bildarrangement durcheinander bringt, scheint sich Meret Oppenheim zu konzentrieren. Auch das Fundbild ist Teil jener poetischen Abstraktion, die im Konkreten, im weggeworfenen, sinnverlassenen Detail ihre Verifizierung findet. Von ihr wird das Werk Meret Oppenheims von Anfang an beherrscht, was sich bereits in *Spaziergänger hinter Zaun*, 1933, manifestiert, einem Bild, auf dem zwei aufgeklebte Bindfäden die Idee einer Grenze vermitteln, hinter der die Linien aus rotem Lippenstift für immer zurückweichen müssen. Sie können lediglich herüberschauen, und so, wie das geschieht, erinnern sie an die Besucher einer Ausstellung, die eine unsichtbare Grenze nicht überschreiten dürfen.

Nicht nur ihr malerisches, auch ihr plastisches Werk beweist, daß Meret Oppenheim eine neue Form der Symbolisierung entwickelt hat, von der die Erstarrung – die Bedingung jener kollektiven symbolischen Wirksamkeit – vorab negiert wird. Während sich alle bisherige Symbolbildung der materiellen Gestalt lediglich als eines Gefäßes bedient, das in seiner konkreten Materialität von der Bedeutung aufgehoben wird, schafft Meret Oppenheim solche, die nur in ihrer konkreten Gestalt bedeutsam sind, bewegliche Symbole, Symbole, die in Bewegung versetzen. Bilder werden aus Unbildhaftem komponiert und enthüllen die nicht selten sakral anmutende Gegenwart von etwas, das sich der Wahrnehmung niemals in den festen, soliden Formen des Wirklichen anbietet, vielmehr in den Nischen zwischen den wirklichen Gestalten nistet. Diese Gegenwart wird beschworen, aber nicht fixiert. Schon die Art, in der das Weggeworfene, das Geschehene und doch Übersehene in ihre Symbole eingeht, verweist auf

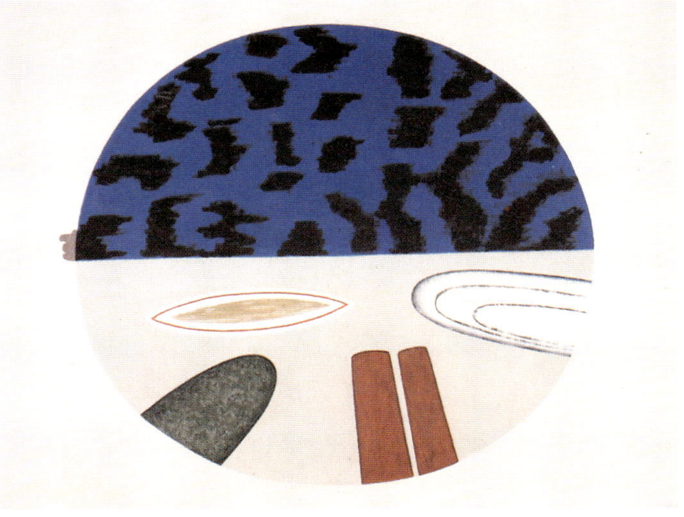

die Differenz, die zur herkömmlichen Symbolbildung besteht. Es ist nicht mehr das alte Sakrale, und es sind infolgedessen auch nicht mehr seine Symbole. Alles Erhabene bleibt ausdrücklich negiert, wo der niedrigste, erbärmlichste Rest der menschlichen Welt zum Bau eines individuellen Heiligtums verwendet wird. (*Waldtempelchen*, 1974). Kein Weg führt zur Pracht der Vergangenheit zurück, die, wenn man so will, an ihrer Eitelkeit zugrundegegangen ist (*Vanitas*, 1969). Den neuen Symbolen fehlt die Geschlossenheit, aus denen die alten ihre Macht ableiteten. Sie wirken wie flüssig, sind veränderlich und schließen ein Gleiten ein, das sich in einer Metamorphose zur inneren Schönheit hin realisiert. Die poetische Abstraktion schafft neue Symbole, Symbole, die keine vorgegebenen Ideen sind, sondern Zusammenballungen, Schwingungszentren, so etwas wie Strudel oder Wirbel, aus denen, in denen und durch die immerfort neue Ideen dringen. Und die Betrachtung dieser Symbole ist wie das Eintauchen in eine andere, tiefere, zugleich vertraute und fremde Welte, in der allein die Moral des Schönen gilt.

Diese Moral urteilt und verurteilt nicht, sie befreit. Das Schöne ist die lustvolle Emanation der Ewigkeit und zugleich ihre grausame Hommage an die Zeit, die hervorbringt und zerstört, ganz wie es ihr beliebt, und nur das Werk bestehen läßt, das im Geiste dieser Moral des Schönen entstanden ist. Alles, was schön ist, ist Objekt des Verlangens, aber man begehrt nicht, daß es anders sei, man begehrt nicht, es zu ändern, man begehrt es, wie es ist. Und das ist es auch, was die Kunst von der Gesellschaft unterscheidet. Die gewöhnlich geltenden, das Leben uniformierenden, allgemeinen Gesetze werden von der Moral des Schönen außer Kraft gesetzt, für die nur noch das Paradox eines individuellen Gesetzes gilt. Das Schöne ist dieses individuelle Gesetz, die immanente Vollendung des Seins und die partikulare Form seiner Transzendenz. Das Schöne ist das, was bleibt.

1 ▪ In dem Essay *Der Raum, die Malerei und der Tod* (in: *Bildwelten – Denkbilder, Texte zur Kunst II*, hrsg. v. H. Bachmayr, F. Rötzer und O. van de Loo, München 1986) habe ich am Beispiel des immer wieder variierten Motivs *Tête de noyé, 3 ème état* gezeigt, daß Meret Oppenheim von einer eigenwilligen, sehr dünnen, sehr kahlen Abstraktion ausgeht, die sich in den verschiedenen Variationen allmählich konkretisiert, ohne daß die Ebene der Abstraktion verlassen würde. Es scheint, als würde die erste Fassung das künstlerische Problem formulieren, das dann in den späteren optisch gelöst wird. Im Zuge dieser Lösung wird das Motiv notwendig in sich selbst konkret.

2 ▪ Zu dem Titel dieses zweiten Gedichtbandes ist anzumerken, daß er keineswegs als eine weitere Hommage Meret Oppenheims an Karoline v. Günderode gedacht ist, »sonst hätte ich den Namen ja mit K geschrieben«. Tatsächlich ist der Titel dem Gedicht *Soviel wie wach im Schlafe sehen hören* von 1943 entnommen, das sich um das – Meret Oppenheim so teure – Prinzip der Androgynität dreht. Es geht in diesem Prosagedicht genauer noch um das Mysterium einer Geschlechtsumwandlung, die eine Namensänderung nach sich zieht. Als er (i.e. »Astor«) am anderen Tag erwachte, hing er an einem fremden Kleiderbügel. In der Tasche fand er eine Visitenkarte, auf der sein neuer Name gedruckt stand: »Caroline.« Meret Oppenheim kommentierte: »Die Vorlage dafür ist ein Traum. Im Traum sah ich diese Visitenkarte und ganz deutlich den Namen Caroline. An Karoline v. Günderode dachte ich nicht, als ich diese Zeilen schrieb.«

(Die zitierten Äußerungen Meret Oppenheims sind dem Gedächtnisprotokoll eines Gespräches mit ihr entnommen.)

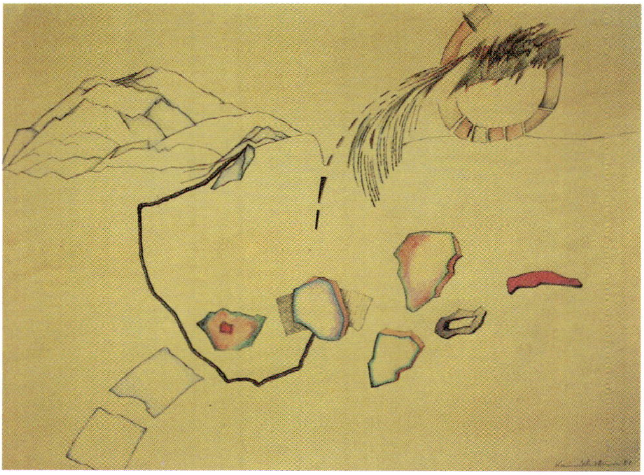

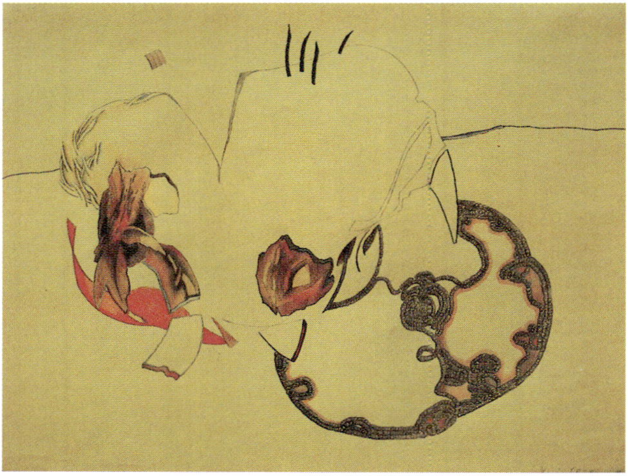

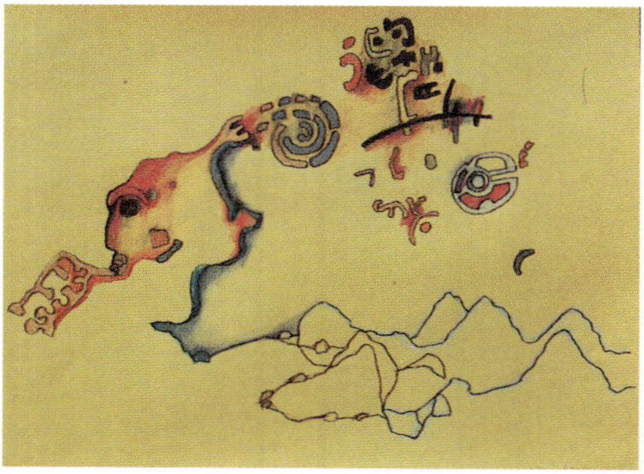

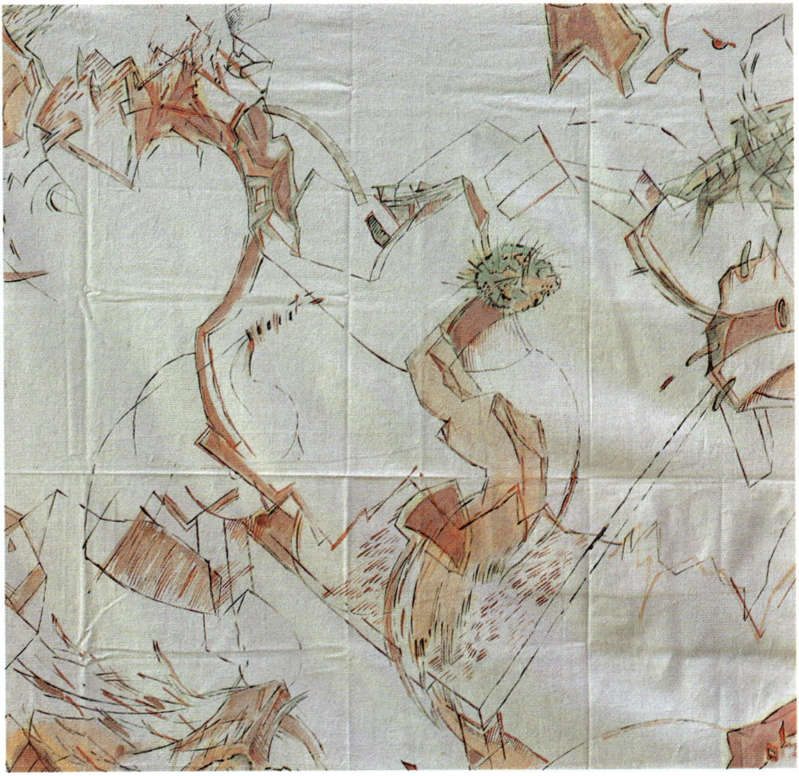

HÉLÈNE CIXOUS

Von der Szene des Unbewußten zur Szene der Geschichte

Weg einer Schrift

ALLES, WAS ICH SAGEN WERDE, werde ich wirklich gedacht haben. Das wird nicht heißen, daß es für alle »wahr« sein wird. Denn wenn es um die Schrift geht, geht es immer, kann es nur immer um Wahrheit gehen. Ich sage um *Wahrheit* und ich sage nicht um Wissen und ich sage nicht um *Erkenntnis*. Es geht um unbekannte Wahrheiten. Schreiben bewegt sich im Dunkeln zu diesen Wahrheiten. Man weiß nicht. Man geht. Ich bin das, was ich mit geschlossenen Augen spüre. Spüren täuscht nicht.

Gerade dann, wenn man wissen will, irrt man sich oft. Ich ahne. Dann versuche ich in Worte zu übertragen, was sich im Fieber, im Klopfen des Herzens, in Lichtgesängen schreibt. Ich frage mich, wie sich das nennt.

Ich bin nicht jemand, der die Dunkelheit liebt: Dort bin ich ja. Dadurch, daß ich sie bewohne und sie durchlaufe und sie in Worte fasse, scheint es mir, daß sie sich erhellt oder sie wird einfach liebenswürdiger zu mir.

Ich fühle mich jenen zugehörig, die das Vorhandensein von Geheimnissen nicht leugnen, die im Inneren der Welt schlagen. Was ich nicht verstehe, respektiere ich.

Ich liebe das Bevorstehen des Lichtes. Sein Versprechen.

Ich erzähle Ihnen die Geschichte eines Weges. Erlauben Sie mir, Sie um Verzeihung zu bitten, daß ich »Ich« sage. Bis jetzt habe ich noch nie auf diese Art »Ich« gesagt. Ich spreche von den anderen. Gestehen Sie mir zu, daß ich, »ich« sagend, auch von den anderen spreche. »Ich« sind viele andere Reisende, die ich kenne und treffe, so wie Hoffmannsthal im »Reisenden« Dichter vergangener Zeiten trifft, die immer gegenwärtig sind.

Zu Beginn gab es für mich und gibt es für mich das *Verlorene Paradies*. Dieses Paradies hatte einen Namen, Algerien. Ich lebte es in der Gegenwart und fühlte von ihm durch kindliche Prophezeiung, durch Vorwegnahme aller meiner Sinne, daß es bereits das Land der Erinnerung war. Ich fürchtete, ohne zu wissen, das Verschwinden des mütterlichen Körpers.

Meine Schrift ist in Algerien aus einem verlorenen Land des toten Vaters und einer fremden Mutter geboren. Jeder einzelne dieser Züge, die solche des Glücks oder des Unglücks zu sein scheinen können, sind Gründe, Glück/Chancen meiner Schrift geworden.

Ich hatte das Glück, als Zeit und Ort der Geburt das Fremdartige zu haben, das Exil des Krieges, wie ein Trugbild die Erinnerung an den Frieden, den Schmerz, die Trauer. Mit drei Jahren wußte ich mitten unter Blumen und Düften, daß man wegen eines Namens oder wegen eines Unterschiedes töten konnte. Und ich wußte, daß es das Entwurzeltsein gab. Auch gutes Entwurzeltsein. Ich sollte Ihnen auch ein Datum sagen, zum Beispiel 1940. Ich habe gesehen, daß die Wurzeln der Menschen keine Grenzen kennen, und daß, ganz unten auf der Leiter der Welt, es das Herz gibt.

Meine ersten Anderen waren die Araber, die Skarabeen, die Franzosen, die Deutschen. Und Meinesgleichen waren zuallererst die Hühner, die Kaninchen, die Araber, die Deutschen usw.

Die Sprache, die in meinen Ohren klang? Das waren Sprach*en*: Spanisch, Arabisch, Deutsch, Französisch. Alles auf dieser Erde kommt von weit her, selbst das, was nahe ist. Ich hörte auf alle Sprachen. Ich sang auf Deutsch. Ich habe ebenfalls mit den Hühnern gegackert. Ich habe mich oft verirrt, in meiner Heimatstadt. Diese war eine verschleierte Frau, ein Signifikant. Das war ORAN. Ich hatte alles:

ORAN – HORS EN (das heißt, »draußen – drinnen«) – ORAN JE (das heißt ORAN ICH, und ORANGE)

Der erste meiner Schätze war der Name meiner Heimatstadt, war ORAN. Das war meine erste Lektion. Ich habe den Namen ORAN gehört und durch ORAN bin ich in das Geheimnis der Sprache eingetreten. Davon »eingetreten« »hervor/Heraus-gegangen«.

Ich habe entdeckt, daß meine Stadt zur Frucht wurde, indem ich einfach »mich«, das »ich« (das »je«) hinzufügte. ORAN-JE, ORANGE. Ich habe also entdeckt, daß das Wort auch das Geheimnis der Frucht in sich barg. Ich lasse Sie das Zusammensetzen, das Zerlegen dieses Namens ins Unendliche weiterverfolgen.

Dann habe ich ORAN verloren. Dann habe ich es wiedergefunden, weiß und gold und Staub für alle Ewigkeit in meinem Gedächtnis und bin darauf nie mehr wieder zurückgekommen. Um die Stadt zu behalten. Sie ist meine Schrift geworden. Wie mein Vater. Sie ist zu einer Zaubertüte geworden, die zur anderen Welt hin aufgeht.

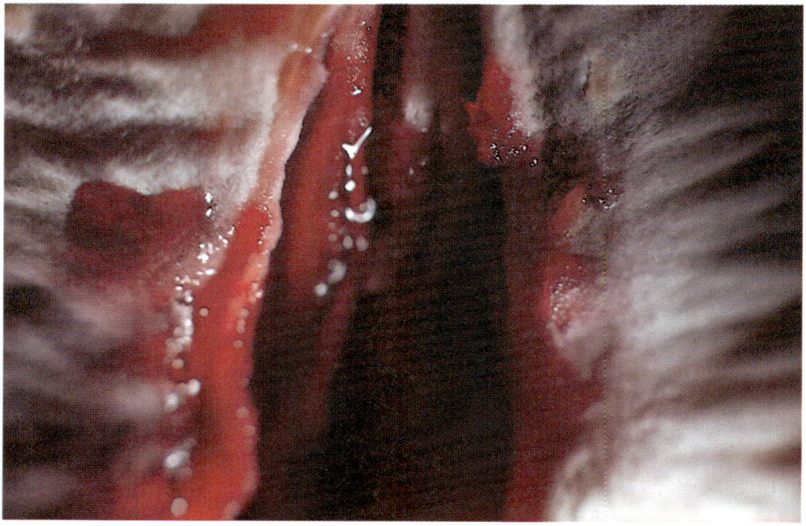

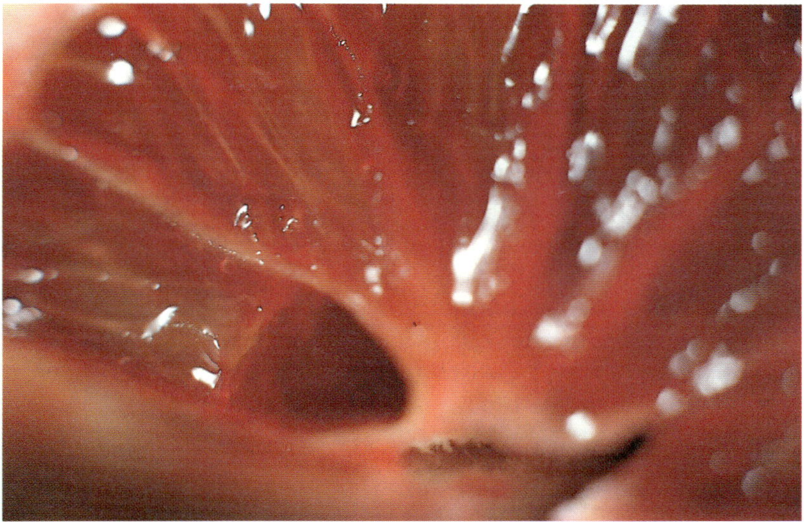

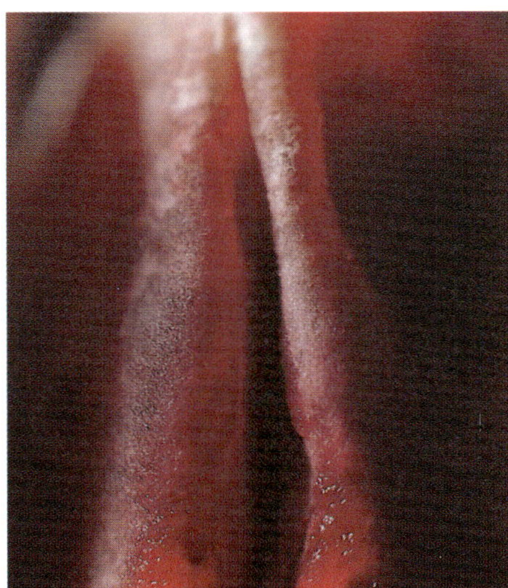

Vor dem Vater
Sie haben vor Ihren Augen einen kleinen wertvollen, seltenen Text von Clarice Lispector.

Domingo, antes de dormir
Aos domingos a famılia ia aocais do porto espiar os navios. Debruçavam-se na murada, e se o pai vivesse talvez ainda tivesse diante dos olhos a água oleosa, de tal modo ele fixava a água oleosa.

(...) Quando escurecia, a cidade iluminada se tornava uma grande metrópole com banquinhos altos e giratórios em cada bar. A filha menor quis se sentar num dos bancos, o pai achou graça. E isso era alegre. (...)

Foi quando conheceu *ovomaltine* de bar, nunca antes tal grosso luxo em copo alto, mais alteado pela espuma, o banco alto e incerto, *the top of the world*. Todos esperando. (...)

Também a desconfiança assùstada de que *ovomaltive* é bom, quem não presta sou eu. (...)

Mas tudo isso era rodeado pelo pai, e ela estava bem dentro dessa pequena terra na qual caminhar de mão dada era a famılia. (...)

Antes de adormecer, na cama, no escuro. Pela janela, no muro branco: a sombra gigantesca e flutuante dos ramos, como se de uma árvore enorme, que na verdade não existia no pátio, só existia um magro arbusto; ou era sombra dá lua. Domingo foi sempre aquela noite imensa que gerou todos os outros domingos e gerou navios cargueiros e gerou água oleosa e gerou leite com espuma e gerou a lua e gerou a sombra gigantesca de uma árvore pequena.

CLARICE LISPECTOR[1]

Sonntag vor dem Schlafengehen
Am Sonntag ging die Familie immer zum Quai des Hafens, um die Schiffe abzupassen. Sie beugten sich alle über die kleine Mauer und wenn der Vater noch lebte, hätte er vielleicht noch das ölige Wasser vor den Augen, so wie er das ölige Wasser gebannt betrachtete. (...) Bei Einbruch der Nacht wurde die erleuchtete Stadt zu einer großen Metropole mit hohen Sitzbänken, die sich drehten, in jeder Bar. Das kleinste Mädchen wollte sich auf eine dieser Sitzbänke setzen, der Vater fand das komisch. Und das war lustig. (...) Das war, als sie die »Ovomaltine« der Bar kennenlernte. Niemals zuvor ein so großer Luxus in einem hohen Glas, erhöht noch durch den Schaum, die Sitzbank hoch und unsicher, *die Spitze der Welt, the top of the world*. Alle gerade dabei, zu warten. (...) Auch das erstaunte Mißtrauen darüber, daß die Ovomaltine gut war. Die, die hier nichts wert ist, bin ich. (...)

Aber all das war von dem Vater umgeben und ihr ging es gut innerhalb dieser kleinen Erde, wo die Tatsache, daß man Hand in Hand ging, die Familie war. (...) Vor dem Schlafengehen, im Bett, in der Dunkelheit. Durch das Fenster auf der weißen Mauer, der gigantische und schwankende Schatten der Zweige, wie ein riesiger Baum, der in Wahrheit nicht da war, im Hof, dort gab es nur einen mageren Strauch; oder war es der Schatten des Mondes. Sonntag war immer diese unermeßlich große Nacht, die alle anderen Sonntage hervorgebracht hat, die Lastkähne hervorgebracht und das ölige Wasser und die Milch hervorgebracht mit dem Schaum und dem Mond und den riesengroßen Schatten eines kleinen Baumes.[1]

Text: Domingo, antes de dormir
Ich habe den brasilianischen Text hinzugefügt, weil er graphisch unmittelbar viel lesbarer ist. Es ist ein wunderbarer kleiner Text, der einen Sonntag erzählt. »Sonntag war immer diese unermeßlich große Nacht, die alle anderen Sonntage hervorgebracht hat und Lastkähne hervorgebracht und das ölige Wasser hervorgebracht und Milch mit dem Schaum hervorgebracht und den Mond hervorgebracht und den riesigen Schatten eines kleinen Baumes...« Auf brasilianisch ist Baum weiblich, der Text endet also mit »eine kleine Baum«. Das war es also, der Sonntag, domingo, der Tag des Herrn, der Tag des Vaters. Ich verschiebe: »Der Vater war immer diese unermeßlich große Nacht, die alle anderen Sonntage hervorgebracht hat... und den riesigen Schatten eines kleinen Baumes, dessen anderer Name »Claire Lispector« war. Ohne eine genauere Analyse dieses Textes zu machen, wollte ich nur dieses andeuten, was gleichzeitig wesentlich und banal ist: Daß *man nämlich damit beginnt, daß man vor dem Vater schreiben will*, vor dem symbolischen Vater, vor dem Vater, der abwesend ist – es handelt sich nicht um den realen Vater– vor dem toten, deshalb idealen Vater, um ihm zu gefallen, wie der Text es sagt, um die außergewöhnliche Erfahrung zu machen, wo es die »Ovomaltine der Bar« gibt. Im brasilianischen Text ist *ovomaltine* auf bemerkenswerte Weise kursiv gedruckt, denn es ist hier wieder ein ORAN-Wort. Das ist die geheimnisvolle Sache mit dem fremden Namen, der den Weg zur Lust öffnet. Vor dem Vater, um ihm zu gefallen, wird man an einem Ort die Entdeckung Amerikas machen, *außergewöhnliche Wörter* sagen. Den Schlüssel der geheimnisvollen Wörter *ovomaltine* oder auch *top of the world*, den hat ER.

Als ich vor einigen Jahren diesen kleinen Text las, habe ich mich darüber gefreut, ich war entzückt, denn er war wie die poetische Kurzfassung meines ersten Textes, der »Dedans« (Drinnen) heißt. *Dedans/Drinnen*

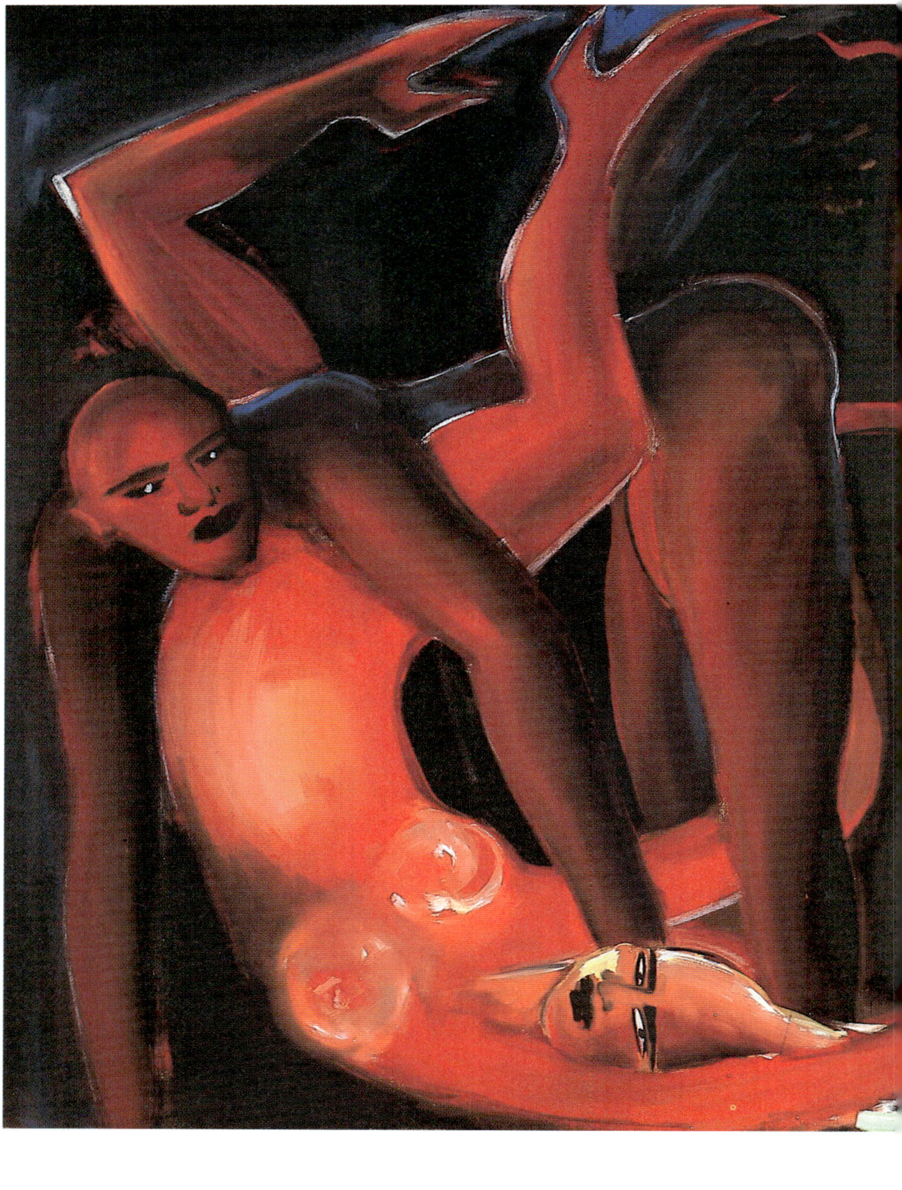

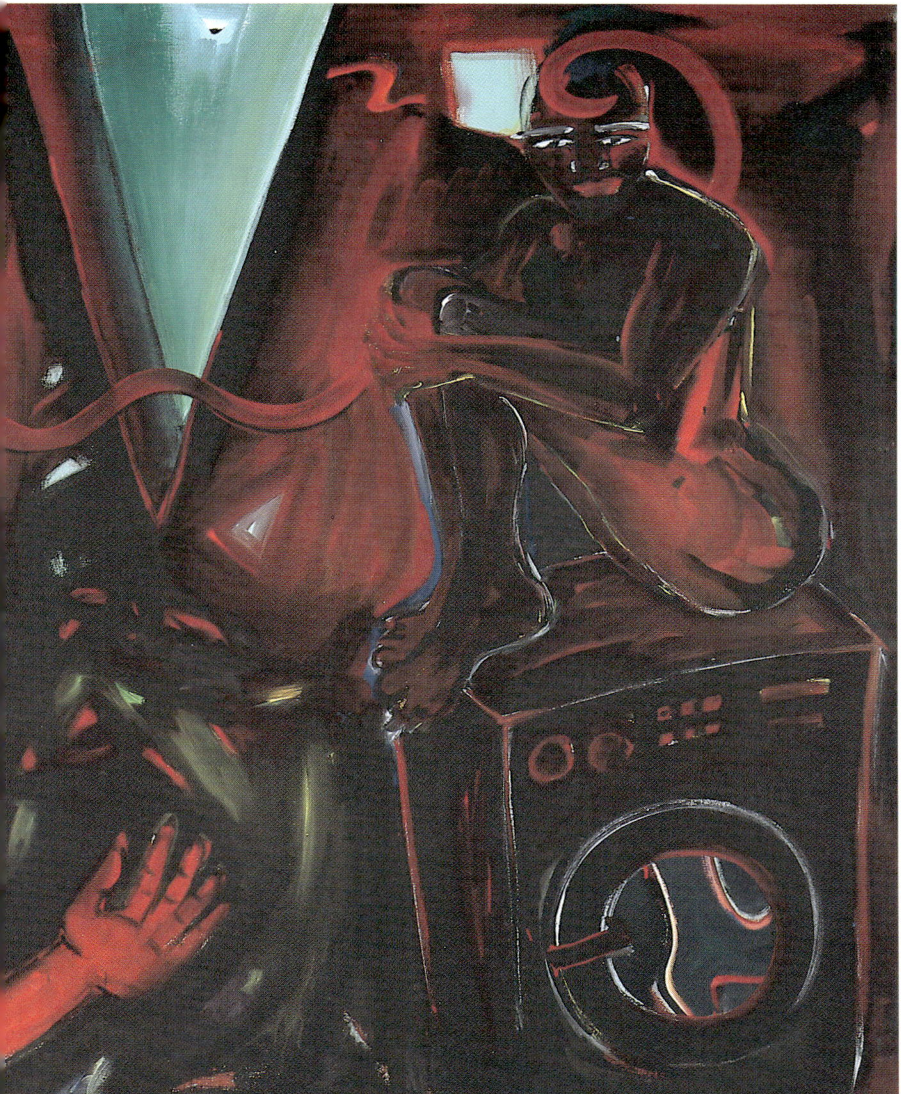

hat sich notwendigerweise drinnen im Vater geschrieben, ihn bis zum Tode suchend und davon zurückkommend (REVENANT).

Es gibt etwas Einfaches und Geheimnisvolles im Ursprung einer Schrift: »Ich bin in dem Vater, den ich trage, er verfolgt mich, ich sehe ihn. Es gibt eine Beziehung zwischen Vater und Sprache, Vater und »Symbolischem«.

Und die Mutter? Sie ist Musik, sie ist da, sie ist im Hintergrund, souffliert. Die Mutter (»la Mère« auf französisch), die natürlich für alle französische Schrift das Meer (la mer) ist. In meiner Sprache haben wir das Glück, sagen zu können, die Mutter ist das Meer, la mère est la mer, das ist Teil unseres Imaginären, das diktiert uns etwas. In der englischen Sprache sagt »Mutter« – »Mother« – mein Anderes.

Die Mutter singt, der Vater diktiert. Ich kann das für mich in Anspruch nehmen, ich kann es aber auch der Zwetajewa, einer großen russischen Dichterin, geben, und Sie brauchen dazu nur »Mutter und die Musik«, einen ihrer großen Prosatexte lesen.

Man beginnt also damit, Liebe erringen, gewinnen zu wollen. Zwischen dem Tod. Das *DRAUSSEN*. Alles ist verloren. Alles ist wiederzugewinnen. Ich glaube, man kann nur dann auf dem Weg der Entdeckung der Schrift oder von etwas anderem weiterkommen, wenn man von einer Trauer ausgeht und der Wiedergutmachung der Trauer. Ursprünglich ist die Geste des Schreibens mit der Erfahrung des Verschwindens, mit dem Gefühl, daß man den Schlüssel zur Welt verloren hat, hinausgeworfen worden ist, verbunden. Plötzlich den kostbaren Sinn für das Seltene, für das Sterbliche erworben zu haben; dringend den Eingang, den Atem wiederfinden zu müssen, die Spur nicht verlieren zu dürfen. Wir müssen die Sterblichkeit erlernen.

Die Sprache als Land

Als ich *Dedans/Drinnen* schrieb, war dies gewissermaßen im und außerhalb des Grabes meines Vaters, oder jeden Mannes, oder wie Shakespeare sagen würde, weder Mann noch Frau, in Auflehnung gegen den Verlust. Mein Vater meine Mutter mein Land, alles verliert, meine Sprache spielt mein(en) Vater verliert meine Mutter Meer meine Väter meine Sprachen. Alles ist verloren, nur die Wörter nicht. Das ist eine Kindheitserfahrung: Die Wörter sind unsere Türen zu allen anderen Welten. Von einem bestimmten Moment an wird für den, der alles verloren hat, sei es nun ein Lebewesen oder ein Land, die Sprache Land. Auf explizite Weise haben das alle russischen Dichter der Gegenwart gemacht. Es gibt das andere

Land, ein wunderbares Land: Man betritt es durch die Liebe zur Sprache. Es ist ein Land, in dem die Dichter wohnen, in dem die wohnen, die Kafka die »Wächter« nennt, wo die leben, die Clarice Lispector die »geheimen Agenten« nennt, die Leute, die eines gemeinsam haben:

Sie bewahren diese kaum wahrnehmbaren Schlüssel der Welt des Überlebens. In diesem Land verwischen sich die räumlichen, geographischen Grenzen der Erde und auch die Grenzen der Zeit. Von einem Jahrhundert zum anderen ist man miteinander verbunden und gibt man weiter. Das ist das Werk all jener, die lehren und weitergeben und all jener, die eine Kunst treiben. Hier ist alles Exil oder nichts. Hier herrscht eine »Korrespondenz zu Dritt«,[2] zu Tausenden.

Der große Kampf hat begonnen: Der der Liebe und des Todes. Wer liebt, läßt sich darauf ein, zu sterben, wer liebt, verliebt sich, »tombe amoureux« (und »tombe« heißt »Grab« auf französisch). Die Liebe erinnert an den Tod. Einer von uns beiden wird den anderen sterben sehen. Das werde also ich sein. Wissen, daß wir sterblich sind und jede Minute retten, sie dem Leben widmen – das ist vielleicht die Aufgabe, die manchem Schreiben zugrunde liegt, es belebt. Partei ergreifen für das Leben ist meine politische Partei. Das ist etwas, von dem man wenig spricht und ist doch wesentlich. Ich wäre auf der Seite jener, die zur Erlösung getrieben werden, zum Schutz, zur Wiederbelebung, zur Reinkarnation. Es gilt, die Lebenden und die Toten zu schützen. Denn man kann auch die Toten töten, sie begraben, sie auslöschen für immer. Schreibend – und in all dem arbeitend, was der Schrift gleichkommt – gilt es, dem die Hand zu reichen, was man verloren hat, würde Clarice Lispector sagen.

Es wird also darum gehen, zu leben und zu überleben. Die Schrift folgt dem Leben wie der Schatten, setzt es fort, horcht darauf, prägt es. Es wird darum gehen, das Leben bis zu Ende zu leben, ohne es eine einzige Minute lang aus dem Auge zu lassen. Und das ist *viel* Arbeit.

Ich denke an alle, die versucht haben, das Leben bis zu seinem äußersten Ende, bis zur letzten Minute zu leben. Ich denke an Kafka, ich denke an das *Tagebuch* von Etty Hillesum. Das ist ein Tagebuch, das von einer jungen, 27jährigen jüdischen Frau geschrieben wurde, die in Amsterdam lebte. Sie war wie die große Schwester von Anne Frank. Dieses Tagebuch wurde bis zu den Toren von Auschwitz weitergeschrieben. Dort ist sie 1943 gestorben. Es ist ein Tagebuch, das von Stunde zu Stunde weiterkämpft, damit in diesem Eingeschlossensein, das immer enger und enger wird,

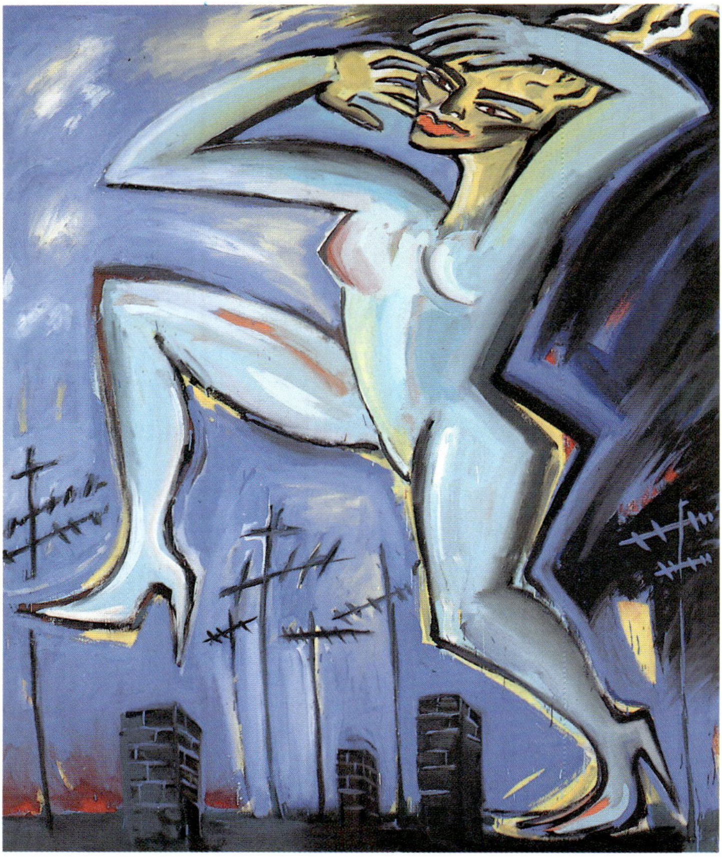

und immer entsetzlicher, noch etwas zu leben bleibt. Bis nur noch der Himmel bleibt, von dem Moment an, wo es keine Erde mehr gibt, weniger und weniger Himmel, und dann ist gar kein Himmel mehr. Ein Buch von einer ungeheuren Kraft, welches noch eine andere Botschaft enthält, die für mich ein großes Glück bedeutet hat: Etty Hillesum las Rilke als sie auf einem Papierkorb in einer Ecke des jüdischen Rates saß, der die Aufgabe hatte, die Juden in die Verbrennungsöfen zu verschicken. Das war wirklich ein *Kreis der Hölle*. Sie als Rilke in jener Welt, in der die Leute alles taten, um nicht zu sterben, um nicht zu sterben, um zu töten, das schreibt sie. Das ist das Beste, was man für die Poesie hoffen kann: das sie im Angesicht des Todes zu etwas gut ist. Etty hat Rilke gelesen, bis knapp vor ihrem Tod, Rilke hat sie gerettet, und sie hat Rilke gerettet.

Das ist es, leben. Zwischen Poesie und Leben, mit Poesie und Leben, unmittelbar wissen, daß man *jetzt gerade lebt*, daß man jetzt gerade einen Teil der Schöpfung gebraucht, einen Teil des Lebendigen, das uns gewährt und zugemessen ist. Leben, als ob man sterben oder das Licht der Welt erblicken würde, und jeder Tag ist ein erster Tag, ein letzter Tag. Freude und Zittern. das ist es, wozu die Schrift gut ist, für mich. Sie ist ein kleines, zitterndes Licht im Dunkel des Weges. Man schreibt vom Tod ausgehend zum Tod im Leben. Man schreibt auch zwischen der Hölle und dem Paradies, weil es manchmal die Hölle ist und manchmal das Paradies. Manchmal schreit man und manchmal singt man. Wenn ich von der Hölle und dem Paradies spreche, so deshalb, weil dies zwei wesentliche Motive unserer Phantasie, unseres Schicksals und jeder Schrift sind.

Die Hölle und das Paradies

Zu Beginn ist die Hölle.

Mir scheint, daß die Geschichte einer Schrift immer mit der Hölle beginnt. Desgleichen die Geschichte eines Lebens. Zuerst mit der Hölle des ICH, mit diesem unseren allerersten, primitiven Chaos, dieser Finsternis, in der wir uns abmühen, wenn wir jung sind und in der wir und selbst entwerfen. Wenn man aus dieser Hölle herauskommt, ob diese nun einfach die Hölle des Unbewußten ist oder reale Hölle, ist man im Paradies. Nur, was ist das, das Paradies? Die Hölle ist sehr viel einfacher zu beschreiben, zu schildern, wie wir seit Dante wissen. Die Hölle, das ist das Unverständnis, das ist das furchterregende Geheimnis, das ist auch das teuflische oder dämonische Gefühl *nichts* zu sein, nichts in der Hand zu haben, im Formlosen zu sein, im Winzigkleinen vor dem unendlich Großen. Und auch, schlecht zu sein, und manchmal böse. Unsere Bösartigkeit gehört zu den schwindelerregenden Themen, die den Raum der Schrift eröffnen.

Man schreibt, um aus dieser Hölle herauszukommen, in Richtung des verborgenen Tages. Man schreibt zu dem hin, was sich endlich als die Gegenwart erweisen wird. Das Paradies, das ist, soweit zu kommen, daß man die Gegenwart leben kann. Das ist, die Gegenwart anzunehmen, so wie sie kommt, in ihrem Geheimnis, in ihrer Zerbrechlichkeit. Das ist, akzeptieren, daß man nicht beherrschen kann, wissen, daß die Gegenwart vergeht, aber das es gut ist, daß sie vergeht, denn sie vergeht als Gegenwart. Das ist, von der Angst zum Erstaunen übergehen zu können und aus dem Unverständlichen eine Quelle der Verzauberung zu machen. Das ist, die Nacht zu lieben, sie nicht mehr fürchten, so tun, als ob sie ein Tag voller Sterne wäre. Aber das alles ist Arbeit, schwere Arbeit, die wir uns, solange wir noch sehr jung sind, nicht einmal vorstellen können. Es ist eine schwere Arbeit, in der Gegenwart zu leben. Das verlangt eine Beweglichkeit der Seele und gleichzeitig eine große Trägheit. Deshalb passierte es mir auch, zu sagen: »Das Paradies ist höllisch.« Es ist nicht die Ruhe, sondern Verbissenheit, die unaufhörliche Anstrengung, *da zu sein*, dem erschöpfenden Reichtum des »Es gibt« die Stirn bieten. Von einem bestimmten Moment an kann man hoffen, zu einem Punkt zu kommen, wo man nicht aus Trauer um die Vergangenheit schreibt, sondern um zum Propheten der Gegenwart zu werden. In diesem Augenblick hat man *das Paradies zu machen*. Und macht es. Es ist uns nicht gegeben. Man riskiert, es zu verlieren, man gewinnt es immer wieder neu.

Gefahren des Paradieses

Und siehe da, im Paradies begegnet man der Gefahr, denn das Paradies ist ein Balkon auf die Höllen der Welt. Wenn man im Paradies ist, riskiert man etwas, das sich diskret »Vergessen« nennt. Hier ist die Schrift erneut notwendig. Man darf nicht vergessen. Die Schrift ist im Grunde nichts anderes, als ein Mittel gegen das Vergessen. Es ist in unserem Interesse zu schreiben, damit wir nie vergessen, daß es auch die Hölle gibt und gleichzeitig, damit wir spüren, wie sie vorbeigeht. Schreiben ist (oder sollte) sich erinnern (sein), an das, was in diesem Moment selbst ist, an das, was niemals war, an das, was verschwinden könnte, an das, was verboten, getötet, verachtet werden könnte; Schreiben ist, sich an alle Dinge erinnern, die weit weg, winzig klein sind, die Schildkröten, die Ameisen, die Großmütter, das Dienstmädchen, die erste, heftige Leidenschaft, die Frauen, die Nomaden, die Völker, die nach und nach ins Exil gedrängt werden, ein Schwarm von Wildgänsen. Wir, die wir reich und frei sind, wir sind alle Gefangene der Freiheit, wir sind Gefangene in voller Freiheit. Die Freiheit macht uns blind, sperrt uns ein.

Schreiben ist vielleicht das Mittel, sich an all jene zu erinnern, die gekämpft haben, die kämpfen, um die menschliche Saat zu erhalten, das Gras, den Himmel, die Schönheit des Wahren oder eher die Wahrheit der Dinge, alle Schönheiten. Auf Erkundung gehen. Das unendlich Kleine und das Große erforschen und (wieder)erkennen, den ungeheuren Frevel der Apartheid, die herzzerreißende Zärtlichkeit des freigelassenen Gefangenen für jene, die im Gefängnis bleiben, den Geschmack einer indischen Süßigkeit. Ich erzähle eine Anekdote, die ich großartig finde: Sie handelt von der großen russischen Dichterin Anna Akhmatova, die 1961 gestorben ist, die das sowjetische Jahrhundert von Anfang an miterlebt hat und deren erster Mann, ein Dichter, erschossen worden ist. Der zweite Mann stirbt in der Deportation, der Sohn verbringt fast sein ganzes Leben in der Deportation. Sie stand Schlange vor den Gefängnissen von Leningrad und eines Tages erzählt sie folgendes: Sie ist in der Menschenschlange, die Leute haben Nummern, auf einmal dreht sich eine Frau, die kein Gesicht mehr hat, zu ihr um, weil die Frau vor ihr, die kein Gesicht hat, ihr sagt: Hinter ihnen ist die Akhmatova, die große Dichterin. Und die Frau ohne Gesicht sagt ihr: Könnten Sie das hier beschreiben? Akhmatova hat geantwortet: Ja. Sie hat ungefähr das gemacht, was Etty Hillesum mit Rilke gemacht hat. Ja, sie würde das Unbeschreibliche beschreiben können, sie würde diesen Leuten, die keine Gesichter mehr haben, weil sie das allergrößte Unglück erlebt haben, jenes Unglück, das uns uns selber fremd macht, das Geschenk des Wiedererkennens machen. Ich liebe es, daß sie sich getraut hat, das zu sagen, und daß sie es gemacht hat, indem sie dem Schrei, dem Schmerz den Namen gab, das Recht. So wie Etty Hillesum wiederholt: Der Himmel ist noch nicht rationiert, ich bin glücklich.

Der Schriftsteller gehört zu den Reichen

Schreiben ist dort, wo es aus ganzem Herzen geschieht, auf jeden Fall das Paradies, selbst in der Hölle. Schreiben ist immer auf eine gewisse Art gerettet sein. Der Schriftsteller gehört zu den Reichen. Das ist für mich das Problem des Schriftstellers. Denn es ist ein paradoxer Reichtum, notwendig und gefährlich zugleich. Denn der Reichtum bringt uns immer um die Schätze der Armut. Die Armen haben die Schätze derer, die fast nichts haben. Und die Armut ist ein Reichtum. Sie ist die Quelle tragischer und wunderbarer Sehnsüchte, die wir nicht haben, wenn wir reich sind. Wir haben diese Armut gekannt, sonst wüßten wir gar nicht, was wirkliche Armut ist. Wir haben sie gekannt, als wir klein waren und außerhalb von Reichtum und Armut waren, eine Zeit, in der alles kostbar war, unerreichbar, teuer, viel höher als wir. Könnten wir zu der Zeit »vor der Langouste«

zurückkehren? Ich leihe mir diese Metapher von Clarice Lispector, die, als sie einen Text über eine kleine sehr arme Frau schreibt, die fast gar nicht existiert und die in ihrem Leben niemals etwas anderes gegessen hat als ein kleines Stück Sandwich oder ein Würstchen, sagt: »Aber *ich* habe von der Languste gegessen, wie werde ich es machen, um *sie* zu verstehen?« Das ist es, unser Problem. Auch ich habe von der Languste gegessen, ich war achtzehn Jahre alt, und Gott sei Dank hatte ich daraufhin eine Magenverstimmung.

Wie soll man über jene schreiben, die nicht schreiben können? Dieses Problem müssen wir uns stellen. Wie konnte Clarice Lispector über Macabea, so nennt sie diese kleine arme Frau, schreiben? Wie macht man es, um es sich zu erlauben, über die Khmers zu schreiben? Das ist eine Frage, die für mich seit zwanzig Jahren in ihren tausend Gesichtern wiederkommt. Erst seit sehr kurzer Zeit beginne ich, ihr eine Antwort zu bieten. Es geht darum, sie reden zu lassen, die Macabeas und die Khmers. Aber wie kann man sie sprechen lassen? Wie machte ich es, daß ich meine Sprache nicht vor ihre stelle? Ich habe etwas gefunden, was mir allerdings gewährt worden ist: Das Theater hilft mir, sie sprechen zu lassen. Wie aber zum Theater kommen, wie gelingt es, die Szene zu wechseln, die Gattung, wenn man Romanschriftsteller IST?

Für mich ist das das Ende eines Lernprozesses. Ich bin nicht als Theaterschriftstellerin geboren. Ich denke, daß es mir geht, wie vielen Schriftstellern. Es ist ein gewisser Weg zurückzulegen: Das ist der Weg des ICH, man muß diesen Weg im ICH und außerhalb des ICH machen. Zum Theater kann man nur mit einem ICH kommen, das sich fast verflüchtigt hat, das sich in Raum verwandelt hat. Das ist ein ICH, dem es gelungen ist, mit den Schwierigkeiten der Welt übereinzukommen. Aber gegeben ist es nicht, man muß es bilden. Es braucht seine Zeit, scheint mir, die Zeit, welche die des ICHs ist, durch die muß man hindurch. Man muß mit diesem ICH Bekanntschaft schließen, man muß zu dem bewegten Geheimnis dieses ICHs hinabsteigen, in sein stürmisches Dasein. Diesen verschlungenen Pfad mit seinen Meandern muß man durchlaufen, bis zu den Räumen des Unbewußten, um dann aus dem Ich herauszugehen, zum Anderen hin. Das Ideal: weniger und weniger Ich, mehr und mehr Du. Das kann keine bewußte Absicht sein. Der Sinn dieses Vorgehens kommt erst im Nachhinein, aber diese Route ist unvermeidbar.

Zuerst *Drinnen/Dedans*. Der Ort, wo man mit den Mythologien Bekanntschaft macht, der Ort, wo man die Geheimnisse der Erzählungen erfährt und dafür Träume zu Hilfe nimmt. Der Ort, wo man auf die Triebe stößt, von denen Freud sagte, daß sie unsere Titanen sind. Es gilt zu schauen, was tief unten am Grund geschieht, was verdrängt ist, was uns daran hindert, zu leben oder zu denken und was immer epischer Natur ist. Doch sind das immer formlose und gefährliche Epen. Man muß zu den Ursprüngen zurückkehren, an dem Geheimnis des Ursprunges arbeiten, denn nur so wird man an den Geheimnissen des Endes arbeiten können. An der Frage »WO« zu arbeiten beginnen, »Woher kommt«, damit man dann an dem »dann« arbeiten kann. So kann man hoffen, daß man einmal zu dem Punkt der Vollendung kommt, wo das ICH sich gut hält, einwilligt, zu verschwinden, Platz zu machen, und nicht der Held der Bühne/Szene zu werden, sondern die Bühne/Szene selbst: Der Ort, der Anlaß für den Anderen.

Hier eine der schönsten Geschichten der Welt: Es ist eine Geschichte, die sozusagen nicht existiert. Sie hat mich so gereizt, daß ich ein Buch über diese-Geschichte-die-nicht-existiert geschrieben habe und ich glaube, daß sie auch in meinem Buch *Limonade es war alles so grenzenlos*, weiterhin nicht existiert. Dieser Satz, Limonade, es war alles so grenzenlos, ist von Kafka.[3] Es ist also eine Geschichte von Kafka. Eines Tages lernte Kafka jemand kennen, der einer seiner besten Freunde wurde, Oskar Baum. Oskar Baum war blind: als Kind hatte er sein Sehvermögen bei einem Unfall verloren. Er erzählt, wie er Kafka kennengelernt hatte: Er hat ihn *gesehen*. Er hat ihn *gesehen*, wie er sich vor ihm verbeugte. So als ob er jemand sehen könnte, der sich vorbeugt, um ihn zu grüßen. Ein Gruß, der übrigens ganz und gar der Gruß der Khmers ist. Und wie konnte Oskar Baum jemand sehen, von dem er gar nicht sehen konnte, daß er sich zu ihm beugte? Durch ein Wunder. Weil Kafka lange Haare trug, und da er sich tief zu ihm hinunterbeugte, berührte eine kleine Strähne seiner Haare die Stirn von Oskar Baum. So wußte Oskar Baum, daß Kafka sich sehr tief vor ihm verbeugt hatte. Er hat ihn gesehen. Das ist DIE Szene der Feinfühligkeit dem anderen gegenüber. Weil Kafka sich bei dieser Szene für den blinden Oskar Baum mit der gleichen Rücksicht verhalten hat, die er für den Sehenden gehabt, weil er die Blindheit Oskar Baums nicht festgeschrieben hatte, hat er ihm für den Augenblick eines Grußes das Sehvermögen geschenkt. Und Gott hat gewollt, daß Baum davon Kenntnis bekam: das ist einzigartig, Oskar Baum hat in seiner Blindheit Kafka gesehen, der ihn grüßte.

Aber erst dann, wenn man sich dem anderen gegenüber ganz öffnen hat können, wird die Bühne/Szene des anderen ihren Platz einnehmen und sich weit öffnen. Und diese Szene ist im Besonderen die Szene der Geschichte. Ich sage nicht, daß ich sie durch mich selbst erreicht habe. Die anderen haben mir viele Stunden erteilt.

Wendung[4]

Die erste Stunde, die mir erteilt wurde, war, daß es den *anderen, den man nicht erwartet*, gibt. In meiner Schrift erzeugt das mehrere Wendungen. Die erste Wendung war meine Begegnung mit Clarice Lispector. Zwei Leute haben mir 1977 von einer Schriftstellerin mit dem Namen Clarice Lispektor erzählt. Ich hatte noch nie von ihr gehört. Der Verlag »editions des Femmes« hatte einen Band in Vorbereitung. Ich warf einen Blick auf einige Textfragmente, ich war hingerissen, ich hatte das Gefühl, daß das ein wunderschöner Zufall war. Und dann, als ich mich mehr und mehr einlas in diesen Text, entdeckte ich eine großartige Schriftstellerin, für mich gleichbedeutend mit Kafka, mit einem *noch-mehr*: Sie war eine Frau und sie schrieb als Frau. Ich habe Kafka entdeckt und das war eine Frau. Das war zu einer Zeit, in der ich viel las und viel schrieb und mich in der Literatur ein bißchen einsam fühlte. Und plötzlich begegnete ich dieser Frau. Das war unerwartet. Das gab mir Clarice Lispector, aber auch viele andere Clarice Lispectors. Sie war meine Zeitgenossin. Sie war da und ich hatte es nicht gewußt! Wenn sie existiert, so hieß das, daß noch viele andere auch existierten. Ich war wie ein Entdecker, der sich sagt: Es gibt zumindestens 10 Amerika. Ich habe also die Hoffnung des Wartens wiedergefunden, ich konnte unendlich lang warten. Wie Mandelstam es gesungen hat: Wenn man eine Flasche mit dem Brief eines Dichters ins Meer wirft, wenn eine Hand ausgestreckt würde, wird etwas geschehen, man wird den anderen erreichen und andere werden kommen. Dieses Gesetz der Begegnung und der erhebenden Freundschaft ist mir geblieben. Seitdem hoffe ich immer noch, Unbekannte zu entdecken. Inzwischen habe ich welche entdeckt, aber es gibt noch andere. Das erinnert mich daran, daß *es das Versprechen gibt.*

Wenn es den anderen einmal gegeben hat, wird es ihn wieder geben, gibt es ihn woanders. Es ist wesentlich, das zu wissen.

Und die Geschichte?

Nach der anderen Schrift, dem anderen Denken, gibt es alle anderen und im besonderen die, die am unmittelbarsten anwesend sind und am schwersten zu erreichen, die Völker. Und die Geschichte? Entsetzliche Frage, die mich ohne Unterlaß verfolgt. Eine lange Zeit hindurch klang sie für mich wie das Echo einer Schuld. Ich fühlte mich nicht schuldig, aber ich war es oder zumindest war ich nicht schuldig und fühlte mich so usw. Mein Schamgefühl formulierte ich und dann verwarf ich es: Du schreibst, wenn man stirbt. Meinen Weg begleiten die Phantome der Völker. Durch alle meine Texte hindurch sind sie da. In manchen Augenblicken wurde ich von Vietnam verfolgt, dann von Griechenland, dann vom Iran... Meine Texte sind voll von all diesen Völkern, die litten, fielen oder sich wieder aufrichteten. Welche Geschichte ist die Meine? Von welcher Geschichte bin ich Zeugin? Wie kann man Geschichte und Text vereinen? Welche Geschichte die meine ist, weiß ich nicht. Als Jüdin vielleicht die jüdische Geschichte, aber ich weiß nicht recht, welche und wie. Ich habe darauf zuerst eine Antwort gegeben, die der Zeit angepaßt ist und mich in einem bestimmten Augenblick als »juiffemme« (»jüdische Frau«) bezeichnet, weil das das Einfachste war und das Wahrste. Man kann von den Skandalen unserer Zeit nicht nicht sprechen. Man kann nicht sich nicht für eine Sache einsetzen. Man kann nicht nicht von einer Treuepflicht aufgerufen werden.

Es hat sich so gefunden, daß ich mich in einem bestimmten Augenblick meines Lebens mitten in der Geschichte der Frauen befunden habe. Dort war ich nicht, als ich 1966 zu schreiben angefangen habe. 1968 gab es die Explosion der Geschichte der Frauen, ich hatte daran nicht Teil. Dann konnte ich von einem bestimmten Moment an nicht mehr nicht dabei sein. Es war unmöglich für mich, dem nicht Rechnung zu tragen; nicht davon zu sprechen war mir moralisch und politisch unmöglich und so habe ich mich plötzlich dort befunden und mich so weit wie möglich vorgewagt.

Aber auf dem Gebiet der Frauen ist nichts theoretisierbar. Keine Wissenschaft kann darüber etwas sagen. Das einzige, was man sagen kann, ist, daß es der Schrift möglich ist, zwar nicht etwas darüber zu sagen oder zu theoretisieren, aber zu spielen und davon zu singen. Einen Diskurs darüber zu führen, heißt von der Reduktion der Theorie befallen zu sein. Sobald man »Frau spricht« zu Ihnen, müssen Sie *antworten/sich verantworten*, so antworten, als ob es eine Anklage wäre. Gleichzeitig habe ich immer so geantwortet, daß es für mich am wenigsten schlecht war, obwohl ich genau wußte und akzeptierte, daß damit ein Verlust an Ewigkeit, Unbestimmtem, Unbegrenztem verbunden war.

Frau sein beweist sich nicht, das muß man spüren, das müssen auch die anderen spüren, das ist Lusterleben/Lust erleben. Nur kann man davon keinen Beweis erbringen, »man kann keinen Existenzbeweis von dem geben, was *wahrer* ist«, und wie Clarice Lispector sagen würde, »Geschicktsein, das ist glauben, glauben, auch wenn man dabei weint«. Ich glaube, daß manche glauben und manche leben und andere nicht. Ich glaube auch, daß es zwischen denen, die leben und denen die spüren und denen, die nicht spüren, nicht leben, keinen Übergang gibt. Nur die Liebe. Die, die leben, können sich derer bemächtigen, die nicht leben, und sie stark genug lieben, um sie dazu zu bringen, zu leben, aber das ist ein ganz persönliches Werk und verlangt viel Zeit.

Ja, ich bin Frau, ich bin mit der Treue zum Ursprung verbunden, zum Nächsten. Ich bin Mutter, Tochter, ich kann nicht aufhören, Frau zu sein. Ich sage es, wie in meinem Stück Prinz Sihanouk sagt: Ich kann nicht aufhören, Kambodscha zu sein. Man entkommt dem nicht. Und von einer Treue zur anderen versteht man sich gar nicht so schlecht, wie von Unterschied zu Unterschied, wie Fremde einander ähnlich sind, wie man sich von einem Gefühl zu einem Gefühl des Unterschiedes verstehen kann, selbst in einer fremden Sprache. So bin ich von Unterschied zu Unterschied zu etwas gekommen, das sich scheinbar sehr von dem unterscheidet, was ich bis jetzt gemacht habe: Zur Bühne/Szene des Theaters, zur Szene der Geschichte.

Ich habe immer gedacht, daß die Geschichte im Text nur poetisch beschrieben werden müßte (es sei denn, man ist Historiker), daß sie gesungen werden müßte, daß sie ein Epos sein müßte, wie die Ilias. Die Geschichte mit ihrer menschlichen Gestalt, dem Schicksal. Aber hat das Epos heutzutage noch ein Bürgerrecht? Im Theater, ja. Das Theater ist noch ein Ort, wo es das Epos gibt, wo es noch das gibt, was man Legende nennen könnte.

Und die anderen treten auf

Meine zweite Begegnung war mit dem Theater, und diese Begegnung ist vielfältig. Das Theater ist der wunderbarste Ort für jemand der schreibt: Es ist wirklich für das Begehren des anderen, für das Begehren aller anderen der *unmittelbarste* Ort. Ich denke an Zeami, den großen weisen Theoretiker des Nô. Ein Japaner, der im 14. Jahrhundert gelebt hat. Sein Buch lehrt alle Geheimnisse dieser Kunst, die aus der Kunst des Textes, der Kunst des Körpers, der Kunst zu leben gemacht ist. Teil des Nô ist die *Kunst des Zuschauers*. Ein Zuschauer zu sein. Auch, dem Zuschauer gut zu tun. Es gibt ganze Kapitel von Zeami, die sehr genau und ins Detail, echt japanisch, die Arbeit beschreiben, die die Truppe, der Schauspieler, der Regisseur mit dem Zuschauer machen muß. Es ist eine Arbeit der Aufmerksamkeit und des Empfangens. Sie sagt euch: je nach dem Zustand des Zuschauers, spürt man sofort, ob sich etwas ereignen wird, und das Nô wird darauf hin anders gespielt. Wenn der Abend weit fortgeschritten ist, zum Beispiel, muß man heiterer und weicher sein, man muß die Leute aufwecken, man muß sogar den Text verändern und man entdeckt, daß das Nô das Publikum auf sehr intensive Weise miteinbezieht: In Wirklichkeit ist das Publikum am Werk. Das genau ist es, das Theater: Das Begehren aller anderen. Das Begehren aller Figuren, das Begehren des Publikums, das Begehren der Komödianten, das Begehren des Regisseurs, der anderen, die wir sind. Und um das zu erreichen, muß man zu diesem Zustand der »Ent-ich-ung«/démoisation, diesen Zustand des Ohne-ich, der Enteignung vom Ich kommen, der die Aneignung der Autorin durch die Figuren möglich machen wird. Diese erschütternde Erfahrung hat die Autorin gemacht. Als ich das Stück »Die schreckliche aber unvollendete Geschichte von Norodom Sihanouk, König von Kambodscha« schrieb, wurde ich plötzlich überfallen von einem ganzen Volk und ganz bestimmten Personen, die ich überhaupt nicht kannte und die für alle Ewigkeit meine Nächsten wurden. Ich habe dann festgestellt, daß genau das sonst dem Schauspieler passiert. Der richtige Schauspieler ist jemand, dessen Ich genügend zurückgezogen, demütig genug ist, um zu ermöglichen, daß der andere ihn überfallen und besetzen kann. Er macht dem anderen auf beispiellose Weise Platz.

Geburt der Personen

So kommen mir meine Personen. Zuerst werden sie geboren. Sie werden aus der Brust geboren. Aus schwerem Herzen.

Sie sind zuerst nichts anderes als ein Satz, ein Seufzer, ein Lächeln, ja, genauso stellen sie sich mir vor. Und drei Antworten später, existieren sie auf einmal ganz, stehen sie aufrecht da, mit all ihrem Schicksal, ihrer Geschichte, mit ihren Sorgen, ihren Hoffnungen, ihren Sprachen, ihrer Art, die Welt zu denken.

Und darüber werden sie mir zu Nächsten, meine zusätzliche Familie. Man könnte glauben, daß sie in die Einbildung zurückkehren werden, von der sie kommen. Keineswegs. Sie bleiben und mischen sich unter uns, sie werden wie die ehemaligen, realen Lebenden, die, sobald ihr Leben zu Ende ist, sich für immer in unser Gedächtnis zurückziehen.

Das, dieses Überleben, verdanken wir den Schauspielern. Das Leben, das sie der Person gegeben haben, kann ihr niemand wieder wegnehmen. Das ist wie die Mutterliebe, das absolut Gegebene. Aber eine nicht geliebte Person, die, die von ihrem mütterlichen Verteidiger, dem Schauspieler vor dem Publikum wie vor den Göttern nicht adoptiert worden ist, kehrt in den Vorhimmel zurück. Die Schauspieler sind Mütter. Und die Mütter sind gut oder schlecht, wie üblich. Manche verteidigen ihre Kinder aus Liebe, manche aus Stolz, wie in der Geschichte vom Urteil des Salomon. Eine Person, die aus Liebe verteidigt worden ist, erkennt man sofort. Denn sie wird das Kind von allen, sie geht lächelnd, vertrauensvoll, mit unschuldigem Schritt an das Publikum heran, weil sie alle liebt.

Die erste Person der *Schrecklichen Geschichte von Norodom Sihanouk*, die mir aus dem Herzen kam, war König Suramarit. Tot und voller Leben und sofort durch seine außergewöhnliche Vitalität hervorstechend. Er war der erste und ich wußte sofort, daß er immer da sein würde, am lebendigsten, treuesten, unsterblichsten, am großzügigsten, kurz, ich liebte und brauchte ihn.

Dann sind die Gedanken gekommen, meine und die der anderen. Meine? Ich habe gedacht: Das hier ist der Fährmann, der Vater und der Zeitgenosse der Toten und der Lebenden, der Wächter, wahrer König des Theaters, der bei seinem Auftritt, den Kampf zwischen dem Geist der Legende und dem Geist des Realismus aufhebt. Und der unserem ältesten Begehren Rechnung trägt: durch den Tod durchzugehen – aber lebendig.

Andere haben gedacht: Den erkenne ich. Das ist König Hamlet, der Vater von Hamlet!« Daran habe ich nicht einmal gedacht. Dafür aber: »Das ist erneut mein Vater. Das ist schon er und das ist ganz normal so. War er nicht die erste Figur meiner Romantexte gewesen, der Held von *Dedans/Drinnen*m und hatte ich ihn da nicht angefleht, vom Tode zurückzukommen?«

Er kommt also zurück, um mir das Buch des Theaters zu eröffnen. Die Toten in Fleisch und Blut, Haut und Knochen, das war mein Kindheitstraum, mit dem ich gegen das Elend der armen, nackten Gebeine kämpfte. Das Theater realisiert meine archaischsten Träume...

Gute und Böse

Im Theater ergreift die Autorin für niemanden Partei, es sei denn, für das Theater selbst (oder für Gott oder die menschliche Wahrheit). Und die menschliche Wahrheit ist: das Gute und das Böse. Im Blick des Theaters hat jeder die gleichen Chancen.

In meinem Stück gibt es hassenswerte Gestalten. Der Haß treibt sie an. Was weiß ich von Haß? Das, was mir die unruhige und vertrauensvolle Liebe zu leiden und zu entdecken gab. Wie jedem.

In Wirklichkeit habe ich es nie ertragen, diesen hassenswerten Menschen zu begegnen. Aber in Wahrheit ließ ich zu, daß sie über mich hinweg ihre Schlechtigkeit auslebten.

Grausamkeit. Das Theater ist immer auf grausame Art großartig oder grausam, paroxystisch. Es gibt uns die Chance, die Grausamkeit, die ein Teil der Existenz ist, kennenzulernen. Man braucht Mut, um sie zu sehen. Und um sie zu zeigen. Und gerade das ist die Aufgabe des Schauspielers.

Zärtliche Grausamkeit des Schauspielers für sich selbst. Auf daß er hinter sich selbst zurückgehe, sich selbst so weit vorausgehe, durch den Dschungel des Seins, um die Figur zu finden und um sie aus der Nacht in das Leben, auf die Bühne zu bringen.

Sich vom anderen besitzen zu lassen, als ob der Körper ein schwindelerregendes, ausgedehntes Herumirren auf der Suche nach der eigenen Person und schließlich nach dem eigenen anderen Namen wäre. Welch erschrecktes Glücksgefühl, wenn er sich als anderer findet. Und genau diesen Weg macht die Autorin auch durch: Ich finde meine eigene unsicher schwankende Reise in der der Schauspieler wieder.

Akrobaten gleich springen die Schauspieler über die Leere, die ich hinter mir zurücklasse. ‚Eine solche Loslösung von sich selbst, nur damit man den anderen erreichen kann, dem man sich ganz und gar zur Verfügung stellt, ist eine Art von Heiligkeit. Der Schauspieler hat immer etwas von einem Heiligen, von einer Frau an sich: Man muß ihm das Leben geben, indem man sich selbst zurückzieht. Übrigens ist alles *Frau* im Theater: Frau, jene, die das Stück auf die Bühne bringt, Frau jene, die die Personen *und* die Schauspieler zur Welt bringt.

Wird sich die Autorin Hélène Cixous ihrer Heiligkeit rühmen? Nein. Denn die Autorin verliert ein Ich und vervielfältigt sich in zwanzig Personen, berauschender Trost. Der Schauspieler ist ein Heiliger. Der Schauspieler, der oft mit einer einzigen Figur die Rollen tauscht. Das heißt wirklich, ein Leben verlieren und ein anderes ertragen. Und der Regisseur ist es, der den Figuren die Welt gibt und sich in reinem Raum auflöst.

Frauen und Männer

Was die Personen meiner Romane anlangt, habe ich es nie gewagt, einen wirklichen Mann zu schaffen. Warum? Weil ich mit dem Körper geschrieben habe und weil ich eine Frau bin und ein Mann ist ein Mann und von seinem Lustempfinden weiß ich nichts. Und ein Mann ohne Körper und ohne Lust – das geht nicht. Und die Männer im Theaterstück? Das Theater ist nicht die Szene sexuellen Lusterlebens. Romeo und Julia lieben einander, aber lieben sich auf der Bühne nicht. Sie singen es. Im Theater singt das Herz, die Brust öffnet sich, man sieht, wie das Herz zerreißt. Das Herz des Menschen hat kein Geschlecht. Das Herz fühlt in der Brust eines Mannes genauso wie in der einer Frau. Das bedeutet nicht, daß die Figuren halbfertige Geschöpfe sind, die bei der Gürtellinie aufhören. Nein, unseren Geschöpfen fehlt nichts, weder der Penis noch die Brüste, weder die Nieren, noch der Bauch. Aber das brauche ich nicht zu schreiben. Der Schauspieler und die Schauspielerin geben uns ja den ganzen Körper, den wir dann nicht zu erfinden brauchen. Und alles ist erlebt, alles ist wahr. Das ist das Geschenk, das das Theater der Autorin macht: Die Inkarnation. Dem männlichen Autor gestattet es, Frauen zu schaffen, die nicht künstlich sind, und dem weiblichen Autor, gibt es die Chance, Männer von perfekter Gestalt zu schaffen!

Die Zeit des Theaters: Die Dringlichkeit

Die Entdeckung der Zeit des Theaters ist wesentlich für jemand, der, wie ich, lange Zeit Romantexte geschrieben hat. Meine Texte sind Wandteppiche, die horizontal gewebt werden: das Besondere dieser Texte liegt darin, daß sie ihre Zeit brauchen, um sinnvoll zu werden, ja daß sie manchmal den Sinn in einer Art Nachhinein sehr weit weg schieben. Das Buch hat ja genug Zeit, die ganze Ewigkeit liegt vor ihm. Der Leser kann das Buch eine Nacht lang, ein Jahr lang fallen lassen. Es gibt eine absolute Freiheit, beim Lesen des Textes, die auch eine Grenze darstellt.

Im Theater unmöglich. Das Theater schreibt sich in der Vertikalen. Hamlet tritt auf und man hat nicht eine Minute, man hat zehn, dreißig Sekunden, in denen alles geschrieben werden, alles gehört werden muß. Das Theater ist Ungeduld. Das Theater schreit: Schnell, schnell. Die Stücke von Shakespeare sind deshalb so großartig, weil sie von der Ungeduld mitgerissen werden. Kleopatra ist die Ungeduld selbst.

Statt des Beginns, der nicht aufhört zu beginnen und der immer beginnen möchte, was die dem Text eigene Gangart ist, »Eins, zwei, drei Feuer!« im Theater.

Als ich noch lernte, kam ich manchmal nicht wie der Blitz herein, weil ich noch auf der Seite des Romantextes dahinschlenderte. Ich begann zu weit weg, hinter dem Vorhang. Die Zeit des Theaters aber findet *davor* statt, im engen Raum der Bühne/Szene, die fast »Zen« ist, so sparsam ist sie. *Die Zeit ist auch Raum.*

Die Schrift des Theaters muß »Zen« sein. Sie muß äußerste Verdichtung sein. Man darf weder Zeit noch Blicke verlieren. Kein Umweg ist gestattet. Keine Kulissen. Der Raum muß nackt sein. Die Bühnen mit Kulissen sind Bühnen, in denen sich der Blick verliert, trügerische Bühnen, die das Auge täuschen und damit den Verstand, wo man *dorthin* schaut, wo sich doch alles *hier* abspielt. Der Blick des Zuschauers muß direkt zum Herzen des Schauspielers gehen. Und jeder Satz muß es möglich machen, zum Herzen des Schauspielers zu kommen.

Das Theater ist eine ewige, doch äußerst sterbliche Gattung. Wer es lebt, weiß, daß es *enden wird.* Man lebt sein Leben, seinen Tod unmittelbar. Deshalb die Leidenschaft und die Ethik. Die Autorin muß auch akzeptieren, daß sie sterblich ist, und zwar mehr als je, und auf verschiedenste Art. Zuerst einmal lernt die Autorin ihre Grenzen kennen: Sie ist nicht Gott, sie ist nur ein Halbgott. Das bedeutet, daß sie nur ein halbes Werk schreibt. Sie schreibt etwas und wartet dann auf ihren anderen, wie eine Seele, die auf ihren Körper wartet. Sie wartet darauf, daß der andere Teil des Theaters zu ihr kommt, der Teil des Stückes, der ihm von den Schauspielern gegeben wird. Das hemmt die Besitzgier der Autorin und das ist auch gut so. Hingegen wird die Sehnsucht nach Freundschaft entwickelt. Und dann lernt man auch ein *Buch mit vier Versen* zu schreiben. Das ist, glaube ich, der Traum eines jeden Autors: »Eines Tages schreibe ich ein Buch mit vier Versen.« Eines Tages, am Letzten, werde ich das Buch der drei Worte schreiben. Manche Dialoge des Theaterstückes beinhalten ein Buch, diese Kunst ist wunderbar. Eine Askese: Von einem Buch habe ich nur drei Atemzüge behalten: Das ist von einer orientalischen Schamhaftigkeit.

Die Reise nach Oriant / in den Orient

Ich werde jetzt eine Frage beantworten, die mir tausend Mal gestellt wurde: »Warum habe ich ein Stück über Kambodscha geschrieben? Warum gibt es Kambodscha in meinem Schreiben und warum spreche ich nicht von Frauen sondern von Kambodschanern?« Ich habe schon tausend Mal so ernst wie möglich geantwortet. Dann kommt mir plötzlich eine andere Antwort, die letzte und die, an die ich nicht gedacht hatte. Sie heißt, ORAN (auf französisch genauso ausgesprochen wie Orient). Hätte mich das Geheimnis der Gattungen eingeholt? Ich bin jetzt wieder im Gold/OR, im Orient, in einem ORAN, das sich ein bißchen erweitert hat. Warum Asien, warum der Orient/Orient (auf deutsch andere Aussprache, daher ist es besser, jeweils das französische und das deutsche Wort zu sagen, beim Vortrag). Weil das nicht ich bin, weil das ich bin, weil die Welt anders ist, als ich, mir mein ich, meine Differenz lehrt, mir ihre/meine Differenz spüren läßt. Und auch deshalb, weil Asien in seiner Seele religiös ist, weil man sich grüßt, indem man die Hände faltet, weil es ähnlich ist, weil es bewahrt, weil es tötet, weil es arm ist und weil es reich ist, weil es schwarz ist vor dem farblosen Weiß, weil es unsere Urgeschichte ist, unsere gegenwärtige Vergangenheit. Weil es Masken gibt: In Asien glaubt man an Masken, an das Gesicht als Seele, an den anderen. Weil die Frauen in Asien weiterhin etwas tun, sich vorwärtsbewegen, mit der langsamen Anmut der Flüsse, weil sie weitermachen. Das ist eine Realität, die milliardenfach existiert. Weil es soviel Tod gibt und deshalb soviel Leben.

Bevor ich ein Stück über Kambodscha schrieb, hörte ich, daß die Dichter, die mir am liebsten sind, sagten: »Das Leben ist orientalisch«. Clarice Lispector sagt das, Hesse sagt das und Hofmansthal. Sie wußten immer schon, daß das Leben orientalisch ist. Es ist langsam und es setzt sich zusammen wie ein Blumenbouquet, welches weder notwendig noch nützlich ist. Und dann gibt es in Asien den Hunger. Des Hungers ermangeln, »nach der Languste« sein, ist eine Gefahr für unsere Gesellschaft. In Asien verehrt man die Frucht und das Korn, aus dem alles beginnt, einschließlich der Liebe, der Schrift und des Theaters.

Warum Kambodscha? Aus Sorge um das Prekäre. Prekär ist das, was man mit dem Gebet zurückhalten, erhalten kann. Diese letzteren Überlegungen widme ich den Kambodschanern in den Flüchtlingslagern. Sie sind prekär, sie leben in prekären Hütten aus Stroh und Bambus, welche wahre Häuser der Liebe und des Tanzes sind, Kanonen und den Tod vor sich, im Exil, Kunstwerke aus Leichtigkeit und Treue. Ich widme sie diesen Kambodschanern, die wir in den Lagern getroffen haben, Flüchtlinge und Widerstandskämpfer, die für eine Kunst und eine Kultur kämpfen, die vom Aussterben bedroht ist, wo die Kinder der Khmers, die in den Lagern geboren sind, und niemals etwas anderes gesehen haben, als die Zäune des Lagers, den Tanz der Ewigkeit lernen.

Und dann gibt es einen Mann, den ich in diesen Lagern kennengelernt habe und an den ich mich jetzt erinnere. Er heißt Pierre, es ist ein alter Mann, ein Heiliger. Er schaut aus wie eine Heuschrecke. Heuschrecke auf brasilianisch ist »Espéranca«. Die Sprachen sind großartig. Eine Heuschrecke ist wie Espérance/Hoffnung und Hoffnung/Espérance ist wie eine Heuschrecke, das sind subtile Tiere, die man mit der Natur verwechselt, weil sie durchsichtig und grün sind und weil man durch sie hindurch das Grün der Natur sieht. Sie sind fast unsichtbar, aber sehr lebendig. Dieser Heilige, der sich schon seit fünf oder sechs Jahren um die Kambodschaner in den Lagern kümmert, der jeden Tag andere Tränen findet, die er mit ihnen weint, ist die Hoffnung/Espérance. Und das war auch das Wort, das er im Munde führte. Das ist das erste Mal, daß ich jemanden dieses Wort sagen und gleichzeitig mit soviel Tränen und soviel Schönheit erfüllen hörte. Er selbst ist so zart, so zerbrechlich, er teilt und gibt im Überfluß viele Tränen der Liebe. Er gibt dem Wort »Hoffnung« das bißchen Fleisch auf seinen Knochen. Er rettet dieses Wort, wie die Tänzerinnen den Tanz retten. Vielleicht ist das ein anderer Name für die Schrift, dieser Name Hoffnung. Mit diesem Namen führt sie uns über uns selbst hinaus.

HÉLÈNE CIXOUS

Übersetzt von Karin Rick

1 ▪ Clarice Lispector, in: Para naõ esquecer, Ed. Aticá, Saõ Paolo, 1978
▪ Anm. d. Hg.: Bei der Übersetzung des Textes habe ich mich an die französische Version von Hélène Cixous gehalten.

2 ▪ Korrespondenz zu Dritt – »Correspondance à trois«, Rilke, Pasternak, Zwetajewa, Gallimard, 1983

3 ▪ Das ist kein Satz des Schriftstellers Kafka, sondern des Menschen, Franz, der keine Bücher mehr schrieb, in Agonie lag und nur mehr kurze, wunderbare Botschaften des Lebens verfaßte, Lebens-sätze, Blitze aus der Ewigkeit. Es ist ein letzter Satz. Vielleicht der letzte. Seine Reinheit, die zugleich symbolisch und konkret ist, machen aus ihm eines der schönsten Gedichte der Welt. Und trotzdem war das kein Gedicht. Ein Seufzer nur. Und zur gleichen Zeit das Bildnis des Bedauerns.

4 ▪ Diesen Titel habe ich mir von dem wunderbaren Text Rilkes geborgt.

Auszüge aus der *Diskussion mit Hélène Cixous*

ZUHÖRERIN 1: Wenn Sie davon sprechen, daß man als Schriftsteller die Stimmen der anderen sprechen lassen soll, glauben Sie, daß in dieser Hinsicht die weibliche Kreativität von der männlichen, jetzt auf den Narzißmus bezogen, verschieden ist?

CIXOUS: Wir werfen da Probleme auf, die sehr heikel zu beantworten sind. Ich werde sagen, was ich denke, und was ich in meinem Vortrag gesagt habe, glaube ich wirklich, aber auf diesem Gebiet darf man auf keinen Fall theoretisieren. ICH glaube also, daß es stimmt, daß das Mütterliche in der Frau sie viel eher fähig macht, »der andere zu sein«. Wenn ich dabei vom Theater spreche, so soll das nicht heißen, daß es im Mann nichts Mütterliches gibt. Nur hat die Frau eine größere Chance, als der Mann, Mütterliches zu haben. Meine Erfahrung des Theaters hat mir gezeigt, daß die begabtesten Schauspieler, Regisseure, und das ist ein Beispiel aus der Praxis, die sind, die zur »Weiblichkeit fähig« sind. Sie verdrängen den Teil der Weiblichkeit nicht, der auf jeden Fall in jedem Menschen ist. Was heißt das? Wir haben auf jeden Fall einen gewissen schlechten Narzißmus zu bekämpfen, den defensiven Narzißmus, der uns verschließt. Ich frage mich jetzt, ob ich für das, was ich »Tugend« nenne, nämlich die Fähigkeit, sich dem anderen zu öffnen, ob ich da nicht oft den Begriff »Weiblichkeit« als Metapher verwende. Aber vielleicht nur aus Vorsicht und aus Bescheidenheit. Ich würde sagen, »ja, die Frauen sind eher fähig, der andere zu sein, als die Männer.« Das ist aber kulturell bedingt. In der Theatergruppe des »Theatre du Soleil«, mit der ich arbeite, gibt es 30 Schauspieler, darunter 20 Männer, ich beobachte, wie sie arbeiten und ich bewundere, bewundere wirklich jene, die am bescheidensten sind. Die sind übrigens auch die besten. Es sind die, die am ehesten dazu fähig sind, sich aufzugeben, sich nicht zu schützen also. Die, die in der Figur, die sie spielen, völlig aufgehen, als Person verschwinden.

ZUHÖRERIN 2: Ich möchte Sie fragen, ob das Theater das richtige Medium ist, für ein Volk wie die Khmers einzutreten, ob es nicht eher der Film ist oder ein anderes Medium.

CIXOUS: Diese Frage ist berechtigt. Ich kann nur aus eigener Erfahrung antworten. Das Theater ist tausendmal unmittelbarer wirksam, als jede andere Kunst. Unter der Bedingung, daß das Werk gelungen ist. Als ich ein Stück über Kambodscha schrieb, war ich nicht sicher, ob ich Erfolg haben würde oder nicht. Ich selbst würde übrigens nicht sagen, ich habe Erfolg gehabt, aber es gab 150 000 Menschen, die zu dem Stück gekommen sind, darunter waren immerhin Tausende Kambodschaner. Wenn die Kambodschaner mir gesagt hätten, »Sie haben uns verraten«, hätte ich sie auf Knien um Verzeihung gebeten. Es war ein Risiko. Aber um die Wahrheit zu sagen, habe ich sehr viel daran gearbeitet. Ich war in den Lagern, ich habe daran gearbeitet, ihre Seele kennenzulernen. Ich habe nicht die Arbeit einer Journalistin gemacht. Der Journalismus, das Fernsehen, Dokumentationen und alle anderen Informationsmittel schirmen einen davon ab, die Realität zu sehen, weil wir nur mehr flache Bilder sehen, ohne Körper, ohne Leiden, ohne darauf reagieren zu können. Das Theater ist so fleischlich, daß es, wenn es ehrlich ist, mehr als alle anderen Medien berührt. Es gibt Filme – und ich habe selbst welche über Kambodscha gesehen – die einen sensibilisieren, aber wir sprechen hier wirklich über die Frage des Unterschieds zwischen zwei Kunstformen, die jede ihre eigene Notwendigkeit haben.

ZUHÖRERIN 3: Sie haben über die Fähigkeit gesprochen, mütterlich zu sein, und meine Frage wäre, ob da ein Zusammenhang besteht, zwischen der weiblichen Sexualität und der Kreativität.

CIXOUS: Ja. Ich glaube, das ist eine Frage des Lustempfindens. Schaffen ist etwas Erschreckendes und gleichzeitig mit unermeßlicher Freude verbunden. Rilke sagt, daß jeder Engel schrecklich ist, und ich sage, er ist zugleich voller Lust. Ich glaube, daß das weibliche Lustvermögen, welches vom männlichen verschieden ist, sicher in Beziehung steht zur Produktivität und zur Kreativität. Ich werde etwas Angenehmes sagen: eine Frau, die wirklich Lust empfindet, ist schon dabei, etwas zu schaffen. Es genügt also, daß eine Kunst da ist, die Malerei, die Schrift, der Film, oder einfach, die Kunst, Kinder zu bekommen, und die Frau ist schon kreativ. Das Empfinden, kreativ zu sein, wenn man gebiert, zum Beispiel, ist eine Erfahrung, die die Frauen, aber auch die Künstler machen. Die Schwangerschaft einer Frau dauert 9 Monate, die des Künstlers kann viel länger sein, ist aber genau gleich. Die Männer haben zumindest die Erfahrung der zweiten Schwangerschaft.

ZUHÖRERIN 4: Ist denn das »Du« nicht noch immer zu persönlich, wenn man schon davon ausgeht, daß das »Ich« des Autors verschwindet und zum »Du« wird?

CIXOUS: Die Frage ist treffend. Aber sagen wir, daß in der dritten Person eine Art... wie soll ich sagen, ich mag das »du«, denn für mich steht es für »Liebe«. Das bedeutet nicht »Unterwerfung«. Es kann ein »du« und »Liebe« geben, ohne daß sich eine Liebesbeziehung dabei entspinnt, die Unterwerfung bedeutet. Die dritte Person ist ja doch ziemlich fern.

ZUHÖRER 1: Eine Frage zum Theater. Ist es wirklich nur im Theater möglich, das andere Geschlecht zu erschaffen?

CIXOUS: Was die Welt der Schrift, der Literatur betrifft, für mich, ja. Dabei möchte ich noch einmal sagen, daß das alles subjektiv bleibt. Ich denke, daß die Frauen über Frauen sprechen können, die Männer über Männer, ich glaube nicht, daß ein Mann, so genial er auch sein mag, über die Sexualität, das Lustempfinden einer Frau schreiben kann – jetzt auf Romane bezogen. Vielleicht schwindle ich jetzt auch, aber ich glaube an das, was ich sage. Was eine Frau z. B. von der männlichen Lust weiß, ist letztendlich das, was sie davon mitbekommt, und nicht das, was er empfindet.

ZUHÖRERIN 4: Glauben Sie, daß eine Frau genau das erkennen kann, was eine andere Frau als Lust empfindet?

CIXOUS: Das ist eine Frage der Intuition und der Erfahrung. Ich glaube, auch ohne Erfahrung der Homosexualität, kommunizieren die Frauen mit Intuition sehr gut miteinander. Wenn man nicht miteinander kommuniziert, kann man die Erfahrung der Homosexualität machen, dann weiß man sehr genau, was im Körper einer Frau vorgeht. Und ist das dann das Gleiche? In der heterosexuellen Beziehung empfindet man einmal seine eigene Lust, und von der Lust des Mannes weiß man nur das, was auf den eigenen Körper übergeht. Es geht hier um zwei verschiedene Dinge. Wie kommuniziert man eine seltene Erfahrung und andererseits die Frage der Homosexualität. Wenn ich eine seltene Farbe sehe, und die Empfindung mitteilen möchte, die ich bei ihrem Anblick habe, entdecke ich die Notwendigkeit der Poesie. Sie mitzuteilen ist eine Arbeit, aber eine künstlerische. Vielleicht wird diese Arbeit, dieses Sich-Mitteilen dadurch beschleunigt, wenn es einen gemeinsamen Ausgangspunkt gibt, eine gemeinsame, sexuelle oder kulturelle Identifikation. Aber ich sagte auch vorhin, daß Frauen, auch ohne den Umweg über die homosexuelle Praxis, wissen, was die Frauen sind, wie sie empfinden, das ist kulturbedingt. Aber die Kultur gestattet den Frauen ebenso, nicht gerade einen sexuellen, aber einen körperlichen Kontakt zueinander zu haben. Ich spreche als Europäerin. Bei uns können Frauen einander berühren, sich küssen, einander spüren. Die Männer berühren einander nicht. Ich sage das, weil es eine Art latenter Homosexualität gibt. Ich war in der letzten Zeit sehr oft in Indien und war überrascht, zu sehen, daß die Männer dort eine sehr starke körperliche Beziehung zueinander haben. Sie schlafen umschlungen, sie wissen mehr voneinander. Für uns wären das Homosexuelle. Dabei sind sie es nicht – und sind es doch. Ich will damit nur sagen, daß wir ohne Körper nicht weiter kommen und in unserer Kultur verdrängen wir den Körper immer noch.

Zuhörer 2: Zu einem so poetischen Vortrag etwas zu sagen, ist sehr schwierig, aber ich glaube, ich habe bemerkt, was man mit einem Rede-und-Antwort-Spiel, wie es sich hier entwickelt hat, auch im Deutschen auszudrücken probieren kann. Vielleicht ist es so, daß Geschlecht und Geschichte nicht nur ähnlich zu behandeln wären. Mich hat am meisten interessiert, oder elektrisiert an dem Vortrag, diese Annäherung an das Problem, wie man sich seiner eigenen Geschichte versichert, und daß es sehr vieler kultureller, sexueller und sonstiger Erfahrungen bedarf, um zu dem Punkt zu kommen, sagen zu können, jetzt gehöre ich hier dazu. Und ich habe den Eindruck, daß dieses Problem auch die Frage berührt, wie man sich dem eigenen Geschlecht annähert. Ob man sich homosexuell empfindet, obwohl man's nicht ist usw. alle Fragen, die zum Schluß gekommen sind, und ich glaube auch, daß das etwas ist, was man nicht verordnen kann und wo sehr viele persönliche Erfahrungen dazu kommen, wie zum Beispiel, daß selbstverständlich auch Männer vor Sehnsucht nach Kindern weinen können.

Cixous: Ich bin ganz und gar mit Ihnen einverstanden. Und zu Beginn meines Vortrags, der eigentlich kein Vortrag, sondern eine vertrauliche Mitteilung war, habe ich genau das gesagt, woran ich glaube, ganz einfach, weil ich seit 20 Jahren daran wirklich tagtäglich denke und arbeite, und ich sage heute Dinge, die ich vor 5 Jahren noch nicht wußte. Ich bin einen weiten Weg gegangen und habe, was ich dachte, sehr oft verändert. Ich denke, daß, selbst wenn wir miteinander diskutieren, es Unterschiede in allem gibt, im Geschlecht und auch im Alter, der Zeit, in der Erfahrung, den Reisen, und wir brauchen das alles. Ich habe vorhin auch von Indien gesprochen und kann nur sagen, Indien hat mich sehr viel gelehrt – und das gerade wegen der bestehenden Unterschiede.

EVA MEYER

Die Autobiographie des Weiblichen

EINE AUTOBIOGRAPHIE, die sich weiblich nennen würde. In ein und derselben Geste der Benennung sowohl das Genre als auch das Geschlecht vorgäbe. Das hieße alle transzendentalen oder wesentlichen Ansprüche des Eigennamens zurückweisen, in einer Geste, die seine Unmöglichkeit zugibt: die Unmöglichkeit der Autorität eines ungeteilten Titels, des Begehrens, das eigene Begehren das Begehren einer Frau zu nennen, diese unmögliche Geste der Aneignung des Anderen. Welche Praxis auch immer der Name »weiblich« als eigen autorisieren würde, kann daraus keine Politik des Eigentums ableiten, die Weibliches – nur noch einmal – als das Andere, Negative, Verdrängte usw. festschreiben würde. Denn das, was das Weibliche interessiert, ist die Unmöglichkeit dieses Namens als eine Möglichkeit, ihn über die eigenen Grenzen hinaus auszuspielen, für ein namenloses Anderes, das nicht das Andere des Einen wäre, hin zur Unentscheidbarkeit seiner Herkunft, derjenigen, zu der es zurückkehrt. Nur dadurch, daß Weibliches nicht dem Anderen zugeschrieben wird, sondern auf der Ebene des Anderen selbst erscheint, kann es hervorbringen, was es mit ihm auf sich hat: das Nebeneinander äußerst fragmentarischer und gleichzeitig sich erhellender Zusammenhänge, wie sie das andere Geschlecht nicht fallen lassen, sondern es der einen oder anderen Seite zuschlagen und das mehr oder weniger seiner Darstellbarkeit fortspinnen. Je klarer sie sich unterscheiden, desto deutlicher überschneiden sie sich, denn es gibt nicht eine dieser beiden Seiten, die sich einfach darstellen ließe, und so muß es erst einmal genügen, daß sie/Sie gespannt sind.

Dann kann es passieren, daß an eine Saite gerührt wird, wie durch eine schräge Opposition. Eine solche kommt in einer Erzählung von Dunja Barnes vor, wo sie sagen läßt: »Zwei Sachen gibt es, auf die verstehe ich mich nicht. Das eine ist Substraktion und das andere Attraktion.« Damit ist ein Nichtverstehen zugegeben, das sich im Verlust der gradlinigen oder auch eigentlichen Opposition ankündigt, wie sie nicht mehr in einmaliger Zugehörigkeit abzubilden wäre, weil sie im Pulsieren von Anziehen und Abziehen ausläuft, sich gleichsam wiederholt. Attrahiert von der unendlichen Möglichkeit, die Attraktion selbst zu vertreten, sie selbst zu sein, in ihrem Sein selbst, anders gesagt: faktisch, das heißt alle Erscheinungsmöglichkeiten schon abgezogen.

Diese Vertretung ist keine einfache Repräsentation, sondern vollzieht sich im Modus der Übertragung, wie die Wiederholung so spielt, die stets an derselben Stelle wiederkehrt und nur im Verhältnis zu ihrem Abzug gegeben ist. Das Eine und das Andere eines Risses, der zu gegebener Zeit offen daliegt und einer Autobiographie Bahn bricht, wie sie einer neuartigen Dechiffrierung des Verhältnisses von Genre und Geschlecht folgt, das nicht mehr namentlich gebunden bleibt, sondern beliebig übertragbar wird, wenn nur irgendeine Empfänglichkeit dafür vorhanden ist.

Ein weißes Geviert, namenlos zunächst, signiert von der Geschichte der Abwesenheit, in der einzigen Gewißheit, ihrer Inschrift ähnlich zu sein. Autobiographie, das heißt Wiederholung, Zug um Zug, der Schrift eines Autors. Wenn sich da das Leben einmischte und auf eine Autobiographie spekulierte?

Welches Leben? – »faktisch ein ganzer Haufen von Genres« nennt Thomas Cooley die »Fülle von Begriffen, die Autoren und Leser verwandt haben, um es zu beschreiben – ›Memoiren‹, ›persönliche Erzählung‹, ›Leben‹, ›Geständnis‹, ›Erinnerung‹, ›geistige Autobiographie‹, und zwei neue hier anzuwendende Ausdrücke ›Kultivierung‹ und ›Erziehung‹ –, ist das erzählende Genre, das wir jetzt Autobiographie nennen«. Ein Genre, das zunächst unter dem Titel Selbstbiographie auftaucht. »Self-Biography«, ein Wort, dessen Zulässigkeit ein Autor des britischen Monthly Review im Jahre 1797 mit folgender Begründung anzweifelt: es sei »nicht üblich im Englischen, hybride Worte, die teils sächsisch, teils griechisch sind, zu verwenden«. Der namenlose Wortklauber, fast sicher – so mutmaßt Thomas Cooley in seiner Geschichte der amerikanischen Autobiographie – »der Linguist William Taylor aus Norwich, offerierte ›Autobiographie‹ als ein durch und durch griechisches Substitut für ›Selbst-Biographie‹, obgleich es ihm phantastisch erschien. Doch pedantisch oder nicht, Taylors Wortprägung überlebte natürlich«: die homogenisierende Benennung eines hybriden Überschusses, das Leben selbst, in dessen Namen es überlebt, noch und gleichsam natürlich, namentlich aufgeführt, wie in einer Regel zum pseudonymen Gebrauch von Namen.

Daher auch ist die Autobiographie stets offen. Derjenige, der sie schreibt, das ist niemals ein und derselbe Autor, seines Werks oder seines Lebens etwa, wenn er in ein und derselben Geste der Wiederholung seiner Schrift dem Leben selbst das Wort erteilt, sich dem Zusammenspiel oder auch der Korrespondenz seiner Kontexte und Differenzen überläßt und sie nie wieder zu einem homogenen Ganzen zusammenfügt.

Das macht die Definition dieses Genres so unsicher, daß sie immer nur dann zutrifft, wenn sie sich schon verpaßt hat, wie zum Beispiel in der Definition Wayne Shumakers, wo es heißt: »Autobiographie ist die als wahr erklärte Lebensgeschichte eines Individuums, die es selbst geschrieben und als ein einheitliches Werk zusammengestellt hat.« Ein rechter Autor ist ein solcher Autobiograph, dem alles recht ist, um die Wahrheit seines Ichs zu bezeugen, jenen Garanten der einheitlichen Form, der sofort in Verzug gerät, wenn in seine Form solch hybride Dinge wie Tagebuchauszüge oder Briefe einbrechen, diese Botengänge des Lebens.

Der Autor par excellence, Goethe nämlich, lehnt daher den Vorschlag, Briefe in seine Autobiographie aufzunehmen mit der Begründung ab, die gute Wirkung müsse »durch eingestreute unzusammenhängende Wirklichkeiten notwendig gestört werden«. In seiner Studie über »Die Autobiographie« folgt Roy Pascal dieser Begründung, die nicht nur den Inhalt der Briefe betrifft, die Goethe als irrelevant für seine Darstellung ansah, sondern auch »die stilistische Inkohärenz«, »das heikle Nebeneinander verschiedener Perspektiven«. Als schlechtes Beispiel führt er Marianne Weber, »die Frau Max Webers« an, die in ihre »Lebenserinnerungen« viele Briefe aufnimmt, »gewöhnlich ohne sie zu kommentieren. Wenn hier – so Pascal – keine ›störende‹ Wirkung eintritt, so beleuchtet gerade diese Tatsache den großen Fehler des Buches. Denn es mangelt dieser begabten, geistvollen, tatkräftigen Frau an Selbstbesinnung, sie ist sich wie der Welt gegenüber merkwürdig unbewußt, sogar ahnungslos; die Erinnerung selbst, das Zurückdenken, wird für sie anscheinend gar nicht zum Problem. So bleibt das ganze Erinnerungsbuch auf derselben Ebene wie die Briefe, die unmittelbar aus den täglichen Erfahrungen entstanden.« Zum nächsten schlechten Beispiel, das diesmal das Problem der Aufnahme von Tagebucheintragungen in die Autobiographie betrifft, nimmt Pascal wieder eine Frau, Beatrice Webbs, in deren »My Apprenticeship« die zitierte Eintragung zumeist unkommentiert dasteht und dann – so kritisiert er – »innerhalb der Erzählung als angemessene Feststellung dessen« gelten soll, »was die Autorin war«. Ein Anspruch auf Autorschaft, wie er ihn niemals an ein Tagebuch stellen würde, von dem er »alle jene Unsicherheiten, falschen Ansätze, alle Gebundenheit an den Augenblick« erwartet, während die Autobiographie »einheitliche Formung der Vergangenheit« sei, und wenn dabei Tagebucheintragungen zitiert würden, so bedürfe es des erklärenden, interpretierenden Kommentars des Autors.

Ein gutes männliches Beispiel und zwei schlechte weibliche Beispiele beschaffen die Trias der Beweisführung Pascals, womit er, wie er sagt, beileibe nicht unterstellen möchte, daß Frauen keine bedeutenden Autobiographien schreiben könnten. Derartige Fehler seien bezeichnend für die Autobiographie überhaupt, und wenige Autoren seien vollständig frei davon. Sind also die Fehler, die der Autobiographie innewohnen und sie wie eine besondere Anfälligkeit des Genres auszeichnen, typisch weibliche Fehler?

In diesem Zusammenhang ist es vielleicht nützlich zu bemerken, daß die

Ehefrauen Weber und Webb wie selbstverständlich nicht in ihrem Namen schreiben. Das heißt auch, daß dem anderen Raum zukommt, ob sie nun wollen oder nicht. Pascal zitiert eine Notiz aus dem Tagebuch Beatrice Webbs, wo sie über die Einstellung ihres Mannes zu ihrer Autobiographie bemerkt: »Der ganze Teil, der ›meinen Glauben‹ im Unterschied zu ›meiner Tätigkeit‹ behandelt, erscheint ihm als das sentimentale Geschreibsel einer Frau.« »Ihr Glaube«, das ist nicht der große Bogen der Darstellung ihrer Tätigkeit als Sozialwissenschaftlerin, sondern die konfliktive Geschichte ihrer persönlichen Hingabe, an Menschen und Tätigkeiten, wie sie sich zumeist in Tagebuchaufzeichnungen niederschlägt, da sie nur fragmentarisch zu erfassen ist. Sie handelt vom Dazwischen, dem »schwarzen Faden des Unglücklich-Seins«, wie er die Wiederholung vorzeichnet und eine Autobiographie hervorbringt, die – so schreibt sie in ihrer Einleitung – weder einem »Wunsch« noch einer »Absicht« folgt, sondern einer »Art von Beharrlichkeit«. Wie aus ihrem Tagebuch zitiert: »Ich habe Originalität in Ziel und Methode... eine Art von Beharrlichkeit, die aus der Verzweiflung über mein eigenes Unglück kommt.«

Man muß von der fixen Idee loskommen, hinter jedem Buch ein Leben zu suchen, das dessen Wahrheit enthielte. Die »Wahrheit« seines »Unglücklich-Seins«, wenn der »Glaube« bedroht ist, weil die transzendentale Unterstützung des Ichs verlorengeht und sich im »Geschreibsel einer Frau« verläuft, wie in einer Autobiographie, die ihren Wert nurmehr für sich selbst zu verteidigen hätte. Eine wahrhafte Autobiographie, wenn in ihr vorkommt, was immer schon abgezogen ist – und von der Schattenzone einer beglaubigten Abwesenheit aus der Beharrlichkeit der Wiederholung bewirkt.

Dem korrespondiert eine Vorliebe zur personellen Umverteilung in Formationen, wo nicht ein Autorenname, sondern viele Perspektiven zeichnen. Wo, um Individualität ins Werk zu setzen, eine solche – ganz einfach – an Orte und Zeiten verteilt wird, in Briefen und Tagebuchauszügen, namentlich aufgeführt in jeweiligen Textkörpern, die sich nicht mehr zu einem Textganzen addieren lassen, da sie noch untereinander korrespondieren und von daher nicht mehr summarisch unter ein und dasselbe »Ich« gefaßt werden können. Das heißt auch, daß Autobiographie kein Begriff ist, auf Abgrenzung bedacht und einer prinzipiellen Definition zugänglich. Da sie sich auch grundlos überträgt, dem Konkreten, Ephemeren, scheinbar Zufälligen hingegeben, darin das »Ich« schon verloren gehen kann. Dies ist so, weil die Autobiographie gesetzt hat und setzt, auf die *Distanz als Interesse*, was schon heißt: hier herrscht totale Konfusion. Diejenige, die »ich« war und diejenige, die »ich« bin; das ist nicht mehr umstandslos in ein und derselben Geste der Aneignung zu vermitteln, wenn es sich nur in Beziehung zum Anderen herstellt, vervielfacht, bestätigt, beschränkt, entgrenzt und nicht durch Abstraktion auf abgeleitete Eigenschaften. Jetzt, da alles nur irgendwie in der Nachbarschaft Befindliche eintreten kann und eine neue Konfiguration bewirkt.

Nun kann man sagen, daß das Zeitalter der »ersten Person Singular« – so nennt Ralph Waldo Emerson seines, und das ist das 19. Jahrhundert – unwiderruflich überholt ist. Die sogenannte »klassische Periode der Autobiographie« wird von einer Periode abgelöst, die Cooley »die Auflösung des Menschen« nennt, für die er aus Thomas Pynchons Roman »V.« zitiert: »Wir können jede Apologie rechtfertigen, indem wir einfach das Leben eine aufeinanderfolgende Ablehnung von Persönlichkeiten nennen... So verkaufen wir unsere Seelen: wir geben sie an die Geschichte stückweise ab. Es kostet nicht so viel, für Augen zu zahlen, die klar genug sind, die Fiktion der Kontinuität zu durchschauen, die Fiktion von Ursache und Wirkung, die Fiktion einer humanisierten Geschichte, der ein Sinn innewohnt.«

Der Ausfall des Ichs zieht eine unabschließbare Schrift nach sich, wo nicht mehr Buch und Leben zusammenfallen, um eine Wahrheit zu bezeugen, wenn sie sich im Medium der Wiederholung und Enteignung – in der Schrift selbst – fortschreibt.

Niemand ist dieses Zustands teilhafter als derjenige, der, um Leben ins Werk zu setzen, ein solches – ganz einfach – verweigert. Namentlich abgelehnt im »I would prefer not to – Ich möchte lieber nicht« Bartleby's, des Schreibers. Dessen ganzes Leben zu schildern gelingt auch seinem Biographen in Herman Melvilles gleichnamiger Erzählung nicht, da es – wie er glaubt – »für eine lückenlose und befriedigende Biographie dieses Mannes« gar kein Material gäbe. Heißt das, daß es gar kein Leben gibt, derjenigen, über die »bis jetzt noch nichts geschrieben worden ist«, »die beruflichen Schreiber« nämlich? »Ein unersetzlicher Verlust für die Literatur« ist für den Biographen die Abwesenheit der »Originalquellen«, die im Falle Bartleby »sehr unzulänglich« seien: »Ich weiß nichts weiter von Bartleby – berichtet er – als das, was meine eigenen erstaunten Augen sahen, allerdings mit Ausnahme eines unklaren Berichts, der nachher noch angeführt werden soll.« Wir sind gespannt auf diesen Bericht, der uns erst nach dem Tod des Schreibers erreichen wird.

Doch zunächst hat das Leben das Wort, das Leben, von dem der Biograph Bartlebys – ein Rechtsanwalt übrigens – sagt, daß es auf die »leichteste Art« am besten sei, eine Auffassung, die er durchaus im Widerspruch zu seinem Beruf empfindet, aber trotzdem mit diesem zu vereinen sucht. In diesen Versuch eines Vereins tritt eines Tages und auf eine Annonce hin Bartleby, der Schreiber. »Zuerst schrieb Bartleby außerordentlich viel«, berichtet sein Biograph und Arbeitgeber von ihm. »Als habe er lange nach Schreibarbeit gehungert, schien er meine Dokumente förmlich zu verschlingen. Er machte keine Verdauungspausen. Tag und Nacht schrieb er, bei Sonnenschein und Kerzenlicht. Sein Fleiß hätte mich gefreut, wenn er fröhliche Geschäftigkeit gezeigt hätte. Aber er schrieb still, blaß und mechanisch.« Und wie es zur Überprüfung der Richtigkeit, Wort für Wort, der Abschrift kommt, sagt Bartleby, ohne aus der Abgeschiedenheit seines vom Büro abgetrennten Gevierts herauszukommen, »mit unvergleichlich sanfter, entschiedener Stimme«: »ich möchte lieber nicht.« Eine Äußerung, die sich fortan gegen jede Tätigkeit, die nicht abschreiben ist, einstellen wird.

Wir wissen bereits, daß der Rechtsanwalt sich nur ungern provozieren läßt, und so gelingt es ihm, sich »ganz erstaunlich« mit Bartleby auszusöhnen. »Sein beständiges Wesen, frei von aller Flüchtigkeit, seine nie endende Geschäftigkeit, seine große Schweigsamkeit, sein gleichmäßiges Betragen unter allen Umständen« zeichnen ihn im Guten aus, vor allem, daß er *immer* da ist, »der erste am Morgen, den ganzen Tag über und der letzte am Abend«.

Nicht nur am Abend, denn es wird sich weisen, daß Bartleby »sein ganzes Leben« in diesem Gebäude verbringt, »in dem es an Wochentagen von Geschäftigkeit und Leben wimmelt«, bei Einbruch der Nacht aber von lauter Leere widerhallt. »Und hier lebt nun Bartleby! Einziger Betrachter einer Einöde, die er ganz belebt gesehen hat.« Er erzählt nichts aus seinem Leben, er möchte immer noch lieber nicht, und gibt endlich auch das Schreiben auf. »Aus welchem Grund?« wird er gefragt und erwidert gleichgültig: »Sehen Sie den Grund nicht selber?«

Damit ist die Biographie des Biographen selber angesprochen. Und in der Tat, je mehr Bartleby zum »Inventarstück« seiner Praxis wird, desto unabdingbarer ist der Rechtsanwalt auf seine eigenen Beweggründe gestoßen. Auch die »Notwendigkeit im Verein mit den Geschäften«, die Kündigung oder auch das Angebot, die Arbeit wiederaufzunehmen, um so der »Weigerung, diese Räume zu verlassen eine Berechtigung zu verleihen«, bringt keine Lösung mehr. Denn niemand kann sich an einem Leben schadlos halten, wenn dieses aufhört dem zu entsprechen, was man gemeinhin darunter verstanden hat. Und so kommt es, daß der Lebensunterhalter und Lebensbeschreiber an die Grenzen dessen stößt, was er zu tun beabsichtigt – und selbst in Gang gerät: Er zieht aus: »und dann – seltsam zu sagen – riß ich mich von ihm los, den ich solange hatte los sein wollen.« Aber auch damit ist er ihn nicht wirklich losgeworden und so kommt es zur Flucht. Er überträgt seine Geschäfte einem Anderen und ist nurmehr unterwegs, in seinem Kutschwagen. Bis er erfährt, daß der

Hauswirt seiner verlassenen Praxis nach der Polizei geschickt und Bartleby als Landstreicher ins Gefängnis habe schaffen lassen. Wohin er seinerseits sich zu begeben habe, um Angaben zu machen, da er mehr von ihm wisse, als irgendjemand sonst.

So ist er also nicht nur zum Biographen Bartlebys, zum einzigen und wahrhaften Zeugen seines Lebens, sondern zum Biographen seiner selbst geworden, nicht so sehr den Wünschen Bartlebys gehorchend, als dessen steter Weigerung folgend: »Es war wirklich in der Hauptsache seine wunderbare Sanftmut, die mich nicht nur entwaffnete, sondern sozusagen meiner Manneskräfte beraubte.« Der Verlust der Manneskraft, das ist die Tatsache, daß er sich von seinem Angestellten von seiner eigenen Tür hat wegweisen lassen. Von demjenigen, der zu schreiben hatte, was ihm vorgegeben war und zu leben hatte, wie zu beschreiben gewesen wäre – und der schreibend, wie beschrieben, dem selbstaffektiven Zug der Schrift folgt und auch noch denjenigen nach sich zieht, der von Anfang doch als Garant des Lebens sich gefallen hatte. Ihm bleibt nichts anderes übrig, als angezogen wie abgestoßen auf Irrwege zu geraten, bis hin ins Gefängnis, wo er den Abzug des Lebens feststellt.

Bartleby stirbt nämlich, das heißt, er weigert sich zu essen, was auch heißt, »er lebt von der Luft«. Genauer gesagt, hat er irdisches oder auch menschliches Leben verlassen. Nicht nur, indem er es umkehrt, wenn er es schreibend verschlingt, sondern auch, indem er es sich selbst überschreiten läßt. In einer Geste, von der Giorgio Agamben sagt, daß sie die einer Potenz ist, »die dem Akt nicht vorausgeht, sondern folgt, die ihn für immer hinter sich läßt«. Damit hat Bartleby auf das Leben nicht nur verzichtet, sondern es schlechtweg vergessen. Auf Wegen, darin sich das Leben von den Vorbehalten befreit, die es entstellen, und zu seiner Faktizität zurückkehrt. Und das ist nicht diese oder jene Biographie, sondern die Beharrlichkeit der Wiederholung, von der es sich nährt, um sich selbst in Szene zu setzen.

Ebensosehr wie sein Leben nicht sein eigenes ist, einmalig, und von daher einer erschöpfenden Beschreibung zugänglich, so wenig gehört ihm sein Tod. Schon vorweggenommen in jenem »unklaren Bericht«, der nachzutragen bleibt. Nicht weil er wahr wäre, sondern weil er Anziehung, »einen gewissen verführerischen Reiz« hat. Es handelt sich um ein Gerücht, das dem Biographen »ein paar Monate nach des Schreibers Tod zu Ohren kam«, demzufolge Bartleby in einem Büro für unzustellbare Briefe angestellt gewesen sein soll. »Unzustellbare Briefe! Klingt das nicht wie unzustellbare Menschen?« Und was ist es denn, das da nicht zugestellt werden kann? Nicht zusammengeht, keiner Gattung angehört, nicht paßt? Das Leben selbst, immer schon vom Tod gezeichnet und von daher nicht im Gegensatz dazu zu verstehen. Das Hybride der Schrift, die alles Eigene ausstreicht und seine Aufhebung in der einen Autobiographie vereitelt.

Das ist – ganz klar – der Verlust der »Manneskraft«. Das Aufgeben des Bestehens auf dem Eigenen, in Briefen, die nie wieder zugestellt werden können, weil sie mit einem nicht lokalisierbaren Anderen korrespondieren. Die Potenz, die nicht mehr für die Errichtung eines Werks zu kapitalisieren ist, weil sie die Idee des Werks hinter sich gelassen hat und mit dem Mehr korrespondiert, das im Leben steckt, und das ist auch der Tod. Hin- und hergerissen zwischen Attraktion und Subtraktion befreit sie sich von der Melancholie, die dem fortwährenden Aufschub des Aktes entspringen könnte, und gerät in die Nähe dessen, was ihr am meisten am Herzen liegt. Erst wenn sich Namen, Definitionen, Einsichten aneinander reiben können, springt jener Funke über, die Eingebung selbst.

Die Eingebung Gertrude Steins zum Beispiel, sich selbst der »Autobiographie von Alice B. Toklas« zu überlassen und damit die Idee des Genies umzufunktionieren in eine neuartige Begründung des Verhältnisses von Genre und Geschlecht, wie es eine Autobiographie inauguriert, die sie zufällig und beliebig im Namen ihrer Freundin schreibt, um ungehemmt von sich selbst »als Genie« sprechen zu können. Zufällig und beliebig ist diese Autobiographie in dem Maße, wie sie es vermeidet, Innerlichkeit herzustellen, die Kontinuität und Dauer einer Identität, die sich nur unablässig auf sich selbst besinnt und sie stattdessen den Äußerlichkeiten des Lebens überläßt.

Am Anfang steht – wie es sich für eine Autobiographie gehört – eine Geburt. Aber – wie selbstverständlich – ist es diejenige der Freundin, die in San Franzisko in Kalifornien geboren wurde und in deren Namen sie schreibt, »Ich« schreibt, zum Beispiel: »Ich führte ein angenehmes Leben, hatte viele Freunde, mancherlei Abwechslung und viele Interessen;« – wer könnte das Alles nicht alles von sich sagen?, auch: »und ich genoß es, ohne mich weiter dafür zu entflammen.« Aber: »Das bringt mich auf die Feuersbrunst in San Franzisko, die zur Folge hatte, daß der ältere Bruder von Gertrude Stein nach San Franzisko zurückkehrte, und damit änderte sich mein Leben völlig.«

Personen und Orte brechen aus, zum Beispiel, daß sie nach Paris fährt. Schließlich endet dieses erste Kurzkapitel einer Autobiographie mit einer Zweitgeburt: der Geburt des Genies, das nicht nur ein Genie ist, sondern gleich drei: Gertrude Stein, Pablo Picasso und Alfred Whitehead. Diese Geburt des Genies passiert, »als ob eine Klingel in mir geläutet hätte«. Und das ist es, was von der Innerlichkeit übrigbleibt: Die im Buch erklärte Absicht, »dieses Buch hier zu schreiben, ›Meine fünfundzwanzig Jahre bei

Gertrude Stein««, ein Titel, der im Buch ein anderer ist als außerhalb des Buchs, wohl weil es sich hier um eine Absicht handelt, die Absicht zu einer Sitzung mit der Frau eines Genies. Wie sie oft gesagt hatte: »ich würde ein Buch schreiben über die Frauen von Genies, neben denen ich gesessen habe. Ich habe neben so vielen gesessen. Ich saß neben Frauen von Genies, die keine richtigen Ehefrauen waren, aber die Genies waren richtige Genies. Ich habe neben richtigen Ehefrauen gesessen, die keine richtigen Genies waren. Ich habe neben Frauen von Genies gesessen, die beinahe Genies waren oder zukünftige Genies waren, kurz und gut, ich habe sehr oft und sehr lange neben mancherlei Frauen und neben Frauen von mancherlei Genies gesessen.«

Das fortgesetzte Doppelspiel macht eigene Identität und Originalität in ihrer Abwesenheit offenkundig und ausverkauft, was unter »Genie« zu verstehen ist. Jede Autobiographie eines Genies, die so verfährt, ist genialisch. *Genie*: Personifikation der Zeugungskraft, folgt als Adjektiv: *genialisch* formal dem lat. genialis, dessen Bedeutung »erfreulich, heiter« es in dieser Autobiographie gleich zweier Frauen endlich wiedergewinnt. Diejenige, die schreibt und diejenige, die beschrieben wird, das ist immer diejenige, die auch schreibt. Die scheinbar zufällig auch schreibt, ohne daß diese Tatsache sich allein von der Idee des Autors speiste, diesem Garanten der Idee, des Lebens oder Schreibens, als dessen Potenzialisierung das Genie erscheint. In gewisser Weise tarnt sich das Genie im erfinderischen Wechselspiel zwischen Genre und Geschlecht und das Lustige ist, daß damit seine Idee auch schon vergessen ist, weil es nicht mehr um den Unterschied zwischen Tarnung und Getarntem geht, sondern nur noch um die verschiedenen Tarnungen, die der Franzosen und Deutschen etwa, »und schließlich stießen wir auf eine sehr ordentliche Tarnung, und die war amerikanisch. Die Idee war überall die gleiche, aber da es schließlich verschiedene Nationen waren, die sie gebaut hatten, war ein Unterschied unvermeidbar. Die Farben waren verschieden, die Anordnung war verschieden, die ganze Theorie über Kunst und ihre Unvermeidbarkeit wurde einem klar.«

So einfach ist es, die Unvermeidbarkeit des Kriegs, auch des Kriegs der Geschlechter, da alles persönlich genommen und auf das – immergleiche – eigene zurückgeführt werden muß, anzuspielen. Doch in dem Maße, wie diese Anspielung ihrer eigenen Unvermeidbarkeit folgt, korrespondiert sie mit der Kunst, entleert sich von sich als Eigenem oder auch Idee und überläßt sich dem Spiel der Differenzen, die immer mehr als eine sind, da die Wiederholung an ihren Anfang gesetzt ist. Sie hat – im wörtlichsten Sinne – nichts mehr zu sagen. Doch gerade durch ihr Beharren auf der Wiederholung entsteht erstmals jener Raum des Gelebten, das den Künstler als das Wort seiner Kunst ergreift. Seine Spur verweist auf ein neues Leben. Sie ist autobiographisch.

ZUHÖRER: Sie haben die Wiederholung angesiedelt zwischen Heidegger und Freud, denke ich, methodisch und technisch. Ich glaube, daß Sie zu stark noch in der Freudschen Wiederholung hängenbleiben und auch die Heideggersche Wiederholung von »Sein und Zeit« ist nochmal transzendental rückgebunden, da ist noch nicht eine Absetzung von der neuzeitlichen Subjektivitätsphilosophie. Das ist an sich eine spezielle Frage. Und wie kommen Sie hinein in die Erinnerung, nämlich ein Durcharbeiten der Geschichte in der Autobiographie, so daß die Wiederkehr des Verdrängten verlangt wird in eine erinnernde Auflösung der Geschichte.

EVA MEYER: Natürlich hat »Wiederholung« auch etwas mit Freud und auch etwas mit Heidegger zu tun, aber »Wiederholung« hat mit sehr viel zu tun, vor allem mit sich selbst, und ich möchte versuchen – und dabei habe ich ausdrücklich nicht gewisse Referentialitäten hergestellt im Text, die sind natürlich immer vorhanden – eine bestimmte Situierung der Wiederholung im Text selbst zu entwickeln. Das ist nicht einfach nur qua Autorität eines Namens außerhalb zu legitimieren und einzuführen, sondern in gewisser Weise zu praktizieren, und dadurch einen Begriff von Wiederholung, wie er sich herstellen läßt, der also eine Wiederholung, wenn man so will und definitorisch sagen könnte, eine Wiederholung des Alten und des Neuen ist, also eine Wiederholung, die nicht auf das Alte, das Wiederholte hinausläuft, sondern das die Wiederholung selbst wiederholt.

ZUHÖRER: Ist da nicht ein Zwangselement in der Wiederholung, das nicht aufgelöst wird?

EVA MEYER: Das ist die Frage, wie man mit den Zwängen umgeht, natürlich sind viele Zwangselemente da. Sie sprechen ja jetzt auch nicht unbedingt von Zwang sondern von Unvermeidbarkeit, was vielleicht ein schöneres Wort, vielleicht auch ein Euphemismus ist, aber ich hab auch nichts dagegen, von Zwang zu reden. Ich finde auch nicht, daß Zwänge aufgelöst werden müssen, sondern daß man versuchen muß, sie in einer gewissen Weise zu bejahen und sie weiterzuspinnen, also nicht nur darunter leiden unter den Zwängen und sie auflösen, sondern daß sie ein bestimmtes kreatives Potential freisetzen können, und das ist keine Auflösung, sondern eine Art Transformation des Zwangs.

ZUHÖRERIN: Eine Frage zur Ausarbeitung der Geschichte in der Autobiographie. Ich glaube, eine gute Autobiographie ist *keine* Ausarbeitung der Geschichte. Es ist nämlich zu beobachten, daß die meisten Autobiographien aufhören, wenn man ins Erwachsenenalter tritt, also spätestens mit der Heirat und mit dem Eintreten ins Berufsleben. Nur in ganz langweiligen Autobiographien, die gehen noch weiter und schildern dann Ehe und Berufsalltag, was danach kommt. Das heißt, was die Leute selber angeht an ihrer eigenen Geschichte und auch den Leser, das ist das, dem man sich noch naiv und unverstanden gegenüber fühlt, zum Beispiel die ersten Liebeserlebnisse. Das kann ein Autobiograph so erzählen, als sei es eine andere Geschichte, nämlich eine, die er nicht verstanden hat, und das macht den Witz und den Reiz einer Autobiographie aus, und deshalb kann man nicht sagen, Ausarbeitung, im Sinne von »nichts mitgekriegt haben«. Da ist gar nichts klarer als vorher, denk ich und insofern ist jede Autobiographie, und das hast Du auch gesagt, dieses Genre ist ganz gleitend, Fiktion. Den Unterschied zu machen zwischen einem Roman als Fiktion und einer Autobiographie als Fiktion würde sich unter diesem Aspekt erübrigen.

MEYER: Wiederholung auch nicht im Sinne einer Erinnerung und Durcharbeitung des gelebten Lebens. Das hab ich auch versucht, dieses Verhältnis zwischen Schreiben und Leben als die Möglichkeit, das gegenseitig abzubilden, also eine Fiktion zu begreifen und Autobiographie als etwas, was auf ein neues Leben verweist und nicht auf das, was man schon gelebt hat, und dazu gehört eben diese gewisse Scharnierfunktion, die ich in diesen Texten mit der Schrift plaziert habe, die also Wiederholung des alten und Wiederholung des Neuen ist. Autobiographie ist eben etwas unabgeschlossenes, es gibt immer schon diesen Verweis auf das Neue, und dazu muß man aber von der fixen Idee des Gewesenseins abkommen, von dem, was »geschlossen« ist, »geschlossen sein muß«, damit es überhaupt beschrieben werden kann, also von Beschreibung und Beschriebenem.

Christine Garbe

Fiktionen des weiblichen Begehrens

Eine Re-Vision der sexuellen Diskurse von J.-J. Rousseau und F. Schlegel

Ebenso wie meine Vorrednerin möchte auch ich die »Szene der Geschichte« betreten; anders als Hélène Cixous allerdings werde ich nicht als Schreibende, als Autorin zu Ihnen sprechen, sondern meine Erfahrungen als (professionell) Lesende, d.h. als Literaturwissenschaftlerin reflektieren. Ich werde Ihnen im folgenden meine Lesart von zwei Autoren des 18. bzw. frühen 19. Jh. vorstellen, die in der feministischen Diskussion relativ prominent sind, d.h. mehrfach bereits analysiert und kritisch gewürdigt wurden.[1] Der Beweggrund meiner Re-Vision, meiner erneuten Betrachtung der sexuellen Diskurse dieser Autoren erwächst aus einem Unbehagen; denn ich habe die Erfahrungen meiner Lektüre nicht oder nur zum Teil wiedergefunden in den Interpretationen von Frauen, deren erklärte Absicht ist, einen »weiblichen Blick« in die Wissenschaft einzuführen. Die Perspektive dieser Textanalysen besteht häufig darin, die Diskurse männlicher Autoren unter der Prämisse einer »feministischen Repressionshypothese«[2] zu lesen und sie auf diejenigen Aussagen oder Implikationen zu reduzieren, die diesem Schema entsprechen. Vereinfacht gesagt, liegt solchen Interpretationen die Frage zugrunde: Auf welche Weise spielt der männliche Text den Frauen bzw. dem Weiblichen übel mit? Dem feministischen Diskurs in den Literaturwissenschaften zufolge gibt es viele Muster, in denen »patriarchalisches« oder »phallozentrisches« Imaginieren des Weiblichen sich vollzieht; sie reichen von der Figur der Ausgrenzung (in vielfältigen Varianten: Verschweigen, Deformieren, Subordinieren oder Töten des Weiblichen/ der fiktiven Frauen) bis zur entgegengesetzten Figur der Aufwertung und Vereinnahmung. Das Weibliche erscheint in all diesen Varianten als Rohstoff, als bloße Natur, die vom männlichen Imaginären in ausbeuterischer oder vampiristischer Weise angeeignet wird.

Inwiefern man diese Interpretationsmuster unter den Oberbegriff »Repressionshypothese« subsumieren kann, bedürfte einer genaueren Erörterung; ich will hier nur andeuten, was ich darunter verstehe: Als *repressiv* erscheint der männliche Diskurs über das Weibliche in letzter Instanz immer dann, wenn man von der Annahme eines *authentischen weiblichen Begehrens* ausgeht, dem in der männlichen Fiktion ein gewissermaßen »fremder Text« vorgesprochen, ein verfälschender Sinn oktroyiert wird. Jede Fiktion des Weiblichen aus der Feder männlicher Autoren wäre dann dem Verdacht ausgeliefert, dieses »authentisch-Weibliche« nicht zu repräsentieren, sondern es vielmehr – in repressiver Weise – zu de-präsentieren. Die Entlarvung solcher Repression geht einher mit dem Pathos der Befreiung: Feministische Kritik weist die männliche Rede über das Weibliche zurück; sie gibt vor, das weibliche Begehren zu *befreien*, indem sie ihm den Raum zurückerobert, in dem es sich selbst authentisch sprechen kann.

Wie aber, wenn es ein authentisches weibliches Begehren nicht gäbe – und ebensowenig einen authentischen sprachlichen Ausdruck desselben? Wenn vielmehr die Denkfigur der Authentizität und der Sprache als *Re-präsentation* einer vorgängigen Präsenz (des Begehrens) selbst die Signatur einer bestimmten historischen Epoche an sich trüge, in der überdies das Weibliche gerade als Abweichung von jener Präsenz, Selbstgewißheit und Authentizität eines sprechenden Subjekts definiert wurde? Und wenn – bei genauerem Hinsehen – sich erweisen sollte, daß in dieser Abweichung, dieser Differenz der sprachlichen »Re«-präsentation gegenüber der vermeintlichen Präsenz einer inneren Erfahrung das Begehren selbst seinen Ursprung hat, so daß das »weibliche Begehren« Modell des menschlichen Begehrens überhaupt wäre? Die Fiktionen des weiblichen Begehrens von Rousseau und Schlegel weisen in diese Richtung; in ihnen finden sich Einsichten über die »Natur« der Sprache und den »Ursprung« des Begehrens, die m. E. von einer feministischen Lektüre ernst genommen werden sollten. Denn sonst läuft sie Gefahr, am Ende das weibliche Begehren nicht zu befreien, sondern stillzustellen; es – rousseauistisch gesprochen – auf ein bloßes Bedürfnis zu reduzieren, das schweigt, sobald es gestillt ist.

Die »feministische Repressionshypothese« in ihren vielfältigen Varianten scheint mir eine Blockade zu sein für eine Lektüre, die solche Einsichten freilegen könnte. Ich möchte deshalb vorschlagen, die Frage: *Wo und wie spielt der männliche Autor dem Weiblichen in seinen Texten übel mit?* zu erweitern um die andere: *Wo und wie spielt das Weibliche seinen Texten (übel) mit, wo und wie spielt es in seinen Texten?* – und zwar in einer Weise, die der Autor keineswegs immer unter Kontrolle hat. Letzteres ist eine implizite Unterstellung der »feministischen Repressionshypothese«, die damit häufig den Buhmann erst produziert, den sie anschließend frontal angreift. Immer dann nämlich, wenn sie unterstellt, der Autor sei Herr seiner Rede, macht sie ihn mit dieser Annahme tatsächlich dazu, indem sie unbeachtet läßt, was in seinen Texten sich seiner eigenen bewußten Intention entzieht. Meine Absicht im folgenden ist, die Texte von Rousseau und Schlegel »gegen den Strich« der feministischen Repressionshypothese zu lesen. Dabei möchte ich erproben, ob andere »weibliche Blicke« auf diese Texte möglich sind als jene zornigen, entrüsteten, entlarvenden und verwerfenden, die wir inzwischen kennen; listige zum Beispiel, ironische, zweideutige und spielerische: *weibliche* Blicke in einem Sinne, den Rousseau und Schlegel selbst diesem Begriff gegeben haben...

Jean-Jacques Rousseau

Man hat Rousseau vorgeworfen, er habe mit seinen Ansichten über die Frauen wesentlich zur Unterdrückung und Unsichtbarmachung der weiblichen Sexualität beigetragen. Ich halte diesen Vorwurf für unzutreffend; m. E. fußt er auf einer ungenauen Lektüre; denn nirgends behauptet Rousseau, die Frauen hätten kein Recht auf sexuelles Begehren, Lust oder Befriedigung. Das Zentrum seines Diskurses ist vielmehr das Postulat, die Frauen müßten ihr »eigentliches Begehren« *schamhaft verhüllen*. Im 5. Buch des *Emile* führt er dazu aus:

»Hat nicht die Frau die gleichen Bedürfnisse, die der Mann hat, ohne daß sie das gleiche Recht hat, sie zu äußern? Ihr Schicksal wäre zu grausam, wenn sie nicht einmal in den legitimen Begierden eine Sprache hätte, die derjenigen gleichwertig ist, die sie nicht führen darf. Muß ihre Schamhaftigkeit sie unglücklich machen? Braucht sie nicht eine Kunst, ihre Neigungen mitzuteilen, ohne sie zu enthüllen?«[3]

Im ungleichen Recht, seine/ihre Begierden zu äußern, besteht der Unterschied zwischen Mann und Frau; die sexuelle Differenz ist folglich eine *Differenz der Artikulation* des Begehrens. Beide Geschlechter mögen das gleiche Begehren haben – auf keinen Fall haben sie das Recht, es auf die gleiche Weise zum Ausdruck zu bringen. Die Natur habe nicht vorgesehen, »daß der erste, dessen Verlangen sich regt, auch der erste sein solle, es zu äußern« (Emile, S. 468). Allein den Männern ist gestattet, ihr Begehren zu zeigen, indem sie es benennen, es gewissermaßen öffentlich deklarieren. Die Frauen hingegen sollen »ihre Begierden selbst denen verbergen, die sie einflößen« (ebd., S. 507); dieses Verbot fundiert Rousseau im Postulat der *Schamhaftigkeit*. Sie ist ein essentielles Attribut der Weiblichkeit; so wenig ist Weiblichkeit von Schamhaftigkeit zu trennen, daß Rousseau sich die Behauptung von Tacitus emphatisch zueigen macht: *Hat eine Frau erst einmal ihre Scham verloren, so hat sie nichts mehr zu verweigern*. Sein Kommentar lautet: »Kannte ein Schriftsteller wohl jemals das menschliche Herz beider Geschlechter besser als der, der das gesagt hat?« (Emile, S. 507, Fußnote).

Wie aber begründet Rousseau seine Forderung, die Frauen dürften ihr gleiches Begehren nicht auf die gleiche Weise äußern wie die Männer? Hier nun beginnt in der Tat sein Problem. Kann denn das Begehren der Frau, wenn es sich in anderer Weise artikuliert als dasjenige des Mannes, trotzdem in seiner Substanz gleich sein? Und worin bestünde eine solche Substanz jenseits der Erscheinugs- also der Äußerungsformen? Schon in dem Versuch, quantifizierende Aussagen über das Begehren von Mann und Frau zu machen, zeigen sich bei Rousseau bemerkenswerte Schwankungen: mal scheint er das Begehren beider Geschlechter für gleich stark zu halten; mal dasjenige der Frau, mal dasjenige des Mannes für stärker. Unabhängig von diesen Unsicherheiten insistiert Rousseau jedoch durchgehend auf der irreduziblen Notwendigkeit der weiblichen Schamhaftigkeit. Seine Begründung klingt im Lichte dessen, was wir bisher dazu gehört haben, nicht gerade plausibel: »Wenn es bei der Leichtigkeit, mit welcher die Frauen die Sinne der Männer und im Grunde von deren Herzen die Reste eines fast erloschenen Temperaments erwecken, irgendeine unglückliche Himmelsgegend auf der Welt gäbe, wo die Philosophie diesen Brauch eingeführt hätte (daß nämlich die Frauen »schamlos« ihr Begehren zeigen und ausleben könnten – CG), (...) so würden die Männer, von den Frauen tyrannisiert, schließlich ihre Opfer sein und sich alle zum Tode verdammt sehen, ohne daß sie sich jemals dagegen verteidigen könnten« (Emile, S. 468).

Rousseau behauptet also, die Schamhaftigkeit der Frau sei eine Folge bzw. ein Bestandteil ihres *anderen Begehrens*. Das weibliche Begehren ist *schrankenlos, maßlos, unersättlich*, während das männliche Begehren eine *natürliche Grenze* kennt, also endlich, beschränkt und maßvoll ist. Dem Mann erlegt die Natur selbst eine Mäßigung auf, seine Begierden sind von Natur aus begrenzt: Sind sie gestillt, so schweigt die Stimme des Begehrens. Dieser regulierende Mechanismus fehlt bei der Frau; er wird bei ihr kompensiert durch eine fast ebenso natürliche Zurückhaltung (»réserve«), nämlich ihre Schamhaftigkeit.[4] In dem kleinen Wörtchen »fast« liegt in diesem Fall die ganze Komplikation...[5]

Das weibliche Begehren ist, gerade weil es grenzenlos und *unersättlich* ist, eine potentiell tödliche Bedrohung für die Gattung insgesamt; anders als die Tierweibchen, die »keinen Passagier mehr aufnehmen, wenn das Schiff seine Ladung hat« (Emile, S. 468), geben die Frauen keine Ruhe: »Wo würde der Ersatz für diesen hemmenden Instinkt (der Tierweibchen – CG) bei den Frauen sein, wenn man ihnen die Scham nähme? Warten, bis sie sich nichts mehr aus Männern machen, heißt warten, bis sie zu nichts mehr gut sind« (ebd.).

Offensichtlich sind die Männer von der *Maßlosigkeit* der Frauen affizierbar; zwar ist sie ein Kennzeichen des weiblichen Begehrens, aber ein potentiell ansteckendes. Aus der Maßlosigkeit folgt die übermäßige Verausgabung der Kräfte und Energien: eine tödliche Ökonomie, die für die Lust mehr Energien verschwendet, als sie regenerieren kann, die deshalb Körper und Seele schwächt und schließlich verzehrt. Ich fasse zusammen: das weibliche Begehren – so die Fiktion von Rousseau – ist maßlos, unersättlich, ausschweifend, verausgabend und potentiell tödlich – und aus all diesen Gründen muß es sich schamhaft verhüllen.

Es gibt in Rousseaus geschichtsphilosophischer Konstruktion nirgends einen Ort, von dem sich diese Maßlosigkeit des weiblichen Begehrens herleiten ließe.[6] In dem von ihm fingierten Naturzustand gibt es *noch keine* weibliche Schamhaftigkeit; dort paaren sich Männer und Frauen, wie sie sich gerade begegnen, und gehen anschließend gleichgültig wieder auseinander.[7] Am anderen Extrempol Rousseau'scher Entwürfe, im dekadenten Gesellschaftszustand der Pariser Metropole, gibt es *keine* weibliche Schamhaftigkeit *mehr*. Das können Sie nachlesen in der *Nouvelle Héloise*, und zwar in der Beschreibung, die St.Preux von den »Pariser Frauenzimmern« gibt.[8] Die Folge dieser Schamlosigkeit ist der Rückfall in den Naturzustand: In der entarteten Pariser Gesellschaft manifestiert sich die ursprüngliche Gleichgültigkeit im Verhältnis von Mann und Frau in einem System ständig wechselnder Liebhaber, das die bloß formal aufrechterhaltenen Ehen ergänzt.

Die Schamlosigkeit der Frau hat in diesen beiden Rousseau'schen Fiktionen nicht – wie es seine zitierten Behauptungen nahelegen – den *Tod der Gattung* zur Folge, wohl aber den *Tod des Begehrens und der Liebe*.[9] Das Begehren reduziert sich wieder auf ein bloßes Bedürfnis, das schweigt, sobald es gestillt ist – wie bei den Tieren [10] oder den »Wilden« im Naturzustand.

Bezieht man also Rousseaus *Behauptungen* über die weibliche Schamhaftigkeit auf das, was er an verschiedenen Stellen seines Werkes *beschreibt*, so läßt sich erkennen: Die Schamhaftigkeit der Frauen ist nicht naturgegeben; ferner dient sie nicht der Unterdrückung des weiblichen Begehrens (im Interesse der Arterhaltung), sondern allenfalls einer gewissen Mäßigung, die gerade umgekehrt darauf zielt, das Begehren (der Frau *und* des Mannes) aufrechtzuerhalten, zu stimulieren und zu intensivieren. Darüber hinaus hat die Scham selbst *Zeichencharakter*; sie verweist auf etwas anderes – die *Unersättlichkeit* des weiblichen Begehrens – und verhüllt dieses zugleich. Rousseau macht uns in seiner Fiktion des weiblichen Begehrens auf eine Beschaffenheit des menschlichen Begehrens überhaupt aufmerksam:

Wir können die verhüllte Unersättlichkeit des weiblichen Begehrens lesen als Metapher für die Unmöglichkeit, das Begehren jemals vollständig zu repräsentieren. Etwas an ihm wird sich den Repräsentationsversuchen stets entziehen und – als Unersättliches – weiter existieren. Das Begehren, wie es Rousseau im Gegensatz zum bloßen Bedürfnis beschreibt, sprengt die *Theorie der Repräsentation*. Diese Tatsache hat Rousseau verschämt angedeutet in der Figur der weiblichen Schamhaftigkeit. Wie wir gehört haben, verweist diese keineswegs auf ein reales Substrat, sondern auf etwas gänzlich Irreales: die *Unersättlichkeit* des weiblichen Begehrens ist eine reine Fiktion; sie verschwände, sobald sie sich – wie im Naturzustand oder in dekadenten Gesellschaftsformationen – repräsentieren dürfte. Die Scham »repräsentiert« also etwas Irrepräsentables, das im Akt des Präsentwerdens sich selbst verflüchtigen würde. Dasselbe trifft zu auf das Begehren generell: sobald es sich repräsentierte, wäre es kein Begehren mehr. Die Frauen sind diejenigen (in der Rousseau'schen Fiktion), die dieses irrepräsentable Wesen des Begehrens verstanden haben; sie üben deshalb die Herrschaft im Reich der Liebe aus.

»So wie ich die schreckliche Leidenschaft der Liebe begreife«, schreibt Rousseau im Brief an d'Alembert, »ihre Verwirrung, ihre Verirrungen, ihr Herzklopfen, ihre Begeisterung, ihre brennenden Ausdrücke, ihr noch kraftvolleres Schweigen (sic!), ihre unaussprechlichen (sic!) Blicke (...), scheint es mir, daß nach einer so ungestümen Sprache eine liebende Frau ihrem Liebhaber, der ihr nur ein einziges Mal Ich liebe diche sagte, empört antworten müßte: nSie lieben mich nicht mehr, um ihn im Leben nicht wiederzusehen«.[11]

Das Begehren des Liebenden kann sich immer nur partiell vergegenwärtigen, andeuten, »versprechen«,[12] metaphorisch verhüllt in Szene setzen. Die Sprache der Liebe und des Begehrens überhaupt ist per se metaphorisch: »Die Liebe ist nur eine Illusion; sie schafft sich sozusagen eine andere Welt; sie umgibt sich mit Gegenständen, die nicht da sind, oder denen sie allein das Dasein gegeben hat; und weil sie alle ihre Empfindungen in Bilder kleidet, so ist ihre Sprache allezeit metaphorisch (frz. figuré)« (Julie, a.a.O., S. 12).

Wir können also die Schamhaftigkeit der Frau lesen als eine *Metapher*, die auf die stets nur partielle Darstellbarkeit des menschlichen Begehrens und die grundsätzliche Metaphorizität der begehrenden Sprache verweist. Und wie anders sollte man von dieser Eigenschaft der Sprache sprechen als metaphorisch?

Die Metaphorizität der Sprache des Begehrens läßt sich studieren an Rousseaus Ausführungen über die *schamhafte weibliche Rede*. Die Frau darf ihr Begehren nur artikulieren unter der Bedingung, daß sie eine Differenz einführt zwischen dem, was sie sagt und dem, was sie meint. Damit aber ist die weibliche Rede dispensiert von Rousseaus grundlegender Forderung, immer und überall die *Wahrheit* zu sagen – im Sinne einer Adäquatio von Wort und Bedeutung / Sache, wie es der traditionelle Wahrheitsbegriff definiert. *»Die Frauen sind stets diesseits oder jenseits des Wahren«*, schreibt Rousseau im *Emile* (vgl. S. 495); ihre Schamhaftigkeit scheint sie zum »Lügen« nachgerade zu verpflichten. Dennoch ist diese Art zu lügen nicht moralisch verwerflich; die Frauen sind, obwohl sie lügen, nicht *falsch*: »Die Gabe, die ihnen eigen ist, ist die Gewandtheit und nicht die Falschheit; in den wahren Neigungen ihres Geschlechts sind sie, selbst wenn sie lügen, nicht falsch« (Emile, S. 505). Wie aber kann man lügen und zugleich nicht lügen? Wie kann man jenseits der Wahrheit und zugleich »nicht falsch« sein? In den »Träumereien eines einsamen Spaziergängers«, seiner letzten Schrift, entwickelt Rousseau den Gedanken, daß man unter gewissen Bedingungen durchaus *lügen* darf, ohne *falsch* zu sein: »Lügen ohne Nutzen noch Nachteil für sich oder andere heißt nicht lügen, es ist nicht eine Lüge, sondern Erdichtung« – *»fiction«*, wie der Originaltext vermerkt.[13] Die Frauen sind aufgrund ihrer Schamhaftigkeit das *fingierende Geschlecht*.

Die fingierende Rede der weiblichen Schamhaftigkeit stimuliert das Begehren des anderen; denn sie etabliert in der Annäherung der Verliebten ein *»Hindernis«*, das den paradoxen Effekt hat, das Begehren zu intensivieren. Rousseau drückt das so aus: »Die Scham entflammt das Verlangen, indem sie es hemmt«.[14] Die schamhafte Rede der Frauen ist *performativ*;[15] sie ist ein sprachlicher Akt, der nicht eine Tatsache abbildet, eine Fest-Stellung (Konstation) trifft, sondern eine Wirklichkeit schafft, indem sie den Adressaten ihrer Rede verführt, das zu tun, was sie begehrt. Diese Verführung ist nur möglich jenseits eines *konstativen Sprechaktes*; denn würde die Frau direkt bezeichnen, was sie will, könnte sie den anderen nicht mehr dazu verführen. Rousseau erläutert das am Beispiel der Galatea, jener »lüsternen Dirne« aus den *Bucolica* des Vergil, die einem Hirten Äpfel nachwarf und dann ins Weidengebüsch floh in der Hoffnung, er werde ihr folgen. Rousseau schreibt dazu: »Was für ein charmanter Diskurs ist doch der Apfel der Galatea und ihre ungeschickte Flucht! Was soll sie noch hinzusetzen? Soll sie dem Hirten, der ihr unter die Weiden folgt, sagen, sie fliehe nur in der Absicht, ihn nach sich zu ziehen? Sie würde sozusagen lügen, denn dann würde sie ihn nicht mehr nach sich ziehen« (Emile, S. 506).

Für die weibliche Rede gelten bei Rousseau andere »Wahrheitskriterien«

als für die männliche. Wenn eine Frau spricht, dann um einen Effekt zu erzielen, eine Wirkung auf den Adressaten; wenn ein Mann spricht, dann um eine inter-subjektiv überpüfbare, transparente Wahrheit zum Ausdruck zu bringen, in welcher sich Wort und Ding, Sprachzeichen (Signifikant), Vorstellung (Signifikat) und Gegenstand (Referent) entsprechen. Solche Adäquatio ist der Maßstab für die Rede des Mannes; Emiles sprachliche Erziehung ist am Ideal dieser Transparenz orientiert. »Der Mann sagt, was er weiß, die Frau sagt, was gefällt. Er hat zum Reden Wissen, sie Geschmack nötig; er muß die nützlichen, sie die angenehmen Dinge zum Thema haben« (Emile, S. 492/93). Und Rousseau fährt fort: »Man darf also das Geplauder der Mädchen nicht, wie das der Knaben, durch die harte Frage aufhalten: 0Wozu ist das gut?0, sondern durch die andere (...): 0Was wird das für Wirkung tun?0« (ebd., S. 493).

Rousseau hat durch diese Distribution der zwei beschriebenen Möglichkeiten der Rede (des konstativen oder performativen Sprechens) auf die beiden Geschlechter ein Problem zu lösen versucht, das ihn und seine Zeitgenossen bedrängte. Es handelt sich um den Widerspruch zwischen einer bestimmten *Erfahrung mit der Sprache* im Akt des Sprechens und Schreibens, und einer *Theorie der Sprache*, die dieser Erfahrung gegenüber blind ist. Rousseau lebt und schreibt in einer Epoche, die dem Ideal des »klassischen Zeitalters« [16] verpflichtet ist: Die Sprache soll lediglich das transparente Medium der Repräsentation der Dinge sein. Doch zugleich entdeckt und erfährt er machtvoll ihre Eigendynamik und -gesetzlichkeit, ihre fundamentale Metaphorizität (das »Sein der Sprache« – wie Foucault es nennt). Rousseau, der doch »sein Leben der *Wahrheit* geweiht hat«,[17] läßt sich durch die »Lust am Schreiben« verführen zur *Fiktion*, zur Erfindung und Ausschmükkung von Geschichten. Das können Sie nachlesen im 4. Spaziergang seiner »Träumereien«, wo er sich diesbezüglich einer strengen Selbstprüfung unterzieht: »...habe ich je wissentlich etwas wider die Wahrheit geschrieben, so ist es immer nur bei gleichgültigen Gelegenheiten geschehen, und mehr aus Verlegenheit im Reden oder aus *Lust am Schreiben* (frz: »plaisir d'écrire«) als aus irgendeinem eigennützigen Beweggrund oder zum Vorteil oder Schaden anderer«.[18] Die Entschuldigung lautet: seine Fiktionen waren »mehr die Wirkung einer erhitzten Einbildungskraft als einer Willenshandlung« (ebd., S. 687); er wurde »hingerissen« durch die Lust, mit der er schrieb (S. 691). Auch die Frauen lassen sich übrigens (von »tausend fremden Antrieben«) *»hinreißen«*: so lautet Rousseaus Begründung für die bereits erwähnte Behauptung, die Frauen seien stets diesseits oder jenseits des Wahren!

Die ebenso beunruhigende wie berauschende Erfahrung, die den Schreibenden vom »Weg der Wahrheit« abirren läßt, versucht Rousseau mit seinen theoretischen Grundsätzen in Übereinstimmung zu bringen, indem er der fingierenden Rede eine Heimstatt bei den Frauen verschafft. Doch welche Folgen hat diese Distribution (männliche Wahrheit – weibliche Fiktion) für die Stellung der Frau in seiner Theorie?

Rousseau hält letztlich am Konzept der Wahrheit als transparenter Entsprechung von Wort und Ding, als Adäquatio fest; die metaphysische Tradition der Zeichentheorie, derzufolge die »eigentliche« Bedeutung eines Wortes sowohl Vorrang hat vor seinen »übertragenen«, metaphorischen Bedeutungen als auch diese begrenzt, wird von ihm – trotz gegenteiliger Erfahrungen im Schreiben – nicht aufgegeben.[19] Deshalb verweist er die Frauen und die durch ihre Schamhaftigkeit bedingte fingierende Rede in die untergeordnete Position. Das manifestiert sich auf der Ebene seines *expliziten Diskurses* (seiner Behauptungen) zum Beispiel darin, daß er

– den Frauen jegliche Eigenständigkeit (»Autonomie«) abspricht: sie sind in allem (der Befriedigung ihrer Bedürfnisse *und* ihrer Begierden) *abhängig* von den Männern;
– ferner darin, daß er die Frauen aus den Sphären der Öffentlichkeit, der Politik, der Wissenschaft und Kunst *ausgrenzt*: die Frauen haben ihre Wirkungsstätte laut Rousseau einzig und allein im Haus, sie sind für die Familie, für Mann und Kinder da.

Schließlich ist die wichtigste Konsequenz die strikte Trennung der Geschlechter: Mann und Frau sind »von Natur aus« nicht nur *physisch* verschieden, sondern auch *moralisch* (d.h. geistig-seelisch); daraus folgt für Rousseau, daß ihre gesamte Lebensweise sich unterscheiden, sich in verschiedenen sozialen Sphären abspielen muß.[20]

So wie Rousseau die metaphorische Bedeutung eines Wortes seiner »eigentlichen« Bedeutung unterordnen will, wie er die fingierende Rede gegenüber der wahrheitsgemäßen, »authentischen« Rede für sekundär hält, so ordnet er auch das Weibliche dem Männlichen unter. Jedenfalls trifft das zu auf der Ebene seines expliziten Diskurses über die Frauen, auf der Ebene der *dargestellten Weiblichkeit*. In seinen Beschreibungen aber, im Prozeß des Schreibens selbst hat dagegen das Weibliche von ihm Besitz ergriffen: Rousseau läßt sich hinreißen von der Lust an der Fiktion und von der Fiktion der Lust – sein Begehren ist »weiblich«. Dieser Widerspruch zwischen der dargestellten Weiblichkeit und der *Weiblichkeit der Darstellung* verleiht seinen Texten eine Dynamik, die sie bis heute zu einem Faszinosum ersten Ranges machen – vorausgesetzt, man läßt sich von dem expliziten Frauenbild und der deklarierten Moral seines Diskurses nicht schrecken.

Friedrich Schlegel

Schlegel hat sich scharf und polemisch distanziert von Rousseaus »Theorie der Weiblichkeit«. Am drastischsten ist wohl sein Urteil, dieser habe »unendlich viele gemeingeltende Plattheiten (...) in ein ordentliches System der Weiblichkeitslehre verbunden, in welchem der Unsinn so ins reine gebracht und ausgebildet war, daß es durchaus allgemeinen Beifall finden mußte«.[21]

In der Tat gibt es in Schlegels explizitem Diskurs über das Weibliche große Unterschiede zu Rousseau:

1. Hinsichtlich der Stellung der Geschlechter: Schlegel kritisiert die unter seinen schriftstellernden Zeitgenossen weitverbreitete Meinung, »die Weiber seien um der Männer willen da«; denn das hieße, »das Gute und Schöne von der weiblichen Bestimmung ausschliessen« (Über die Diotima, M 68). Noch deutlicher wird er an anderer Stelle: »Daß man die Frauen wegen ihrer *anscheinenden* Geschicklichkeit dafür zum *Dienen* gewählt hat, das ist der grosse Fehler in der gegenwärtigen Construction des Lebens« (M 123).

2. In der politischen Theorie: Er kritisiert die Rousseau'sche Ausgrenzung der Frauen aus der Sphäre der Öffentlichkeit und Politik und fordert demgegenüber das Wahlrecht für Frauen.[22]

3. In der Bildung: Während Rousseau in Namen der »weiblichen Natur« das Streben von Frauen nach wissenschaftlicher, literarischer oder philosophischer Bildung nachdrücklich verurteilt, ermuntert Schlegel seine Geliebte Dorothea öffentlich dazu, die Vorurteile der Welt über die sog. weibliche Gelehrsamkeit kühn zu ignorieren und ihren Wunsch nach gründlichen philosophischen Studien in die Tat umzusetzen.[23]

4. In der Kunst: Schlegel verwirft ausdrücklich Rousseaus Ansicht, die Frauen seien unfähig, wahrhaft geniale Kunst und Literatur hervorzubringen. »Das Beispiel der Sappho und der Griechischen Dichterinnen widerspricht der Meinung, die *Rousseau* mit so mächtiger Beredsamkeit vorgetragen hat, daß die Weiber der ächten *Begeisterung* und hoher Kunst ganz unfähig seien. Eine Meinung, die aus Vernunftgründen nicht bewiesen werden kann, und welche die Erfahrung nicht begünstigt; zu geschweigen, daß eine unvollständige Erfahrung keinen vollständigen Beweis geben kann« (M 152).

5. In der Utopie des Geschlechterverhältnisses: Schlegel plädiert – ganz im Gegensatz zu Rousseau – für die Überwindung der Geschlechterpolarität in Richtung auf ein Ideal der Androgynität: »Nur selbständige Weiblichkeit, nur sanfte Männlichkeit, ist gut und schön« (Über die Diotima, M61). Und in seinem Brief über die Philosophie an Dorothea führt er dazu

aus: »In der That sind die Männlichkeit und die Weiblichkeit, so wie sie gewöhnlich genommen und getrieben werden, die gefährlichsten Hindernisse der Menschlichkeit, welche nach einer alten Sage in der Mitte einheimisch ist und doch nur ein harmonisches Ganzes seyn kann, welches keine Absonderung leidet« (Über die Philosophie, M 91). Deshalb dürfe man die Geschlechtscharaktere keineswegs noch mehr übertreiben, sondern müsse sie vielmehr »durch starke Gegengewichte (...) mildern«, »damit die Eigenheit (also die *Individualität* im Gegensatz zur Geschlechtsrolle – CG) einen wo möglich unbeschränkten Raum finde, um sich nach Lust und Liebe in dem ganzen Bezirke der Menschheit frey zu bewegen« (M 92).

Wollte man seine Untersuchung auf diese expliziten Unterschiede zwischen Rousseau und Schlegel im Hinblick auf die *dargestellte Weiblichkeit* beschränken, so müßte man in der Tat die von Schlegel proklamierte Gegnerschaft für besiegelt halten. Interessant wird der Vergleich beider Autoren aber erst, wenn man die Ähnlichkeiten zwischen ihnen im Hinblick auf die *Weiblichkeit der Darstellungsart sowie die Fiktion des weiblichen Begehrens* mitberücksichtigt. Auch für Schlegel gehören die Unersättlichkeit der Wollust und das schamhafte Verhüllen dieses Begehrens zu den wesentlichen Bestimmungen von Weiblichkeit. Er notiert: »Die Frauen haben mehr Genie zur Wollust, die Männer treiben sie als Kunst. Die Frauen sind immer wollüstig und sinds unendlich« (M 140). – »Frauen sind ganz kalt oder ganz unersättlich; die besten beides und steigen von einem allmählich zum andern. Dieß sind ihre Lehrjahre. Die Schamhaftigkeit der Frauen hängt mit der Unersättlichkeit ihrer Wollust zusammen; *alles Unendliche schämt sich*« (M 140/41). In einer anderen Notiz vermerkt Schlegel, »innere Selbstvernichtung = Tod unter der Oberfläche der Wollust« sei der »Charakter des Weibes« (M 127).

Man kann diese letzte Aussage im Lichte der anderen so interpretieren: Die Wollust – zu der die Frauen mehr »Genie« haben als die Männer – ist gebunden an die Erfahrung des Todes, der Hingabe oder Selbstaufgabe.[24] Das männliche Gegenstück dazu ist »innere Ichheit = Leben unter der Oberfläche des Zorns« (ebd.) – um den Preis der Lust, wie aus einer anderen Notiz hervorgeht: »Der Mann weiß eigentlich nichts von Lust« (ebd.).

Auch bei Schlegel ist die Unersättlichkeit der weiblichen Wollust an die Erfahrung der Scham gebunden; auch bei ihm gehören Weiblichkeit und Verhüllung / Verführung zusammen, wie aus folgender Bemerkung hervorgeht: »Mysterien sind weiblich; sie verhüllen sich gern, aber sie wollen doch gesehen und erraten sein« (M 149). Schlegel spricht sogar explizit von einer *»Weiblichkeit der Darstellungsart«*; sie liege »ebenso und noch weit mehr in dem, was nicht gesagt wird, und nur von Weibern nicht, als in den Feinheiten, die nur sie sagen können«.[25] Mit diesen Bestimmungen wandelt Schlegel – vermutlich ohne sich dessen bewußt zu sein – in den Spuren Rousseaus. Man kann Weiblichkeit auch bei ihm als Namen für eine Strategie der Rede entziffern; die Weiblichkeit der Darstellungsart verhüllt die eindeutige Aussage, die transparente Wahrheit.

Doch anders als bei Rousseau wird das Weibliche durch diese Bestimmungen nicht marginalisiert und in eine untergeordnete Position abgedrängt. Denn Schlegel hat sich von der (aufklärerischen) Wunschvorstellung verabschiedet, die Wahrheit ließe sich sprachlich repräsentieren. Vielmehr geht er aus von einer fundamentalen Differenz zwischen der »eigentlichen Wahrheit« eines Dinges (oder einer Empfindung) und der Möglichkeit ihrer sprachlichen Repräsentation, ihrer Darstellbarkeit. Immer wird es einen Rest an Undarstellbarkeit geben, und dieser Rest, diese Differenz ist konstitutiv für die menschliche Rede: sie erzeugt sowohl die *Notwendigkeit*, nach Ausdrücken der Wahrheit zu suchen, als auch die *Unmöglichkeit*, diese jemals in endgültiger Form zu finden.

Julius, der Held und überwiegende Ich-Erzähler in Schlegels Roman »Lucinde«, thematisiert diese sprachphilosophische Prämisse des Autors in immer neuen Variationen. Als er sich zum Beispiel in »das Kriegsgetümmel der Leidenschaften (...) stürzen« will, um »für die Liebe und die Wahrheit zu kämpfen«, belehrt ihn sein »Witz« (d.h. sein Geist bzw. *Esprit*, den Schlegel als allegorische Figur darstellt): »Du mußt das unsterbliche Feuer nicht rein und roh mitteilen wollen (...). Bilde, erfinde, verwandle und erhalte die Welt und ihre ewigen Gestalten im steten Wechsel neuer Trennungen und Vermählungen. Verhülle und binde den Geist im Buchstaben...«.[26]

Für Schlegel gibt es keine vorgängige Präsenz einer inneren Erfahrung (das »unsterbliche Feuer« der Liebe oder Wahrheit), die mittels einer transparenten Repräsentation ungebrochen (»rein und roh«) veräußerlicht werden könnte; es gibt keinen Geist ohne Buchstaben. In einer seiner Notizen formuliert er eine Analogie zwischen dem Verhältnis von Geist und Sprache und jenem von Mann und Frau: »Geist und Sprache, wie Mann und Frau...« (M 148). Diese Aussage können wir im Lichte der eben zitierten Überlegungen interpretieren im Sinne von Schlegels Konzeption der Androgynität: Der Geist und die Sprache sollen einander wechselseitig durchdringen, eins ist ohne das andere nicht vorstellbar. Wenn wir diese Überlegung auf Julius' »Lehrjahre der Männlichkeit«, das zentrale Kapitel des Lucinde-Romans, beziehen, dann können wir die dort formulierten Erfahrungen noch in einem ganz anderen Sinn verstehen, als es gewöhnlich geschieht. Normalerweise liest man die »Lehrjahre der Männlichkeit« gewissermaßen buchstäblich – als Bericht von Julius' Bildungsgeschichte im sexuellen und erotischen Bereich; die »Bekenntnisse eines Ungeschickten« – so der Untertitel des Romans – dokumentieren in diesem Kapitel die Gesamtheit seiner Beziehungen zu Frauen bis zu der endlich glücklichen Begegnung mit Lucinde. Doch ist Julius nicht nur ungeschickt in seinem erotisch-sexuellen Verhalten den Frauen gegenüber, sondern zugleich in seinem Verhältnis zur »Weiblichkeit der Darstellungsart«; er muß lernen, den Geist im Buchstaben »zu verhüllen und zu binden«.

Es ist deshalb nicht zufällig, daß Julius am Ende der »Lehrjahre der Männlichkeit« erneut die prinzipiellen Grenzen der Darstellbarkeit reflektiert: »...wie ich auch die Vergangenheit überdenke, und in mein Ich zu dringen strebe, um die Erinnerung in klarer Gegenwart anzuschauen und Dich anschauen zu lassen: *es bleibt immer etwas zurück, was sich nicht äußerlich darstellen läßt, weil es ganz innerlich ist.* Der Geist des Menschen ist sein eigener Proteus; er verwandelt sich und will nicht Rede stehn vor sich selbst, wenn er sich greifen möchte« (L 66/67 – U.v.m.). Julius warnt uns daher ausdrücklich davor, seine Erzählung – und den Roman insgesamt – allzu wörtlich zu nehmen: Denn »auch in dem was reine Darstellung und Tatsache scheint, hat sich Allegorie eingeschlichen, und unter die schöne Wahrheit bedeutende Lügen gemischt« (L 67).

Doch anders als für Rousseau ist die Vermischung von Wahrheit und Lüge und die daraus resultierende Fiktionalität *allen* Sprechens und Schreibens für Schlegel kein Skandalon; er ist weit davon entfernt, die beschriebene Unzulänglichkeit der menschlichen Sprache zu beklagen, denn er hat sich von der Illusion verabschiedet, man könne »alles sagen«.[27]

Weil Schlegel diese *Differenz* zwischen dem Dargestellten (dem Repräsentat) und der Darstellung (dem Repräsentanten) bejaht, kann er aus ihr produktive Konsequenzen ziehen: Jedes Sprechen und Schreiben produziert einen Überschuß an Bedeutungen; wir bilden nicht bloß vorgängige Realitäten ab, sondern schaffen – qua Sprache – selbst neue. Die *Sprache der Poesie*, die permanent festgelegte Bedeutungen transzendiert und neue schafft, ist paradigmatisch für diesen Sachverhalt; sie wird von Schlegel – im Gegensatz zu Rousseau – hochgeschätzt, denn sie verkörpert gewissermaßen die eigenste Potenz der menschlichen Sprache überhaupt. Das frühromantische Programm zielt darauf, die poetische Kraft der Sprache zu universalisieren; Schlegel hat dies in seinem berühmten 116. Athenäumsfragment ausgeführt: »Die romantische Poesie ist eine progressive Universalpoesie«, heißt es dort. »Ihre Bestimmung ist nicht bloß, alle getrennten Gattungen der Poesie wieder zu vereinigen, und die Poesie mit der Philosophie und Rhetorik in Berührung zu setzen. Sie will, und soll auch Poesie und Prosa, Genialität und Kritik, Kunstpoesie und Naturpoesie bald mischen, bald verschmelzen, die Poesie lebendig und gesellig, und das Leben und die Gesellschaft poetisch machen...«[28]. Schlegel betont, daß die progressive Universalpoesie nie an ein Ziel gelange, sondern immerwährender Prozeß sei: »ja das ist ihr eigentliches Wesen, daß sie ewig nur werden, nie vollendet sein kann« (ebd.).

Das unersättliche weibliche Begehren der Rousseau'schen Fiktion hat Schlegel transformiert in die unendliche Rede des poetischen Diskurses. Folgerichtig ist die Poesie bei ihm weiblichen Geschlechts: das »eigenste Wesen« der Frauen sei Poesie, notiert er (M 152). Die Weiblichkeit ist eine zentrale Kategorie in seiner poetologischen Theorie: In allem Romantischen sei das Weibliche herrschend, stellt er fest (M 153). Der Roman zum Beispiel – für Schlegel *die romantische Literaturgattung par excellence* – wird von ihm als »weibliche Gattung« bezeichnet: »Vielleicht ist der Roman eine *weibliche* Dichtart...«, räsonniert er; und an anderer Stelle: »Die Theorie des Sterbens gehört zum Roman wie die Theorie der Wollust und der Weiblichkeit« (M 152).

Hatte Rousseau die Art der Rede, die sich nie ganz enthüllt, den Frauen zugeschrieben und qua Schamhaftigkeit in ihrer sexuellen »Natur« fundiert, so wird für Schlegel die Scham zum Merkmal der Sprache selbst: Ein Teil der Wahrheit bleibt unseren sprachlichen Repräsentationsversuchen stets verborgen, wird von der Sprache gleichsam schamhaft verhüllt – so wie sich bei Rousseau ein Teil des weiblichen Begehrens der Repräsentation entzog. Gerade dieser Rest des Irrepräsentablen ist es aber, der die Rede fortzeugt und das Begehren wachhält: er ist vielleicht der Motor des Begehrens überhaupt.

Im Unterschied zu Rousseau begreift Schlegel die Schamhaftigkeit als strukturelles Merkmal der Sprache; dadurch kann er sie metaphorisch verstehen und vom weiblichen Körper loslösen: Die Frauen sind zwar noch bevorzugte Repräsentantinnen einer *schamhaften Rede*, aber sie brauchen nicht mehr im buchstäblichen Sinne schamhaft zu sein. Julius kann seine Geliebte *Lucinde* auffordern, »alle Reste von falscher Scham« von sich zu werfen, so wie er oft die »fatalen Kleider« von ihr gerissen und »in schöner Anarchie umhergestreut habe« (L 20).

Was ich Ihnen bisher zu Schlegels Theorie der Weiblichkeit dargelegt habe, ist selbstverständlich eine Extrapolation, eine Entfaltung von Bedeutungen, die in den verstreuten Äußerungen zu diesem Thema angelegt sind. Sie können das nirgends in einem geschlossenen Text bei ihm nachlesen. Das ist weder zufällig noch Ausdruck eines Unvermögens, denn

Schlegels poetische Theorie und seine schriftstellerische Praxis zielten auf das Fragment und artikulierten sich in Form von Fragmenten. Viele dieser Fragmente sind explosiv; es sind gewissermaßen Sprengsätze im Bereich des Denkens, die jedes abgeschlossene System, jede fixierte Bedeutung in Bewegung bringen wollen. Zugleich beinhalten seine Fragmente eine Aufforderung zur produktiven Rezeption, zum Weiterdenken – gerade weil sie bewußt und vorsätzlich unabgeschlossen sind.

Ich möchte Ihnen daher zum Schluß andeuten, in welcher Richtung eine solche produktive Rezeption der Schlegel'schen Theorie der Weiblichkeit durch den feministischen Diskurs erfolgen könnte. Schlegel läßt uns im Unklaren darüber, aus welchen Gründen er die Frauen für prädestiniert hält zur zweideutigen Rede – ob aufgrund der *Natur* ihres Begehrens oder aufgrund ihrer *gesellschaftlichen Erfahrungen*, der äußeren Bedingungen ihrer Rede. Er verfolgt deshalb einen Gedanken nicht weiter, der in seiner Konzeption angelegt ist: Wenn die Frauen in besonderem Maße den verführerischen, vieldeutigen Diskurs präferieren, dann müßten sie auch eine besondere Affinität haben zu jener poetischen Strategie, die Schlegel die *»romantische Ironie«* [29] genannt hat. Diese ist eine Form des Sprechens und Schreibens, die sich in Paradoxien bewegt, indem sie einander ausschließende Begriffsoppositionen zusammendenkt und sich dazwischen in der Schwebe hält. Ein Beispiel: »Es ist gleich tödlich für den Geist, ein System zu haben, und keins zu haben. Er wird sich also wohl entschließen müssen, beides zu verbinden.« (A 53) Oder: »Man kann nur Philosoph werden, nicht es sein. Sobald man es zu sein glaubt, hört man auf es zu werden.« (A 54) Philosophieren und poetisieren auf der Basis der romantischen Ironie beinhaltet deshalb einen »steten Wechsel von Selbstschöpfung und Selbstvernichtung« (vgl. A 51).

Damit unterläuft die romantische Ironie jeden konstativen Diskurs, jede fest-stellende Rede, die sich auf das duale System unserer Logik und Sprache stützt, ein System mithin, welches nur »wahr« *oder* »falsch« kennt, nur gut *oder* schlecht, männlich *oder* weiblich etc., und welches uns immer wieder zu der Annahme verleitet, es könne eine eindeutige Wahrheit geben.

Die romantische Ironie kann dagegen als eine Strategie der provokanten Irritationen angesehen werden; sie beabsichtigt die Multiplizierung von Bedeutungen, die Subversion aller eindeutigen und klar geordneten Verhältnisse, ein Denken und Sprechen in Kostümierungen; sie ist sprachlicher Ausdruck eines Begehrens, das durch unendliche Metamorphosen gekennzeichnet ist; Ausdruck eines *»weiblichen« Begehrens...*

Eine solche Form der subversiven Rede könnte von uns Frauen beerbt werden; nicht, indem wir uns auf eine »natürliche Gabe« oder Mitgift unseres Geschlechts berufen, sondern im Sinne einer praktischen Setzung. Gemeint ist eine Praxis, die das Begehren zur Sprache bringt, indem sie immer dann, wenn der konstative Diskurs sich verabsolutiert, wenn also eine eindeutige Wahrheit *fest-gestellt* werden soll, den performativen Diskurs der romantischen Ironie dagegen ins Spiel bringt: mit Ernst *und* Scherz, mit Offenheit *und* List, mit Spiel *und* Zorn, mit »herrlicher Schalkheit« und »steter Selbstparodie«, wie Schlegel es von der sokratischen Ironie gesagt hat. Auf diese Weise könnte die romantische Ironie als subversive Sprachstrategie vom Feminismus beerbt werden. Wir würden damit eine Realität der weiblichen Rede schaffen, in der die Frauen nicht mehr das *schamhafte*, sondern das *schalkhafte Geschlecht* sind!

1 ▪ Vgl. zu J.-J. Rousseau unter anderem Silvia Bovenschen, Sophie oder über die Erziehung zur Ungleichheit, in: dies., Die imaginierte Weiblichkeit. Exemplarische Untersuchungen zu kulturgeschichtlichen und literarischen Präsentationsformen des Weiblichen, Ffm. 1979; ferner Sarah Kofman, Le respect des femmes: Kant et Rousseau, Paris 1982; dies., Rousseau und die Frauen, Tübingen 1986. Zu Fr. Schlegel: Bärbel Becker-Cantarino, Schlegels Lucinde. Zum Frauenbild der Frühromantik. In: Colloquia Germanica X (1977); dies., Priesterin und Lichtbringerin. Zur Ideologie des weiblichen Charakters in der Frühromantik, in: W. Paulsen (Hg.), Die Frau als Heldin und Autorin. Neue kritische Ansätze zur deutschen Literatur, Bern und München 1979; ferner Sigrid Weigel, Wider die romantische Mode. Zur ästhetischen Funktion des Weiblichen in Friedrich Schlegels »Lucinde«, in: dies./I. Stephan, Die verborgene Frau. Sechs Beiträge zu einer feministischen Literaturwissenschaft, Berlin 1983.

2 ▪ vgl. dazu meinen Aufsatz: »Sophie oder die heimliche Macht der Frauen. Zur Konzeption des Weiblichen bei Jean-Jacques Rousseau«, in: Ilse Brehmer u.a. (Hg.), Frauen in der Geschichte IV, Düsseldorf 1983, insbes. Teil I: Rousseau lesen – aber wie? Einige Einwände gegen die »feministische Repressionshypothese«, S. 65ff. Ich verwende den Begriff mit Bezug auf Michel Foucault; dieser hat vor allem in seiner Untersuchung »Sexualität und Wahrheit: Der Wille zum Wissen« (Ffm. 1977) dargelegt, daß sich moderne Techniken der Machtausübung nicht zureichend mit der »Repressionshypothese« erfassen lassen – also mit der Annahme, Macht sei wesensmäßig negativ: Verbot, Unterdrückung, Anti-Energie, Ausbeutung, Ausgrenzung etc.

3 ▪ J.-J. Rousseau, Emile *oder* Von der Erziehung, München 1979 (Winkler), S. 505/06 (Ich zitiere nach der Winkler-Ausgabe, da sich diese Übersetzung nach meinem Eindruck am engsten an das französische Original hält; mitunter habe ich gleichwohl kleinere Korrekturen für notwendig befunden und stillschweigend vorgenommen.)

4 ▪ »Wie? sieht man nicht, daß, wenn bei einer so großen Ungleichheit in der gemeinschaftlichen Aufgabe (dans la mise commune) die Zurückhaltung (la réserve) dem einen (also der Frau – CG) nicht die Mäßigung auferlegte, welche die Natur dem anderen (nämlich dem Mann – CG) auferlegt, bald daraus der Untergang aller beider entstehen und das menschliche Geschlecht durch eben die Mittel umkommen würde, die zu seiner Erhaltung bestimmt sind?« (Emile, S. 468).

5 ▪ vgl. J. Derridas Analyse der Schamhaftigkeit, die als ein Supplement in der Kette all jener Supplemente erscheint, welche der Rousseau'sche Naturbegriff erheischt: J. Derrida, Grammatologie, Ffm. 1974, S. 306ff.

6 ▪ vgl. dazu meine Ausführungen in dem o.a. Aufsatz von 1983.

7 ▪ Vgl. im 2. Discours über den Naturzustand: »Die Weiber und Männer vereinigten sich, wie sie sich gerade begegneten, je nachdem sie Gelegenheit und Lust dazu hatten, ohne daß das Wort ihnen ein sehr notwendiger Dolmetsch gewesen wäre, einander, was sie sich zu sagen hatten, zu verstehen zu geben: Sie gingen ebenso leicht wieder auseinander.« (J.J. Rousseau, Abhandlung über den Ursprung und die Grundlagen der Ungleichheit unter den Menschen, in: Sozialphilosophische und politische Schriften, München 1981, Winkler, S. 76)

8 ▪ J.J. Rousseau, Julie *oder* die neue Héloise. Briefe zweier Liebenden aus einer kleinen Stadt am Fuße der Alpen, München 1978 (Winkler), Teil II, 21. Brief, S. 272ff.

9 ▪ vgl. St. Preux über die Pariser Gesellschaft: »Es scheint, als wäre hier die ganze Ordnung natürlicher Neigungen umgekehrt.« – »Die Liebe selbst, sogar die Liebe hat ihre Rechte verloren und ist nicht weniger unnatürlich als die Ehe.« – »Denn welche Liebe kann dort herrschen, wo die Schamhaftigkeit verlacht wird; und welchen Reiz kann es wohl geben, wenn zugleich die Liebe und die Ehrbarkeit fehlen?« (Julie..., a.a.O., S. 278 und 279)

10 ▪ vgl. im »Emile« über die Tierweibchen: »Die Begierde kommt bei ihnen nur mit dem Bedürfnis; ist das Bedürfnis befriedigt, so hört die Begierde auf.« (S. 468)

11 ▪ J.J. Rousseau, Brief an d'Alembert über das Schauspiel, in: Schriften, hg. v. H. Ritter, München/Wien 1978, Bd. I, S. 441

12 ▪ vgl. zum Begriff des *Versprechens* in der Sprache des Begehrens und der Verführung den Aufsatz von Monique Schneider: The Promise of Truth – the Promise of Love, in: Diacritics 11/1981. Dieser Aufsatz bezieht sich auf das in Anm. 15 erwähnte Buch von Sh. Felman über Don Juan und Austin.

13 ▪ J.J. Rousseau, Träumereien eines einsamen Spaziergängers, in: Schriften, hg. v. Henning Ritter, München/Wien 1978, Band II, S. 680; frz.: ed. pléiade, S. 1029

14 ▪ vgl. J.J. Rousseau, Brief an d'Alembert, a.a.O., S. 419: »Das Hindernis, das uns dieses Ziel (der sexuellen Vereinigung – CG) zu entrücken scheint, bringt es uns in Wirklichkeit näher. Das Verlangen, das mit Scham bedeckt (frz. voilé) wird, wird dadurch nur umso verführerischer, die Scham entflammt es, indem sie es hemmt...«

15 ▪ Ich verwende die Begriffe »performativ« und »konstativ« aus der Sprechakttheorie von John L. Austin in jenem erweiterten Sinne, den Shoshana Felman ihnen verliehen hat; vgl. Sh. Felman, Le Scandale du corps parlant: Don Juan avec Austin ou la séduction en deux langues, Paris 1980, sowie Monique Schneider, The Promise of Truth – the Promise of Love, a.a.O.

16 ▪ Ich folge hier M. Foucaults Periodisierung in: »Die Ordnung der Dinge«, Ffm. 1971 (3. Aufl. 1980)

17 ▪ »Vitam impendere vero« lautete bekanntlich sein Wahlspruch.

18 ▪ Träumereien, a.a.O., S. 690. (Hervorhebung von mir – CG.)

19 ▪ In diesem Punkt stimme ich *nicht* mit Paul de Man's Rousseau-Interpretation überein, der ich ansonsten in vielem verpflichtet bin; vgl. Paul de Man: The Rhetoric of Blindness: Jacques Derrida's Reading of Rousseau. In: ders., Blindness and Insight. Essays in the Rhetoric of Contemporary Criticism, Minneapolis 1983 (= 2. erw. Aufl.), S. 102–141; ferner das Kap. »Metaphor (Second Discourse)« in: ders., Allegories of Reading. Figural Language in Rousseau, Nietzsche, Rilke and Proust, New Haven and London 1979, S. 135–159.

20 ▪ vgl. den Brief an d'Alembert, S. 436: »Folgen wir den Hinweisen der Natur und befragen wir das Wohl der Gesellschaft. Wir werden finden, daß die beiden Geschlechter sich hin und wieder versammeln müssen, normalerweise aber getrennt leben. (...) Ebensosehr wie die Frauen, und mehr als sie, sind die Männer empfindlich gegen den allzu innigen Umfang, bei dem die Frauen nur die guten Sitten, wir aber die Sitten und dazu noch unsere gute körperliche Verfassung einbüßen... Weil sie keine Männer werden können, machen die Frauen

uns zu Frauen, sobald sie die Trennung nicht mehr hinnehmen wollen.« Vgl. zu dieser Thematik auch Sarah Kofman, Le respect des femmes, a.a.O., S. 108ff.

21 ■ Fr. Schlegel: Fragmente und Notizen zur Theorie der Weiblichkeit. In: Fr. Schlegel, Theorie der Weiblichkeit, hg. von Winfried Menninghaus, Ffm. 1983, S. 129. Im folgenden zitiere ich aus diesem Sammelband unter der Sigle M + Seitenzahl; sofern nichts anderes vermerkt ist, handelt es sich dann stets um Fragmente bzw. Notizen von Schlegel.

22 ■ vgl. Fr. Schlegel, Versuch über den Begriff des Republikanismus. In: ders., Kritische und theoretische Schriften, hg. von Andreas Huyssen, Stuttgart 1978

23 ■ Vor allem in dem Brief »Über die Philosophie. An Dorothea«, in: Menninghaus, a.a.O., S. 85ff.

24 ■ vgl. dazu auch Schlegels Notiz: »Der Tod ist der erste und letzte Versuch seiner Art; so auch die Hingebung für Frauen« (M 141).

25 ■ M 153. Vgl. dazu auch folgende Notiz: »Eine Frau sagt oft naiv etwas anderes stattdessen, was sie eigentlich will und zu sagen scheint. – Ein Mann sagt auf eine naive Weise gleich geradezu, was er will.« (M 130)

26 ■ Fr. Schlegel, Lucinde. Roman, Ffm./Berlin/Wien 1980, S. 25 (U.v.m.). Im folgenden im Text zitiert unter der Sigle L + Seitenangabe.

27 ■ vgl. F.N. Mennemeier, Fragment und Ironie beim jungen Friedrich Schlegel. In: K. Peter (Hg.), Romantikforschung seit 1945, Königstein/Ts. 1980, S. 234

28 ■ in: Fr. Schlegel, Kritische und theoretische Schriften, a.a.O., S. 90f. Im folgenden werden Athenäumsfragmente im Text gekennzeichnet durch die Sigle A und die Nummer des Fragments.

29 ■ Ich verkürze die Thematik der romantischen Ironie im Kontext dieses Vortrages bewußt auf einen pragmatischen Aspekt. Bekanntlich gibt es eine breite literaturwissenschaftliche und philosophische Diskussion zu diesem Begriff; ich verweise nur auf einige Titel: Ernst Behler, Klassische Ironie – Romantische Ironie – Tragische Ironie. Zum Ursprung dieser Begriffe, Darmstadt 1972; Ingrid Strohschneider-Kohrs, Die romantische Ironie in Theorie und Gestaltung, Tübingen 1977 (2. erw. Aufl.), bes. Kap. I.; Norbert Mennemeier, a.a.O. Auf die philosophischen Implikationen der romantischen Ironie zielen u.a. die Arbeiten von walter Benjamin, Der Begriff der Kunstkritik in der deutschen Romantik, Ffm. 1973 (zuerst ersch. 1920); Peter Szondi, Friedrich Schlegel und die romantische Ironie, in: ders., Satz und Gegensatz, Ffm. 1976; Paul de Man, The Rhetoric of Temporality, in: ders., Blindness and Insight, a.a.O. (v.a. Teil II: Irony, S. 208ff.). Die Frage nach dem Zusammenhang von romantischer Ironie und Weiblichkeit verdiente sehr wohl eine philosophische Untersuchung, die aber in diesem Rahmen nicht geleistet werden kann.

ZUHÖRER 1: Womit ist eigentlich die Annahme begründet, daß die Frau unersättlich ist?

GARBE: Wenn ich das wüßte... Ich habe eine ganz andere Hypothese dazu. Ich denke, der Mann ist ebenso unersättlich.

ZUHÖRERIN 1: Bei Jean-Paul heißt es, die Frau liebt immer und der Mann liebt ab und zu.

ZUHÖRERIN 2: Die Frau kann doch soviele Orgasmen haben wie sie will...

GARBE: Ich hab mir das auch überlegt. Es ist auch weil die Sexualwissenschaft in dieser Form einfach nicht existiert hat. Es ist interessanter, was mit diesem Phantasma passiert, also das war ja, was ich in meinem Text darstellen wollte, wie das Begehren metaphorisiert wird, und wie es dadurch Effekte produziert. Ich glaube, wir müssen da keine eindeutige Wahrheit konstatieren, wogegen ich ja meinen Text auch geschrieben habe. (...)

Ich bin nicht sicher, ob Schlegel das Weibliche wirklich vereinnahmt. Gerade indem sein Denken vom Denken der Differenz ausgeht, schafft er eine Möglichkeit, das Weibliche auch als das andere zu denken. Er sagt, eine Annäherung von Kunstphilosophie und Naturphilosophie und eine Poetisierung des Lebens und eine Verlebendigung der Poesie, das ist, glaube ich, nicht eine Vereinnahmung des einen durch das andere, sondern ein wechselseitiger Prozeß. Ich bin übrigens auch der Meinung, Schlegel ist ein Philosoph, der den Gedanken der Hingebung sehr intensiv gedacht hat, für sich selbst, das kann man z. B. in seiner Idylle über den Müßiggang im Lucinderoman nachlesen, in der er ein Lob der Faulheit, des Müßiggangs singt. Er ist nicht der Philosoph, der meint, in einer Hybris des Subjekts alles vereinnahmen zu können. Sondern er denkt genau den gegenteiligen Prozeß des »sich Hingebens« an das andere. Mein Vortrag hieß, »Fiktionen des weiblichen Begehrens«. Ich hab ja nie behauptet, die Frauen sind wirklich unersättlich und die Männer sind ersättlich, sondern es ging darum, was mit dieser Fiktion passiert.

ZUHÖRER 2: Ich hab das nicht verstanden mit der Fiktion und dem »Passierenlassen«. Heißt »Passierenlassen« abwarten, welche Reaktion kommt?

GARBE: Mit dem »Passierenlassen«?

ZUHÖRER WEITER: Eine Fiktion ein Bild.

GARBE: Das hab ich nicht gesagt.

ZUHÖRER WEITER: Ja, deshalb frag ich ja.

GARBE: Ich verstehe Sie nicht, ich habe nicht gesagt, »etwas passieren« lassen.

ZUHÖRER: Na, eine Fiktion entwerfen. Sie entwerfen eine Fiktion bezüglich des weiblichen Begehrens, und was soll das?

GARBE: Ich hab auch die Fiktion nicht entworfen, sondern Ihnen zwei Fiktionen vorgestellt.

ZUHÖRER: Na eben.

GARBE: Und ein wichtiger Gedanke war, das weibliche Begehren existiert nicht jenseits der Sprache, das männliche auch nicht, aber es ist an dem weiblichen Begehren diskutiert worden, von Rousseau und von Schlegel, und davon hab ich abgeleitet, wir können nichts anderes tun, als unser Begehren zur Sprache zu bringen, und das Unersättliche muß man selber als eine Metapher verstehen, als eine Metapher dafür, daß wir in diesem Prozeß drin sind und in immer erneuten Metamorphosen versuchen, unser Begehren zum Ausdruck zu bringen. Ich wollte gerade weg von einer gewissen Sexualisierung oder Hypersexualisierung, diesem ganz wörtlich Lesen dessen, was Begehren genannt wurde.

ZUHÖRER WEITER: Welche Wollust könnte außerhalb der Sexualität mit der sexuellen Lust in Konkurrenz treten, von der Intensität her, wenn es darum geht, Wollust zu begreifen, außerhalb des Stoßens und des sexuellen Verkehrs?

GARBE: Ich bin weder Prophetin noch Therapeutin.

ZUHÖRER: Na, Therapeut brauch ich keinen... ich will nur Ihre Meinung.

GARBE: Ich überlasse es jedem von Ihnen, diese Frage selbst zu beantworten.

ZUHÖRER: Man kann sich aber schwer hinter irgendwelchen Worten verstecken, das geht ja nicht. Es geht ja um ein subjektives Empfinden, auch bei dem was abgeht, wenn man eine bestimmte Situation für sich annimmt, wenn man sie referiert.

GARBE: Ich habe nicht die Absicht, ein Bekenntnis abzulegen.

ZUHÖRER: Das verlang ich eh nicht...

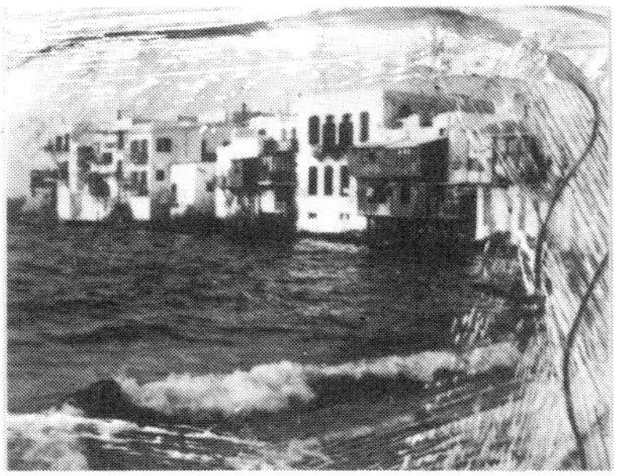
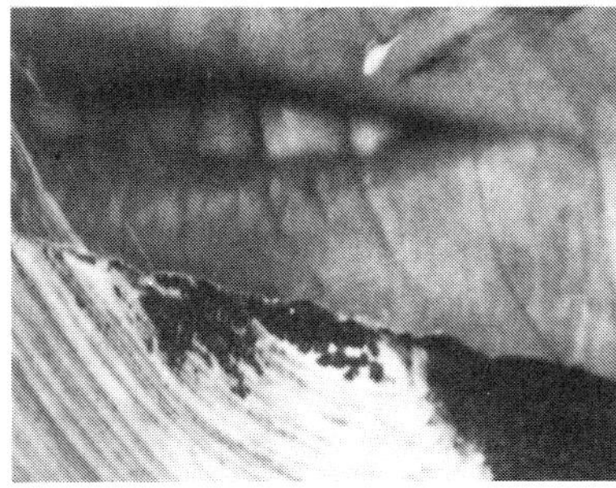
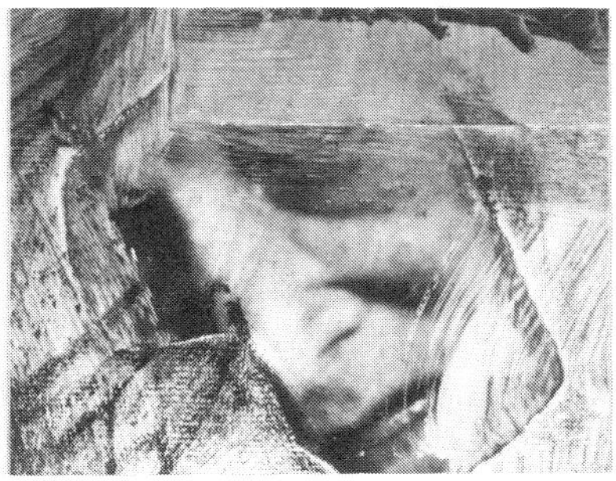
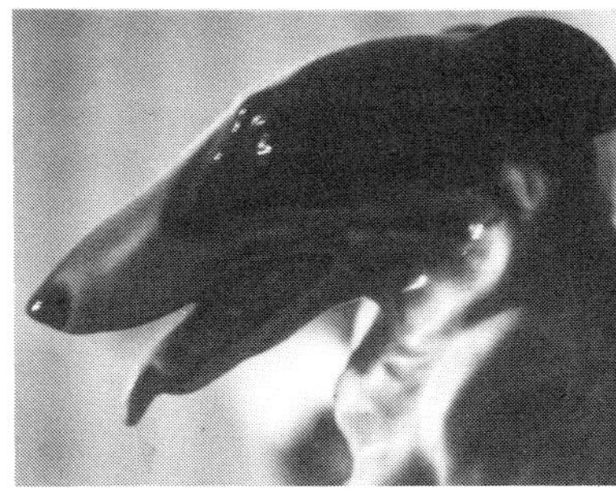
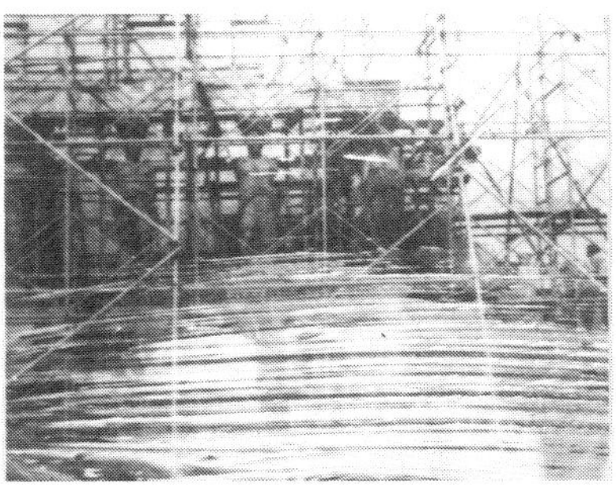
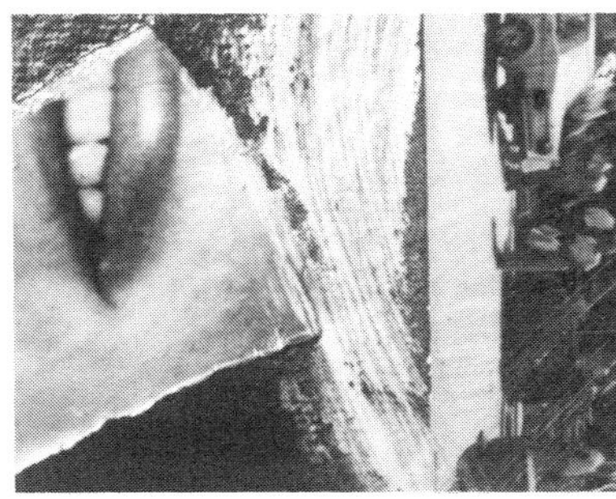
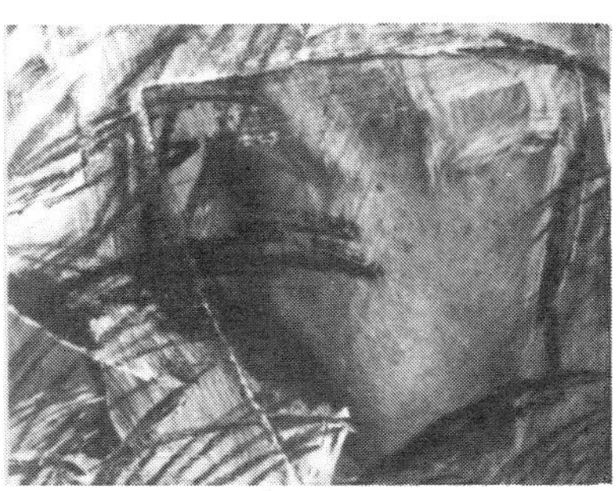
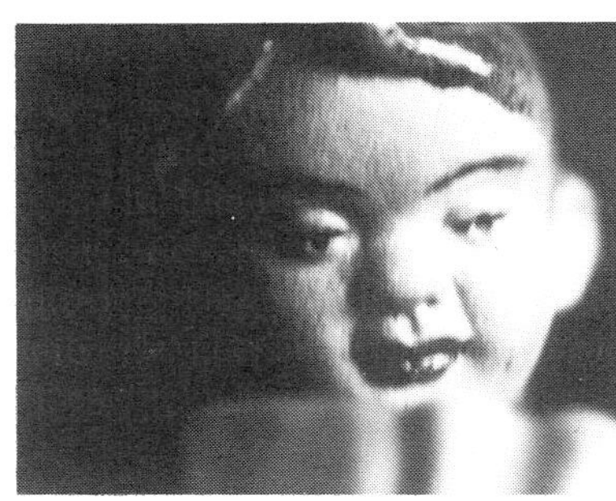

Béatrice Slama

Anna, Anne und die anderen...

Weibliche Sexualität und Identität-Frau

»Ces plaisirs qu'on nomme
à la légère physiques...
Colette

Was sagen die Frauen über ihren Körper, ihr Begehren, ihre Lust, über das Verhältnis zum anderen in der sexuellen Beziehung? Wie phantasieren sie, im Zusammenhang mit der Sexualität, ihre Identität auf der Szene der Schrift? Was geben sie uns zu lesen, uns Frauen, die wir nicht nur mit unserer geistigen Aufmerksamkeit für den Text lesebereit sind, sondern auch mit unserem Körper und unseren Phantasmen?

Nur die Frauen können ihre Sexualität von *Innen* her schreiben.

Aber gerade dort, wissen wir nur zu gut, wurden sie am gewaltsamsten in Schranken verwiesen. Verbote wurden ihnen auferlegt, sie hatten sich anzupassen, sich mit kodierten Darstellungen zu identifizieren, mit vorgeschriebenen, nichtsdestoweniger widersprüchlichen Diskursen. Dazu angehalten zu schweigen. In ihrem Körper von anderen besessen. Ihres eigenen Leibes beraubt. »Die Frauen sollen in ihrem Körper sein, als wären sie nicht in ihm.« Diese Wendung ist exemplarisch für einen bestimmten sozialen Diskurs des 19. Jahrhunderts.[1] Und dennoch spricht und schreibt sich dieser Körper, der zum Schweigen verurteilt ist, so gut er kann, oft selbst, ohne daß die Frauen, die schreiben, davon wissen.

Frauen, wie Helisenne de Crenne oder Louise Labbé haben, im 16. Jahrhundert, die Schönheit und den Ruf ihrer Körper besungen, ihre Unruhe der Sinne zum Ausdruck gebracht – »mein Herz schlug in meinem Leib wie wild um sich«[2] – sprachen über ihre »wollüstigen Freuden«. Das Begehren wird in den französischen Texten vor dem 20. Jahrhundert und auch noch in denen des 20.. im Rhythmus einer Schrift in den Leerstellen und Ellipsen, in den Verschiebungen, den Metaphern – Hunger, Flüssiges, Verbranntes, Verzehrtes – oder den Metonymien sichtbar. Dazu genügt es, die Szene voll Stille und verhaltener Spannung zu lesen, in der die Prinzessin von Clèves mit entblößter Brust und aufgelöstem Haar am Fenster steht und den Stock des Herzogs von Nemours mit Schleifen schmückt – unter dem Blick des im nächtlichen Wald versteckten Herzogs.

Wie kann man, unter der Last der Zensur, es wagen, zu sprechen, über sich zu sprechen? oder sogar versuchen, sich über dieses intimste Verhältnis zu sich und zum anderen zu befragen, in dem jede Frau sich vielleicht als Unbekannte, als andere ihrer selbst wiederfindet?

Erst zu Beginn des 20. Jahrhunderts werden die Frauen beginnen, dies zu tun, und erst in den 70er Jahren dieses Jahrhunderts wird das explodieren, was man eine »Schrift des Körpers« nennt, denn da wird der Körper, wird die Sexualität nicht nur endeckt, erforscht, verherrlicht, sondern auch tragender Teil, Instanz der Schrift selbst. Dazu hat es die Frauenbewegung gebraucht, aber auch, daß manche die Wege einschlugen, die die Psychoanalyse und die Theorien über Sprache und Schrift eröffnet hatten.

Ich werde über, hauptsächlich französische, Texte des 20. Jahrhunderts sprechen, in denen Frauen, vor der Wende der 70er Jahre, es wagen, über die Sexualität von Frauen zu sprechen, über ihre Phantasmen zu schreiben, sich über ihre geschlechtliche Identität befragen. Ich werde im Wesentlichen folgende Fragen stellen: Was sagen diese Frauen über das »Innere«, das in diesen Texten spricht? Welche Identitätsprobleme spielen sich auf der Szene der Schrift ab, wenn es um die Beziehung der Frauen zu ihrem Körper, zum Körper des anderen, zu ihrem Begehren zu ihrer Lust geht?

Mich interessiert vor allem die Spannung innerhalb der Texte, ihre inneren Widersprüche als Ausdruck der Schwierigkeiten, die eine Frau noch immer hat, wenn sie ihre Sexualität leben und sich mit einem »Subjekt-Frau« identifizieren möchte. Diese Spannung zwischen dem Wunsch, über sexuelle Probleme zu sprechen, und der Macht der sozialen Verbote und eigenen Hemmungen, zwischen der Neuheit der »Frauenworte« über das Geschlecht und die erotischen Phantasmen und der Prägnanz alter Stereotype gerade dann, wenn man sie zu bekämpfen sucht, zwischen dem Wunsch, das zu benennen, was noch keinen Namen hat und was überkommene Worte verraten, und dem oft ohnmächtigen Körper-an-Körper-Sein mit den Worten und den Formen des sozialen Diskurses, einschließlich der Literatur. Texte, die aus Lücken bestehen, aus Ködern und Verkennungen.

Diese Frauen schreiben über die Differenz der Geschlechter und deren unterschiedlicher Erotik und zugleich über deren Unmöglichkeit, ein geschlechtliches Wesen mit seinem Begehren in die erstarrten Kategorien von »männlich« und »weiblich« einzuschließen.

Sie phantasmieren das Subjektwerden in einer triumphierenden Sexualität, öfter jedoch erleben sie ihre Sexualität als Abhängigkeit, als Bedrohung ihrer Identität.

»Femmes libres« – mein Korpus beinhaltet die Texte, deren Protagonistinnen manchmal ironisch als solche bezeichnet werden. Diese Frauenfiguren haben gegen die Kluft anzukämpfen, die zwischen ihrer materiellen Abhängigkeit, ihrer »Gleichheit«, wenn nicht gar Überlegenheit in ihrem oft intellektuellen, manchmal militanten Milieu und ihrer sexuellen, affektiven Abhängigkeit herrscht und den Wunsch der Selbstzerstörung wecken kann. In manchen Texten versucht die Selbstanalyse diese undurchsichtige Schicht zu erreichen, die – auch für einen selbst – so schwer in Worte zu fassen ist.

Es sind dies Texte von Rachilde, Colette, Simone de Beauvoir, Doris Lessing, Marguerite Duras. Andere Texte können wieder anderes sagen. Colette warnte vor der »weiblichen Manie zu verallgemeinern«. Verallgemeinern wir nicht. Versuchen wir nur die Texte von Frauen in dem, was sie verbindet, und in ihrer Vielfalt zu lesen.

Im Spiegel des Begehrens des Anderen

In diesen Texten sprechen Stimmen von Frauen über Körper von Frauen. Die Figuren sprechen über ihren Körper. Sehr unterschiedliche Figuren sind das: die Renée der *Vagabonde* von Colette, die Anne der *Mandarins* von Simone de Beauvoir, die Anna oder die Ella des *Goldenen Notizbuches* von Doris Lessing, die Suzanne der *Heißen Küste* von Marguerite Duras.[3]

Aber ob der Körper nun erotisches und narzißtisches Objekt ist, wie der, den Renée beschwört, wenn sie in der Öffentlichkeit tanzt, oder der, den Suzanne heimlich nackt in der Dusche zur Schau stellt, und der, den Ella in der sexuellen Vereinigung phantasmiert, ob er als belastend erlebt wird, mit seiner Regel, seinen Gerüchen wie im *Goldenen Notizbuch*, mit seinen enttäuschten Sehnsüchten oder einem Älterwerden, wie in den *Mandarins*, als Zerstückelter und Vergessener für Anne, »ich hatte ein Bein, niemand schien das zu bemerken, nicht einmal ich.«[4], er ist eine Art fremder und gleichzeitig nur allzu bekannter *Doppelgänger*, den man aus sich *heraus* projiziert.

Im Blick, im Begehren des anderen entdecken Renée, Anne Suzanne sich selbst oder finden sich als Körper und Körper des Begehrens wieder.

»Du hast schöne Brüste.« Die Sache war ausgesprochen. Zum ersten Mal. Und solange die Hand nackt auf der nackten Brust war, sah Suzanne ihre Brüste, sie sah die Erhebung ihrer Brüste viel höher als alles andere, was sich in der Stadt erhob (...) Sie, die die Stadt betrachtete, betrachtete nur sich selbst. Betrachtete einsam ihr Reich, indem ihre Brüste herrschen würden, ihre Taille, ihre Beine.«[5]

Was Suzanne entdeckt, ist die – phallische – Macht dieses begehrenswerten Körpers, seine einsame Autonomie.

Verklärt von Lewis' Begehren setzt sich der zerstückelte, in Vergessenheit geratene Körper Annes wieder zusammen, wie in einem neuen »Spiegelstadium«, im Spiegel des begehrenden Blickes des anderen, im gleißenden Licht einer Existenz, einer Einheit, einer Wahrheit, die endlich wiedergefunden werden: *Ich.* Ich, begehrter Körper, ich, begehrend.

Ein *doppelter Diskurs* durchquert die Texte: Diskurs der Lust, der Erfülltheit, Diskurs der Verletzbarkeit, der Verweigerung des Begehrens.

Manchmal brennen die Wörter. Wenn plötzlich die Brust, der Schenkel im Kontakt mit einer Hand zu brennen beginnen. Wenn alles in der Schwärze der Nacht, im Meer, im Anderswo, im Grenzenlosen zu schwanken anfängt. Der Fluß des Begehrens gibt der Schrift ihren Rhythmus: Begehren der Erwartung, des irrsinnigen Rufes des Körpers des anderen, Macht des Begehrens, eine Bombe, die explodiert, Lippen, die wie ein Blitz aufeinandertreffen, zwei Körper in einem Taxi, auf dem Teppich vor den Flammen des Kamins, in der afrikanischen Nacht auf regennassen Blättern; Aufsteigen des Begehrens, gleitend und rhythmisch wie ein Gesang, Geblendetsein, Jubel, tiefer Friede, Augenblicke reinen Glücks, »im Geruch von Schweiß und dem des Geschlechts«.[6]

Aber in den gleichen Texten wird noch etwas anderes laut: die Schwierigkeit, sich als begehrendes Subjekt zu akzeptieren, die notwendige Vermittlung des anderen, die Verdrängungen, die Angst vor dem eigenen Begehren, die Angst, sich dem anderen hinzugeben, auszuliefern, seine Identität zu verlieren.

Eine erzählende Stimme baut zu sich selbst Distanz auf. Angst und Nostalgie der Erzählung. In der blitzartigen Unmittelbarkeit des Begehrens, im Fieber der Haut, die die andere berührt, ist eine verborgene Bedrohung am Werk, eine archaische Angst, ein Mißverständnis am Ursprung von allem.

Versteckt hinter einem Satz, in einem Netz von Metaphern hat das erotische Glück etwas »Schmerzliches«[7] an sich. So bezaubernd die körperliche Liebe auf Anne auch wirkt, hat sie doch den befremdenden Geschmack des »zuviel«. »Zuviel Schlafmangel, zuviel Fieber, zuviel Verlangen«.[8] Die Luft ist »zu schwer, zu reich«.[9] Dieses Zimmer, dieses Bett, das ist die Vereinigung, das unbestimmte »wir«, Frohlocken, tiefer Friede, aber auch »Verlies«: »in seiner verbrauchten Luft erstickte man fast«.[10] Die Wollust ist ebenso befremdend »Krankheit« wie »Genesung«.[11] Ist sie eine Bedrohung oder hat sie ein Leben geheilt, das krank war, weil es versucht hatte, zu vergessen?

Vielleicht sollte man die Metaphern der weiblichen Lust und die Brutalität des sozialen Diskurses gleichzeitig untersuchen.

Diese Frauen, über deren Begehren und deren Lust Frauen schreiben, werden »in einem Strudel mitgerissen«, »in einer schwarzen Gischt«[12] »verschlungen«, »überflutet«, »ins Nichts gestürzt, in die Vergessenheit, in die Nacht«.[13] Von einem Text zum anderen spinnt sich dasselbe Netz von Metaphern, dasselbe Begehren. Dunkelheit, Stille, geschlossene Augen, ein Körper in der Wärme des anderen. Um zu schmelzen, zu verschmelzen. Aufhören zu denken. Traum der Verschmelzung: brennend Flüssiges, Auslöschung von Grenzen. Sich verlieren, außer der Zeit. Außer sich geraten, »im tiefsten Inneren einer Dunkelheit des Fleisches, die so unauslotbar ist, wie die Mutterbrust«.[14]

Die sexuelle Lust erschüttert, ist reine Erfüllung, aber nur deshalb, weil sie als vollständige Selbstaufgabe erlebt wird. Sie kann ebenso eine tiefe narzißtische Wunde, eine Infragestellung des eigenen Ichs sein, wenn das Begehren des anderen auf einmal fehlt, wenn man das Gefühl hat, zu einer bloßen »Lustmaschine«, zu einem unpersönlichen Körper geworden zu sein. Die Figur der Paula in den *Mandarins*, die von Henri nicht mehr begehrt wird und von ihm »mit Entsetzen« bei ihrer Lust beobachtet wird, die sie »so vollkommen hingegeben, so schrecklich verloren«[15] macht, ist sicher eine Gestalt, die das Imaginäre von Frauen peinigt. Genauso, wie die »Schmach«, sich hinzugeben, »nicht mehr wirklich zu wissen, was einem an Gesten, an Worten entkommt«, die Charlotte in *Le Pur et l'Impur* von

Colette[16] verweigert: Sie entscheidet sich für die Frigidität, um sich zu schützen, um die Herrschaft über ihren Körper, über ihre Identität zu behalten.

Man kann die weibliche Verletzbarkeit in den Negationen lesen, mit denen Anne das bejaht, was ihr wie ein Wunder vorkommt:

»Er war nackt, ich war nackt und ich empfand überhaupt keine Scham; sein Blick konnte mich überhaupt nicht verletzen, er beurteilte mich nicht, er zog mir nichts vor.« (...) »Nichts wurde von mir verlangt«... »Für mich gab es keinen Stolz und keine Vorsicht mehr«.[17]

Diese Verletzbarkeit (die Texte sind in den 50er Jahren geschrieben worden) ist die Antwort auf die Brutalität des sozialen Diskurses, der in den *Mandarins* und im *Goldenen Notizbuch* parodiert, angefochten *aber auch* interiorisiert wird. »Une femme libre«/»eine freie Frau« ist eine Frau, die ihren Mann »betrügt«, die »freien Geschlechtsverkehr« hat: Warum soll sie sich daher auch jedem x-beliebigen verweigern, der sie haben will? Die Frau, die zahlreiche Abenteuer hat, ist eine »Sammlerin von Schwänzen«. Die Frauen »sind dazu da, gefickt zu werden« spottet Nadine, die Tochter Annes, bitter. In ihrer Betrunkenheit verliert eine Figur der *Mandarins* ihre Zurückhaltung und bricht los: »Man wirft sich drauf, sie öffnen die Schenkel und da wollen sie respektiert werden«.[18]

Die Frauen sehen sich mit dem Blick der Gesellschaft, gerade dann, wenn sie ihn anprangern. Sie interiorisieren die Zerbrechlichkeit ihres Körpers: Das Alter, das ihn weniger begehrenswert macht – Anne »schämt sich«, dem Blick von Scriassine einen Leib auszusetzen, »der nicht mehr der Leib eines jungen Mädchens ist«[19] – die Dauer, die das Begehren des Mannes zum Erlöschen bringt, die Abhängigkeit von diesem eigenen Körper, von seinem Begehren im Hinblick auf das Begehren des anderen.

Also schützen nur das Begehren, die Liebe des anderen die Lust einer Frau. Die Lust des einen soll ein »Echo im Herzen des anderen haben«, »der Körper und das Herz sollen im Gleichklang schlagen«.[20] Für viele weibliche Figuren gibt es nur dann eine sexuelle Beziehung, wenn sie durch eine Liebesbeziehung begründet ist. Die Frau wird »akzeptiert«, »anerkannt«, »benannt«, und das Wunder kann geschehen: »das Begehren eines Mannes machte ein wahres Wunder aus mir«, »ich wurde nahrhaft wie das Brot, wohlriechend wie die Erde«.[21]

Die Frau kann das voll auskosten, was Simone de Beauvoir »das erotische

Fest« nannte. Nur wenn sie liebt, nur wenn sie geliebt wird, kann sie das erleben, was eine Heldin des *Goldenen Notizbuches* den »wahren Orgasmus«, den »vaginalen Orgasmus« nennt, bei dem sie »ganz und gar anspricht«.[22] Wenn die Liebe schwindet, ist der sexuelle Akt nichts anderes mehr, als »eine vertraute Gymnastik«, »eigenartig, frivol, unanständig«.[23]

Wenn die Körper allein sich treffen, wird jeder auf seine Differenz seine Einsamkeit zurückgeworfen. Im engsten, intimsten Kontakt erscheint einem der andere plötzlich fremd, ungewöhnlich, man wird sich selbst, seinem eigenen Körper fremd, abwesend von der eigenen Lust, Zuschauerin: »Ein fernes Vergnügen, einsam wie eine abgeschnittene Blume«, denkt Anne, »und ich langweilte mich«.[24]

Der Körper hat seine Gründe …

In der bildlichen Darstellung ihres Begehrens, die distanziert, unruhig, zärtlich ironisch ist, sagen die Frauen des *Goldenen Notizbuches*, der *Vagabonde*, der *Mandarins* »zweideutige, geschiedene, gegensätzliche Wahrheiten, diese zu Fragmenten gewordenen Wahrheiten, die man nicht voneinander trennen sollte«,[25] die sich für Simone de Beauvoir und für Doris Lessing auf der Bühne des Romans abspielen.

Das Begehren der Frauen hat seine Rhythmen, seine Unterbrechungen.

Renée erlitt »ganz unlogisch Anfälle von unerträglicher Keuschheit, aus denen sie sich in eine höllische, plötzlich entfachte Glut stürzte«.[26]

Die Figuren von S. de Beauvoir und D. Lessing glauben an eine Logik. Das Begehren ihres Partners gibt ihrem eigenen Begehren den Rhythmus an. Eine von ihnen denkt sogar, daß die Sexualität einer »normalen« Frau »dem Auf und Ab der männlichen Sexualität folge«.[27]

Die Sinne Renées schlafen nach dem Bruch mit ihrem Mann ein. Ohne das Begehren Roberts erlöscht das Begehren Annas. Sie hat keinen Körper mehr und verschließt sich »ohne Bedauern« in einer Abstinenz, die fünf Jahre lang dauert. Als Lewis sich von Anne entfernt, wird sie »kalt und aufgeweicht, wie ein alter Kadaver«.[28] Als Ella »stehengelassen wird«, versteht sie nicht einmal mehr den Sinn des Wortes »Begehren«.[29]

Betrachtet man das Bedürfnis der Frauen, Liebe und Begehren, Liebe und sexuelle Lust miteinander zu vereinen, so taucht die Frage auf, ob die sexuelle Lust Zeichen der Liebe ist oder die Liebe Folge der Lust.

Renée glaubt erst dann, daß sie Max liebt, als die Lust sie an ihn schmiedet, wie eine »verwöhnte Hündin«.[30] Bei Simone de Beauvoir und bei Doris Lessing lieben die Frauen Männer, durch die sie sich selbst in ihrem Körper entdecken, und dieser Körper offenbart ihnen eine Lust, die auf sie erschütternd wirkt, eine Sexualität, die anders ist als alles, was sie vorher gekannt haben.

Gibt es die Liebe überhaupt, fragt sich eine Heldin des *Goldenen Notizbuches*. Oder ist sie nur ein Trugbild?

Ist da nicht ein Bedürfnis, ein Begehren zu verherrlichen, das die Frauen nur noch mit Mühe als solches akzeptieren?

Die Frauen bei Doris Lessing und bei Simone de Beauvoir erleben das »nackte Begehren«[31] wie Doris Lessing es nennt, wie ein Fieber, wie eine demütigende Krankheit, wenn es sich einmal ihrer bemächtigt hat.

Als Ruf, dem man nicht widerstehen kann, der erschüttert, hört dieses geleugnete, verweigerte Begehren nicht auf, in den Texten zu zirkulieren, während zur gleichen Zeit die Ironie ihr Bestes tut, um es aufzuheben.

Dieser Ruf ist in der Heftigkeit, mit der das Begehren in Anna ausbricht, als sie sich mit dem jungen Flieger im nächtlichen Busch befindet, und bei einer anderen Figur Doris Lessings in der plötzlichen Entdeckung, daß sie Lust hat mit einem Unbekannten zu schlafen, den sie im Flugzeug getroffen hat. Sie spürt, daß sie »feucht ist vor Verlangen« nach diesem Mann, »mit dem sie nichts gemeinsam hat«.[32] Das »nackte Begehren« ist in dem Fieber, das Anne in ihrem Hotelzimmer in den USA packt. Ihr »Körper ist leer«, sie fühlt sich wie ein »läufiges Weibchen«.[33] Sie ruft Lewis an, den sie auf der vorhergehenden Reise kennengelernt hat: »Ich wünschte leidenschaftlich, daß eine fremde Kraft mich für immer auf dieses Bett niederstreckte... er soll nur raufkommen... soll nur reinkommen«.[34]

Nach einem Bruch erlebt eine Figur des *Goldenen Notizbuches* eine »Phase« sexuellen Begehrens ohne bestimmtes Objekt. Sie kann nicht mehr schlafen, onaniert, ist entsetzt.[35] Ihr Körper entgleitet dieser interiorisierten Logik der »normalen« Frau.

Der Körper ist mehr denn je *der andere, der Doppelgänger*, der dich besitzt, dich deiner Identität beraubt. Anne fühlt sich »vom Geschlecht besessen«. Sie hat sich, »an Händen und Füßen gebunden, einem anderen ausgeliefert«.[36] Ella, im *Goldenen Notizbuch* hängt von den Männern ab, »weil die es ihr besorgen«, »um ficken zu können, sich Lust zu verschaffen«. Sie verwendet diese brutalen Ausdrücke, sagt sie, »um sich selbst zu demütigen«.[37] Und vielleicht an dieser Demütigung eine obskure Lust zu haben? Oder, schon längst verdoppelt, sich in der Distanz eines zynischen Humors zu schützen?

Bei der sozialen und symbolischen Vergabe der »Orte« nehmen die Frauen, wie Roland Barthes analysiert hat, leicht den des Subjektes des verliebten Diskurses ein, ein verliebtes Subjekt, das auf der Suche ist, leidet und »das Wesen der Flucht« erwartet.[38] Aber sobald sie an den Ort des passiven Sexualobjektes verwiesen werden, brauchen sie einen Initiator, der sie durch das Labyrinth der Erotik führt. Wenn sie sich in ihrem Begehren als »Subjekt« der erotischen Suche entdecken, wie Anne, Anna oder Ella, erleben sie diese Überschreitung des Verbotes, die Plätze zu tauschen, als Gewalt oder Demütigung. Und fühlen sich damit mehr denn je als »Objekt«: Objekt ihres Begehrens, Objekt des anderen, den sie, zu »Fleisch« geworden, rufen.

In anderen Texten ist das nicht so.

In *Monsieur Venus* von Rachilde, ist Raoule de Vénérande hingerissen von der »weiblichen« Schönheit eines jungen Handwerkers, wird ihr sexuelles Verlangen stillen und damit diesen Körper zu ihrer Sache, zu ihrem Besitz machen. Umkehrung der Rollen: Der Mann wird mehr und mehr »Frau«, in seiner Männlichkeit kastriert, die Frau transvestiert sich und nimmt in dem Szenario den symbolischen Ort des Mannes ein.[39] Hier finden wir Gestalten, die im Imaginären des »fin-de-siècle« immer wieder auftauchen: die der Homosexualität, der Androgynie, der verschlingenden, kastrierenden Frau, der Frau und ihres Hampelmanns. Aber indem sie 1884 eine junge »freie« Frau zur Heldin ihres Buches macht, die sich ihre Liebhaber selber aussucht, aber in all ihren Liebschaften nur Enttäuschungen erlebt, bevor sie dieses Fieber des Fleisches, dieses Aufbegehren der Sinne kennenlernt, inszeniert Rachilde die Brutalität des sexuellen Begehrens, die versteckten Kräfte, die dabei im Spiel sind, einmal von seiten der weiblichen Figur her. »Diese Freuden, die man so leichthin sinnlich nennt«. schrieb Colette.[40]

Für Colette ist der Körper in der Dichotomie Körper/Herz, die sie versucht, umzukehren, dieses »verborgene, unauslotbare Riff«. Und der Sinn ist »unerbittlich« und »anspruchsvoll«.[41] Der Körper hat seine Gründe, die das Herz nicht kennt.

Die Anna des *Goldenen Notizbuches* macht diese Erfahrungen in ihrer ersten afrikanischen Liebesaffaire. Zwischen Willi und Anna, die ihrer kleinen Gruppe von Mitkämpfern als ideales Paar erscheinen, herrscht sexuelle Unvereinbarkeit. »Es ist, als ob die chemischen Strukturen unserer Körper eine gegenseitige Abneigung füreinander hätten«.[42] Es gibt Körper, die »einander verstehen« und andere, die hoffnungslos taub sind, für den anderen.[43]

Wie viele andere Frauen hat Renée in *Die Vagabundin* von Colette, das Begehren für Liebe gehalten. Die Entfernung erlaubt ihr diese »romantische Lüge« zu entlarven: »Überhaupt kein anderes Delirium als das meiner Sinne«.[44] Diesen Wahnsinn lebt sie wie ein Hindernis auf dem Weg zu ihrer Freiheit. »Das erste Hindernis, an das ich micht stoße, ist dieser hingestreckte Frauenkörper, der mir den Weg versperrt, ein wollüstiger Körper mit verschlossenen Augen, durch eigenen Wunsch blind (...) eher bereit, zu vergehen als den Ort seiner Lust zu verlassen«. Aber Renée hat nicht das Gefühl, ihre Identität zu verlieren. Sie weiß von sich selbst gut genug, daß sie vielfach und gespalten ist: »Das bin ich, diese Frau da, diese Bestie, die sich auf ihre Lust versteift«. »du hast keinen schlimmeren Feind, als dich selbst«.[45] Aber sie weiß auch, daß sie in sich noch eine andere Feindin zu bekämpfen hat, jene, die in so vielen Frauen wohnt und heimlich die verliebte Abhängigkeit heraufbeschwört. Es ist »das verlassene Kind, das in mir zittert, das bereit ist, die Arme auszustrecken und zu flehen: Laßt micht nicht allein«.[46] Das Kind, das Angst hat vor der Nacht, vor dem Alleinsein, vor Krankheit und Tod.

Es ist dieses verlassene Kind in Anne, Anna oder Ella, das das Gefühl hat, sich in der Wiederholung oder in der Selbstaufgabe nur zu verlieren, diese Leere, die alles verschlingt. Ella leidet unter dem Verlust ihres wahren Ichs. »Ich wußte nicht wer ich selber war (...) Ich wußte nur, daß ich mir selbst zu entrinnen wünschte«.[47] »Gemeinplätze«? Gemein sicher dem Imaginären vieler Frauen. »Verratene« Frauen also, »Sitzengelassene«? Das ist für eine Figur D. Lessings »die moderne Krankheit der Frauen«.

Verrat durch die Männer oder »Verstoß der Frauen gegen sich selbst«, von Duras im *Liebhaber* verurteilt: »Diese Frauen, die warten. (...) Manche hat man sitzen gelassen. Sitzen gelassen. Man hört, wie dieses Wort sie erreicht, das Geräusch, das es macht, das Geräusch der Ohrfeige, die es gibt. Manche bringen sich um. (...) Man konnte das Begehren nicht herbeilocken. Es war in der, die es provozierte, oder es existierte nicht. (...) Es war eine unmittelbare Intelligenz für die Sexualität oder es war einfach gar nichts«.[48] Diese Intelligenz, die Suzanne besitzt: »Es genügt, zu wollen.

(...) Sie wird alle Männer haben, die sie will«.[49] Frauen also als Herrinnen über das Begehren? Sollte dann ihr größter Fehler sein, daß sie das nicht wissen? Daß sie nicht wissen, daß das Begehren in ihnen ist oder gar nicht ist? Aber liegt nicht gerade in diesem Aufblitzen einer »Wahrheit« über das Begehren, ein anderes Stereotyp, das für die Frauen nicht nur Aufwertung, sondern auch Schuldgefühle bringt?

Simone de Beauvoir und Doris Lessing haben versucht, die Gemeinplätze, die die Frauen einengen, zu »benennen« und zu inszenieren. Aber die Schrift, die daran arbeitet, die Mechanismen der Interiorisierung aufzudecken, hebt zur gleichen Zeit den Schleier über der Schwierigkeit, ihnen zu entkommen. »Der Frauen Gemütsbewegungen entsprechen einer Gesellschaft, die es nicht mehr gibt«. schreibt Doris Lessing.[50]

Auf der Bühne der Phantasmen: Erotik auf Weiblich?
In der sexuellen Beziehung wird bei den meisten Frauen in diesen Romanen der eigene Körper verherrlicht: eine wahre Hymne des Narzißmus auf den wiedergefundenen Körper bei Anne, eine bis ins kleinste Detail gehende Beschreibung des eigenen Körpers bei Anna, und das während des Liebesaktes. Auto-erotik? Renée genießt in Max einen feinfühligen Liebhaber, der für die Frauen gemacht ist, der ihre geheimsten Vorlieben und den Rhythmus ihrer Lust errät: »man würde es selbst nicht besser machen«.[51]

Wo sind die Körper der Liebhaber? Wie spielt sich in der Phantasmatik, die in diesen Texten ans Licht kommt, das Verhältnis der Frauen zum Körper des Mannes ab?

Es ist ohne Zweifel das Wort »Wärme«, das, in den Mandarins und im *Goldenen Notizbuch* am stärksten erotisch aufgeladen ist.

In der weiblichen Erotik des Tastens, des Schmelzens, des Brennens, ist die Wärme des Mannes, die Weichheit seiner Haut, sind seine Hände, seine Zärtlichkeiten, sein Atem, sein Geruch aufregend, umwerfend. Simone de Beauvoir evoziert die weibliche Sehnsucht nach dem Körper der Mutter, diesem Weichen, Fülligen, nach diesem glatten Fleisch, diesem »schmelzenden Mark«, die »die Frau dem Mann ausliefert«, und ihr Begehren einen »ähnlichen Schatz« zu umschließen, zu »besitzen«. Daran liegt es, sagt sie, daß »jede Frau von Natur aus homosexuell ist«.[52]

Dieses Begehren, dieses Phantasma wird in *Monsieur Venus* inszeniert: Der

Körper des Liebhabers ist hier zwar der Körper des Begehrens, doch ist er eigentlich der einer Liebhaberin: die zarte Haut einer Schulter, die auf dem Kopfkissen dargeboten wird, das rosige und seidige Fleisch einer »weiblichen« Brust. Rachilde spricht über die Lust zu betrachten, zu berühren, sich in dieser Süßigkeit wie in einem Abgrund zu verlieren.

Die Männer, die die Frauen in den Romanen von Simone de Beauvoir und Doris Lessing begehren, haben etwas gemeinsam. Das ungeschickte, schüchterne Wesen von Lewis oder Paul, die Unterwürfigkeit Georgs, die Weichheit von Michaels Blick, das Zerbrechliche, der magere, knochige Körper Sauls, der in seinen Kleidern schwimmt, haben eine seltsame erotische Kraft. Ren6ee ist von den langen Wimpern Max' verwirrt, die den einzigen weiblichen Schmuck in einem zu männlichen Gesicht darstellen.[53] Der »Liebhaber« der Duras hat einen zerbrechlichen, schwächlichen Körper, »dessen Schwäche mich hinriß vor Lust«, dieser Körper, der von einer »unendlichen Sanftheit« war.[54]

In diesen Texten ist von der ausgelassenen Freude, von der Fleischeslust der Fanny Hill von John Cleveland und von deren Faszination für das Geschlecht des Mannes, dessen Größe und Steifheit nichts zu spüren.

Wenn Anne mit ihren Lippen Lewis' Bauch kost – flüchtiges Auftauchen des erotischen Körpers des Mannes – benennt sie den »kindlichen Nabel« und die »tierische Behaarung« des Geschlechts, dieses Geschlechts, »in dem ein Herz in kleinen Schlägen klopfte«.[55] In dem Traum, in dem ihr der alte, bösartige Zwerg erscheint, der mit einem nah vorgereckten Penis bewaffnet ist, spürt Anna Bedrohung, Haß und Verletzungsgefahr.[56]

Die Erektion ist niemals Objekt von Bewunderung, nie Schauspiel, sondern beruhigender – manchmal auch trügerischer – Beweis für das Begehren, nicht dem Blick, sondern dem Tasten, den Liebkosungen dargeboten. Die Größe des Penis ist im *Goldenen Notizbuch* eine männliche Sorge. Als Ella nach einem kurzen Abenteuer mit einem kanadischen Schriftsteller sich weigert, diesen wiederzusehen, parodiert sie seine Überraschung: »Er hat einen großen Penis, er fickt gut, wie sollte er das auch verstehen?[57] Das Geschlecht des Mannes ist »ein Stück Fleisch«: »wie sollte ich dieses Stück Fleisch lieben, wenn ich nicht den ganzen Mann liebe?« denkt Anne in dieser mißglückten Nacht mit Scriassine.[58] In *Monsieur Venus* lehnt Raoule das Geschlecht des Mannes überhaupt ab. Sollte die Virilität weniger erotisch sein, als die Männer glauben?

Sind die Männer, um den Frauen zu gefallen, um sie zu erobern, nicht ebenfalls Gefangene von Stereotypen, unter denen sie leiden, wenn sie ihnen nicht entsprechen, denen sie sich anzupassen versuchen, wie Saul im *Goldenen Notizbuch*, den Anna amüsiert, ironisch beschreibt, der als »Frauenheld« auftritt, »eine lebende Karikatur des jungen Amerikaners, wie er in den Filmen stereotyp auftritt – männlich und sexy, ganz Hoden und ganz Erektion«.[59] Beruhen die sozialen Kodes der männlichen Verführungskunst auf einem Mißverständnis zwischen den Geschlechtern, auf einer Ignoranz der weiblichen Erotik oder auf einem männlichen – homosexuellen? – Phantasma der Virilität, das sich an andere Männer richtet?

Widersprüchliche Wahrheiten. Colette hat die erotische Komplizität zweier Frauen, die sich lieben, deutlich gemacht: Jeder Körper erkennt im anderen »seinesgleichen«, die eigenen heimlichen Vorlieben wieder. An Männern ist für Frauen das anziehend, was auf der Seite des *Gleichen*, des Weiblichen, Kindlichen, Mütterlichen ist. Aber auch die Gewalt fasziniert, die virile Sinnlichkeit des *Anderen*: Blicke, Gesten, Worte, die im tiefsten Inneren der Frauen das Begehren auslösen. Das *Goldene Notizbuch* inszeniert die erotische Anziehung des Mannes, der die Frau »gebieterisch« begehrt, der sie braucht, um »sie zu unterwerfen« und »sie in seinen Bann zu ziehen«. Anna wird von George »unerbittlich angezogen«. Dieser ist ein ungelenker »Gorilla«, der, wenn er eine Frau ansieht, »sich vorstellt, wie sie ausschaut, wenn er sie einmal bis zur Bewußtlosigkeit gefickt hat«. »Ich wußte instinktiv, daß ich eine Sexualität kennenlernen würde, von der ich bis jetzt keine Ahnung hatte, wenn ich mit George schlafen würde«.[60] Diese unbekannte Sexualität wird Anna mit Saul entdecken, mit diesem Mann, der sie mit seinem ersten Blick auszieht, »eine harte, brutale, kalte, haßerfüllte Sexualität«.[61]

Wir sind vom Liebestraum, von der »Verschmelzung in Liebe« weit entfernt. Anna ist gespalten zwischen einander widersprechenden Sehnsüchten und Trieben. Was sie in der Sexualität mit Saul erlebt, »hat nichts mit der Kreatur Frau zu tun, die verliebt ist«.[62]

Diese »Kreatur« in Anna verdoppelt sich. Sie ist die verliebte, zärtliche, großzügige Frau und gleichzeitig eine grausame, eifersüchtige Kerkermeisterin, die selbst an ein sado-masochistisches Begehren gekettet ist, »das vom Haß hervorgerufen« wurde, und verliert sich darin bis zum Delirium, bis zum Wahnsinn.

Welche tieferen Kräfte sind bei der erotischen Anziehung im Spiel, die das brutale Begehren, die Gewalt, das Schwindelgefühl der Unterwerfung auf Frauen haben kann? In welcher Weise fasziniert diese »andere« Sexualität, die dich dir selber als andere entlarven soll? Finden wir hier die Erscheinungsbilder des Sadomasochismus wieder? Oder etwas von dem Wissen um das »Wilde«, »Verzweifelte«, »Schmerzhafte«, das ebenfalls Teil der körperlichen Lust ist? Jenes Wissen, das in der jungen Anna zu brennen anfängt, als sie in der afrikanischen Nacht die Sexualität entdeckt? Jenes Wissen, das die Texte von Marguerite Duras durchzieht.

Marguerite Duras ist die erste Frau, die das weibliche Begehren, das bis zum Todeswunsch geht, in all seiner Nacktheit zeigt. Der Wunsch zu töten, getötet zu werden, durchläuft wie ein Feuer ihre ganze Schrift, von *Moderato Cantabile* und *Hiroshima, mon amour,* bis zu *Maladie de la Mort* und l'Amant:

Phantasmen der enthaupteten, auf dem Laken der Umarmung zerstükkelten Frau; die Faszination, die der Mann ausübt, der bis zum Mord liebt, die erotische Anziehung des Körpers der zum Tode gebrachten Erwürgten – eine Anziehung, die bis zur Identifikation mit dem anderen geht; die zum Verlangen wird, der andere zu sein – und damit selbst getötet zu werden. »Du tötest mich, du tust mir Gutes«.[63]

Oder das weibliche Phantasma eines männlichen Phantasmas – auf dem Weg, der von Sade, Blanchot, Bataille begangen wurde? – in dem für den Mann, bis in den Tod hinein, die Bestätigung der phallischen Macht gespielt wird, und für die Frau das Auf-sich-nehmen einer vollkommenen Hingabe, einer vollkommenen Unterwerfung?

Eine weibliche Sehnsucht nach der unmöglichen Verschmelzung, die phantasmatisch eine höchste Liebesgeste zu erreichen sucht, ein Trieb und Feuerprobe, Probe über die Grenzen hinaus: der Tod, der gegeben, empfangen wird? Nichts ist dem Opfer näher, als sein Mörder, sagt Duras.

Niemals ist Duras in diesem Phantasma so weit, ja bis zum Unerträglichen gegangen, wie in *L'Homme assis dans le couloir,* dessen erste Version auf die 60er Jahre zurückgeht. Die schonungslose Nacktheit einer Beziehung, in der die Brutalität bis zum äußersten getrieben wird, in der sich die Frau dem Geschlagen-, Ermordet-Werden aussetzt, in der der Mann die Gewalt bis ans Ende bis zum Mord durchzieht, legt nahe, daß eine solche Stimme aus dem *Inneren* nichts anderes ist, als die Interiorisierung eines männlichen, pornographischen Szenarios. Die Frau öffnet ihr Geschlecht, diesen »speienden« Mund der Eingeweide, sie nimmt das Geschlecht des Mannes in ihren Mund, der Mann zertrümmert stehend ihr Gesicht...[64]

Die Spiele von Schatten und Licht, der schwarze Gang, die weiße Sonne, die malvenfarbigen Hügelketten an einem unbestimmten Horizont, die Langsamkeit der Bewegungen, die nackte Seltenheit der Worte, die Spannung des Begehrens, das Skandieren der Schrift, das alles gibt dem erotischen Fluß den – weiblichen? – Rhythmus an, und dieser Rhythmus trägt den ganzen Text.

Wo ist in diesem Wieder-Schreiben des Kastrationsphantasmas das Begehren der Frau? Das männliche Geschlecht erigiert als »grobe, rohe Form«, ist aber gleichzeitig auch eine tellurische, quasi mythische Kraft, eine »Form aus uralten Zeiten, von Steinen, Flechten kaum zu unterscheiden«. *Sie* ist – und hier schreibt sich das männliche Geschlecht auf weiblich – »voller Lust, von Lust übervoll, mehr als sie zu fassen vermag« – die Worte allein schon empfinden Lust, rufen Lust hervor. Als erotische »Macht« der »Zartheit« und des Verbots, weckt *sie* den Drang nach Überschreitung, das Phantasma des »Verbrechens«, die Lust, dieses »Weiche« im Mund zu haben, »sich davon zu nähren, davon satt zu werden«, wie an der Mutterbrust.[65]

Phantasma der Einverleibung des Körpers des anderen, und so oft in den Texten nach 1970, bei Monique Wittig, Hélène Cixous, Chantal Chawaf, Danièle Sallenave wiederzufinden.

Die Frau möchte dem Mann an ihrem Körper das zeigen, wovon er noch nichts weiß, »diese andere Weiblichkeit, die Höhle des Mannes«.[66] In der phallischen Unverschämtheit dieses aufgerichteten Männerkörpers schreibt der Text diese »Weiblichkeit« und ein weibliches Penetrations-Phantasma ein. Die Frau ist »in des Mannes Höhle, sie hat sich in ihn zurückgezogen, weit von ihm entfernt, in der Dunkelheit des Körpers des Mannes«.[67] Ein Phantasma, welches die zeitgenössischen Texte von Frauen weiterverfolgen: als Wunsch, den Körper des anderen – ob Frau oder Mann – zu »öffnen«, in den anderen »hineinzugehen«. Dieses Netz von Metaphern findet man bereits in *Le Pur et l'Impur* von Colette. Von der gleichen Besitzgier getrieben hat Raoule in *Monsieur Venus* einen so heftigen Anfall, daß sie ihrem Liebhaber die Nägel ausreißt.

Geht es in diesem Wunsch, die Grenzen zwischen den Körpern zum Verschwinden zu bringen, um eine phantasmatische Identifizierung mit dem Mann oder um die Verwischung der Grenzen zwischen den Geschlechtern überhaupt? Um über das weibliche Begehren zu sprechen, welches den anderen erreichen, so nahe wie möglich und noch näher an ihn herankommen, ihn in seinem Körper, in seinem Wesen so gut wie möglich »kennen« will, hat man in der Sprache bis jetzt nichts anderes, als diese Metaphern des Einbruches, des Eindringens, Wörter »aktiver«, »männlicher« Sexualität – als ob die Sexualität nicht immer aktiv wäre, bis zur »Passivität« gehend aktiv. Man kommt aber – ob Frau, ob Mann – nicht in den anderen *hinein.* »In« und »entfernt«, schreibt Duras: der andere bleibt in seiner Distanz und in seiner »Dunkelheit«.

Der andere ist in der Phantasmatik der Texte von Frauen auch die *andere Frau,* »Schatten der anderen«[68] und Dritte im Verhältnis zwischen Frau und Mann. Eine verwirrende Anziehungskraft geht von ihr aus:

Die Geliebte und die Ehefrau sind voneinander fasziniert, weil jede einen Mann kennt, der der anderen immer entgeht und insgeheim immer zwei Frauen einander näherbringt, die sich durch ihn suchen und begehren.[69] Die »andere Frau«, die nicht bestimmt aber gegenwärtig ist, nach Lacan als Dritte »Partner« in jeder sexuellen Beziehung, ist die, die er als »Objekt klein a« im männlichen Phantasma bezeichnet. Die weibliche Erfahrung sieht sie auf ihre Weise. Sie erscheint Anna und Ella im *Goldenen Notizbuch* wie eine Verneinung ihres Körpers in seiner begehrenswerten Einzigartigkeit. Das Phantasma der »anderen Frau« bringt für eine Frau die Zweideutigkeit der Beziehungen zwischen Frauen in Zusammenhang mit ihrer eigenen Identität ins Spiel.

Hier durchbrechen die Texte von Marguerite Duras am stärksten die »Allgemeinplätze«. Durchbrechen die »Nacht«, in der sich die erotischen Phantasmen der Frauen verbergen, sich zu schützen versuchen.

Auf dieser Szene der Schrift ist das Bild der »anderen Frau« in die Zange des Begehrens, der Lust der Frau genommen: bei Anne Desbaresdes in *Moderato Cantabile,* bei Lol in *Le ravissement de Lol V. Stein.*[70] In dem phantasmatischen Szenario des *Ravissement* ist ein Platz nicht bestimmbar. Man weiß bei diesem seltsamen, einzigartigen Trio nicht, wer tatsächlich in der erotischen Beziehung gefangen ist, welche der beiden Frauen »die andere« ist. Die, die drinnen ist – im Tanz, in der Entkleidung, in der sexuellen Beziehung hinter dem Fenster – oder die, die draußen ist und zuschaut. Man weiß nicht ob sich das Zentrum innerhalb des Paares befindet oder in »dieser da«, die »sehen« will: Lol im Zentrum der Dreiecksbeziehung in der Ballnacht, im Roggenfeld.

Dieses »Theater«, das sich Lol immer wieder vorspielt, die Faszination

Anne Desbaresdes und das Phantasma der »Kleinen« im *Liebhaber*, das alles ist die unermüdliche Wiederholung der gleichen Szene: die einer Frau, die nackt den Blicken, dem Tode preisgegeben ist. Durch einen Mann. Man sieht sie, sieht, wie sie in dem Körper dieser anderen Frau verschwinden, in der »gewünschten Ausschaltung ihrer Person«, wie sie schlafen, sterben, vor Lust sterben. In einem Ausbruch, einem Überschäumen der Identität, des Eigennamens. Verzückt, versteinert, wahnsinnig geworden.

Das Begehren des Körpers der anderen Frau, dieses Körpers, der vom Blick und vom Begehren des Mannes in Besitz genommen wird, gibt auch das Phantasma der Homosexualität zu erkennen: Tatiana, »nackt unter ihren schwarzen Haaren«, wie viel später, die Brüste Hélène Lagonelles, die »wie feinstes Mehl« sind, wie die »Verzückung« Lols: »ich habe meinen Verlobten nicht mehr geliebt, sobald die Frau hereingekommen ist«.[71] Anna haßt Saul, der sie »betrügt«, sich haßt, Lust empfindet und sich über Phantasmen der Eifersucht den Kopf zerbricht. Hatte sie Lust darauf, »mit dieser Frau, die jetzt gerade bei ihm war, zu schlafen?«[72] Lol erlebt Lust mit Jacques Hold erst dann, als sie im Delirium mit Tatiana verschmilzt: »Lol-Tatiana...«.[73] Als ob, in dem von Duras inzenierten Phantasma der Umweg über den lustempfindenden Körper der anderen Frau notwendig wäre, um mit einem Mann Lust erleben zu können, als ob man nur über einen Mann mit einer Frau heimlich einen Orgasmus haben könnte: »...ich würde Hélène Lagonelle gerne diesem Mann geben... und das in meiner Gegenwart... erst durch ihren Körper hindurch könnte mir meine Lust mit ihm endgültig kommen. Etwas, woran man sterben könnte.[74]

Das Phantasma der Lust in der Verschmelzung mit dem Körper der Mutter, durch den begehrten Körper der Mutter hindurchgehen (Anne-Marie Stretter, die »Mutter«, die mit ihrer Tochter auf den Ball kommt, ein weißer Körper des Begehrens und des Todes in ihrem schwarzen, engen Ballkleid) in einer Urszene, die immer unvollendet – verboten? – bleibt, genau das wird in den Phantasien Lols verwirklicht.

Eine Zweideutigkeit, eine Unentscheidbarkeit liegt in dieser phantasmatischen Beziehung zu der anderen Frau, in der sich die *Beziehung zur Mutter*, dieser ersten »anderen Frau« abspielt...

Das Phantasma der Verschmelzung, die Sehnsucht nach der verlorenen Osmose mit der Mutter gehen in diesen Texten Hand in Hand mit der heimlichen Angst, wie sie zu sein, mit dem Wunsch nach Distanz, nach Trennung.

Die Figuren der Mütter tauchen flüchtig in den *Mandarins*, und im *Goldenen Notizbuch* auf, und zwanghaft in *Barrage contre le Pacifique* in der Beziehung zum Mann, zum Begehren: Das Bild, das Anne in dem Moment halluziniert, wo Scriassine in ihr einen begehrenden Körper weckt: »Daran zu denken, daß ich nackt in seinen nackten Armen liegen würde, war genauso unanständig, wie die Vorstellung, meine alte Mutter täte dies«.[75] Der Schatten der toten Mutter Ellas, die »vom Geschlecht« nie etwas gewußt hatte; die erdrückende Anwesenheit der Mutter Suzannes, die bis zum Wahnsinn geht, wenn sie Suzanne verdächtigt, mit M.Jo »geschlafen« zu haben.[76]

Alles Mütter, die die Lust nie gekannt hatten, denen sie verboten war, und so machen sie ein Verbot aus ihr. Um Lust empfinden zu können, muß man der Identifizierung mit der Mutter entkommen, die Mutter »verlassen«, auf die »andere Seite« überwechseln.

Suzanne wartet, als Hure gekleidet, am Straßenrand auf den Mann der sie »entführen kommt«. Sie der Mutter entführt. Im Ananasfeld, wo Suzanne die Lust entdeckt, hat der Mann »auf sanfte, fatale Art, die Ananas von ihrem Strunk gelöst« um sie der Mutter zu bringen.[77] Schnitt, Defloration, und Trennung von der Mutter. Im »Tauschhandel« – die Ananas gegen die Tochter – wird die Tochter zum phallischen Körper, Körper aus Fleisch und Begehren.

Als ob dieser symbolische Bruch eine Bedingung für das Lusterlebnis mit dem Mann wäre, als ob man eine sexuelle Beziehung mit dem Mann bräuchte, damit es einem gelingt, die Mutter zu »verlassen«, zu einer Identität-Frau zu kommen.

Suzanne wird zur »Seite der Mutter« nur zurückkommen, um sie sterben zu sehen.

Die Phantasmen sind von Text zu Text verschieden. Die Aussageweise auch.

In der *Vagabonde*, in *Le Pur et l'Impur*, in den *Mandarins*, und im *Goldenen Notizbuch* distanziert, verdoppelt sich eine Stimme. In der Nähe, die der in der ersten Person geschriebene Text erzeugt, schafft die Selbstanalyse Distanz. Die Distanz zum Spiegel mit den Entdeckungen, die er möglich macht, und seinen blinden Flecken. Identitätssuche, versuchen zu »benen-

zu leisten – das ist der Anspruch Colettes, das Leitmotiv des *Goldenen Notizbuches*.

Die Stimme in den Texten von Duras »schaut«, weiß, weiß nicht, verliert sich. Als ob sie, mit dem Partner als Dritten, als Subjekt der erotischen Suche, als Abwesende das Begehren und die Schrift inszenieren würde. Welches andere Ich spricht auf dieser Bühne? Es gibt, wie bei Lol, etwas wie eine »Verzückung« im erotischen Körper des Textes.

Eine Angst vor dem Exzess, vor dem Verlust zieht sich durch die Texte von Colette, von de Beauvoir, von Lessing. In der Erotik des Verlustes von Marguerite Duras liegt etwas Faszinierendes und Erschütterndes. In diesem nackten Akzeptieren dessen, was das sexuelle Begehren an Gewalttätigem, Wildem, Mythischen an sich hat: Der Ruf des »Waldes«, die Faszination des Verbots.

Man verliert sich in der Lust der Frau. Aber für Anne, für Anna, für Ella ist das wie eine Initiation, heißt, sich verlieren, sich finden. Die Schrift von Duras kostet diese Lust bis zum Ende aus, bis zur Auflösung der Identität. Es ist, sagt sie, »die beneidenswerteste Erfahrung überhaupt. Es ist eigentlich meine einzige Sorge: die Möglichkeit haben zu können, meiner Identität vollkommen entrückt zu sein«.[78]

Im phantasmatischen Textkörper von Duras, in diesen »Gebieten, die brennen, unberechenbar narzißtisch sind«, hat die Leserin das Gefühl, sich zu verlieren: in der Faszination eines Rhythmus, einer Schrift, in der es um das »Inexplizite«, das Schweigen geht. Oder wie Marguerite Duras später sagen wird, um das, was »ohne Aussage« ist.

Wir haben gesehen, was in den Texten gespielt wird: Die Frauen sehnen sich danach, sich hinzugeben, sich zu verlieren, zu schmelzen. Sie möchten den anderen nehmen, betasten, ihn sich einverleiben. Den anderen nähren, sich an ihm nähren. Die zwanghafte Figur der »anderen Frau«, die gleich ist, Rivalin oder Mutter, taucht in den verwirrendsten Szenarii auf. Das Phantasma der Liebkosungen, der Ruhe, der Sicherheit im warmen Hafen begehrender Arme *und* sado-masochistische Triebe, für die die Gewalt und das Leiden ein Noch-mehr an Lust, an Identität darstellen, gleichzeitig Selbsterniedrigung, Veräußerung an den anderen, an diesen Teil von sich selbst, den man nicht kennt. Der Traum narzißtischer Verherrlichung des eigenen Körpers, der begehrt wird, triumphierendes Für-sich-selbst-sein, Für-den-anderen-sein *und* gleichzeitig das Schwindelgefühl des Verlustes, der Auflösung des Selbst, Lust als Bedrohung. Schatten, Doppelgänger, gegensätzliche Triebe beleben diese phantasmatische Bühne: in der Spannung der Bemühung um mehr Klarheit und des Beherrschens dieser obskuren Kräfte bei Colette, Beauvoir, Lessing, in der Wirrnis des Traummaterials der Schrift von Marguerite Duras.

Sexuelle Differenz und Identität

Vielleicht wird der Wunsch der Verschmelzung mit dem anderen, das Bedürfnis, Begehren mit Liebe zu verbinden, der eigensinnigste Traum der Frauen bleiben.

Genau hier nämlich zerschlagen sich ihre Phantasmen an den Erwartungen und Phantasmen der Männer, an deren Bezug zur Sexualität, den die Frauen in den Texten von ihrem Standpunkt aus in seiner *Differenz* beobachten, erleben.

Die Mechanismen des Begehrens, der Erektion sind manchen Frauen so unbegreiflich, wie es für manche Männer die weibliche Sexualität ist.

Mitten in einer Krise ihrer Liebesbeziehung trösten Paule und Anne in den *Mandarins* sich damit, daß die Erektion ihres Partners ein Beweis des Begehrens, ja der Liebe ist. Henri und Lewis kriegen brav einen Steifen an diesem Körper, der nach ihnen verlangt, aber nur, um es so schnell wie möglich hinter sich zu haben, um Erklärungen zu entgehen. Robert reißt sich in einer Bar für eine kurze Stunde eine Hure auf. Eine Figur des *Goldenen Notizbuches* »nimmt« die Bedienerin, während sie den Fußboden in der Küche aufwäscht. Was bedeutet die Frau für den Mann in der sexuellen Beziehung? Für Saul, denkt Ella, ist das Sexuelle wichtig, aber nicht, mit wem er ins Bett geht. In kurzen Affairen entdecken die Frauen des *Goldenen Notizbuches* in ihren Partnern Männer, die keine sexuellen Beziehungen mehr mit Frauen haben können, die sie auf ihre Art bewundern und lieben.

Auf welcher, einem Geständnis unzugänglichen Bühne nährt sich das Begehren der Männer?

Als Willi erfährt, daß Anna gerade »von den Armen eines anderen Mannes« kommt, schläft er zum ersten Mal aus Überzeugung« mit ihr.[79] Als ob sein Begehren auf die Vermittlung eines anderen Mannes angewiesen wäre. Michael nimmt Anna immer dann, wenn die Gefahr besteht, daß die kleine Janet in das Zimmer ihrer Mutter kommt, und »die Gefahr dieser Störung ist Teil dieser Lust«.[80] Scriassine ist erregt über das Schamgefühl des »kleinen, deflorierten Mädchens«, zu dem Anna phantasmatisch für ihn wird. Er möchte sie dazu »zwingen, einen Orgasmus zu haben«,[81] schlägt sie. Es kommt zu einer »Scheidung« der Körper. Anna und Anne beobachten nur mehr aus der Entfernung, verschließen sich in einer »Sub-Konversation« und in der Frigidität.

Die Scheidung findet ebenfalls auf dem Gebiet statt, welches die Männer die »sexuelle Technik« nennen: also Beweis und Erprobung der Männlichkeit/Virilität. Für Anna würden die Gefühle in der Beziehung verloren gehen, wenn man darüber spräche. Anne ist über die »männlichen Entdekkungen« verärgert: »Die Synchronisierung! Als ob das etwas beweisen würde; als ob das an Stelle des Einvernehmens treten könnte. Selbst wenn wir gemeinsam kommen, sind wir deswegen weniger voneinander getrennt?«[82]

Und trotzdem werden die Ungeschicktheit vieler Männer, ihre naive Sorge um ihre eigene Lust, ihr Anspruch darauf, den Ablauf des sexuellen Aktes zu bestimmen, ihr Unwissen über die Erwartungen und die Vorlieben ihrer Partnerin, die Kürze des Aktes, von den Frauen in den *Mandarins* und im *Goldenen Notizbuch* als Faktoren des Scheiterns der sexuellen Beziehung angesehen. Eine Dissymmetrie der Rhythmen und der Erotik der beiden Geschlechter wird sichtbar: Renée spricht von den »Sinnen, die lange brauchen, um sich zu entflammen, aber auch lange, um zu erlöschen«. Die Sinnlichkeit der Frauen, »viel verstreuter als dieses kurze Zucken und viel heißer als dieses«[83] kann sich in der Lust verlieren, aufgeben, die Männer müssen sich beherrschen, zurückhalten, müssen aufschieben, damit sie nicht so schnell zu einem Ende kommen, ein »schreckliches Trauma, diese männliche Lust...«[84]

Diese »Sexbesessenen« sind »Sexkrüppel«. Acht von zehn Männern, die eine Figur des *Goldenen Notizbuches* in fünf Jahren gekannt hat, waren »impotent oder spritzten zu früh ab«.[85] Über ihre »Leistung« verlegen, und jederzeit bereit, Worte zu hören, die ihrer Eitelkeit schmeicheln, erzählen sie den Frauen, die sie kennenlernen, alles über das Drama ihrer Ehe, über ihre Phantasmen, in denen Mutterfiguren die größte Rolle spielen, ihren Schrecken vor dem Geschlecht der Frau, über ihren Sadismus, der für sie Ventil ist. In der Intimität des Verkehrs werden ihre

Verletzbarkeit und ihre Ängste sichtbar. Kind-Männer, die Angst vor der Einsamkeit, vor der Nacht haben, die sich, wie die Frauen, an einen Körper, an ein Wort klammern, um sich zu beruhigen. Wie kann man dem Bedürfnis widerstehen, sie zu beruhigen? Wie kann man sich dagegen wehren, dem Bild der Mutter zu entsprechen, das sie verfolgt?

Mann und Frau: hoffnungslos verschieden, getrennt, jeder in seinem Triebleben gefangen, beim Aufeinandertreffen zweier Körper an einen bestimmten Platz verwiesen, und trotzdem insgeheim Verwandte.

Wenn Rachilde eine Frau zeichnet, die die Initiative übernimmt, dominiert, die Regeln des Verkehrs bestimmt und den Mann zu einer Beute macht, die bis zum Tod, bis zur Fetischisierung unterworfen ist,[86] dann imitiert und parodiert sie sicherlich den traditionellen Handlungsablauf. Im Exzess der Perversion zeigt sie ebenfalls das »männliche« des Begehrens einer Frau, und das »weibliche« des männlichen Begehrens, so wie es oft heimlich in der weiblichen und männlichen Homosexualität auf den Plan tritt. Ein Text einer Frau also, der – noch vor Colette – die homosexuellen Neigungen offenlegt, die in den Meisten schlummern. Indem sie Jacques »feminisiert«, weckt Raoule in ihm ein auf einen Mann gerichtetes Begehren, und macht aus diesem Körper eine Versuchung für die anderen Männer, die beunruhigt.

Wo sind die Grenzen zwischen den Geschlechtern zu ziehen? Sind sie so wenig zu fassen? Colette spricht vom »offiziellen Geschlecht« und vom »heimlichen Geschlecht«[87] und wirft in *Le Pur et l'Impur* die Frage nach der Androgynie des Begehrens und der Identität auf. Eine Androgynie, die in dem Wort »öffnen« zum Ausdruck kommt: Seinen Körper öffnen, den Körper des anderen öffnen…

Für eine Frau aber ist es nicht leicht, sich von den Bildern zu befreien, die in den Phantasmen der Männer über sie eine Rolle spielen. »Sie, eine Frau? Sie möchten schon…« ruft Don Juan Colette entgegen, deren Männlichkeit ihn erschreckt. Und Colette drückt ihren stillen Wunsch aus, »eine Frau zu sein«, die »Zweideutigkeit« ihres hermaphroditischen Geisteszustandes« abzustreifen, und dem Mann einen »braven, recht weiblichen Körper anzubieten, sowie ihre, vielleicht trügerische Berufung, ihm zu dienen«.[88]

Wo soll man seine Identität finden, wenn beide Geschlechter in festgefahrene Mechanismen der Erotik eingeschlossen sind, mit Phantasmen, die die Körper in Objekte verwandeln und den Sexualakt in ein düsteres Schlachtfeld? »Frei! Was nützt uns das Freisein, wenn sie es nicht sind?«[89] Diese Texte sind sowohl eine Bestätigung des Subjekts »Frau« – und diese Frau sucht sich in ihrer *Differenz, in* und *entgegen* der Bilder, die man sich von ihr macht – als auch das Verlangen, über die Grenzen zwischen den Geschlechtern hinauszugehen. In dem Traum, den Anna im *Goldenen Notizbuch* hat, in dem eine Osmose zwischen ihr und Saul stattfindet, fängt die Unterscheidung »Mann – Frau« zu schwanken an, und Anna erkennt, daß beide das gleiche Bedürfnis haben: »jeder will im anderen eine Mutter, eine Schwester, einen Sexualpartner finden«.[90]

Über die »Urfeindschaft« hinausgehend soll man also die beruhigende Wärme, die Liebe der Mutter, die Komplizität der Schwester, die Süße und Heftigkeit des erotischen Vergnügens im anderen finden und das miteinander verbinden, was durch das Verbot getrennt wurde?

Sicher ist es für eine Frau leichter, zu versuchen, dies mit einer anderen Frau, »als Gleichgesinnter« zu erleben: nach den Büchern Colettes, *Vrilles sur la Vigne*[91] und *Le Pur et l'Impur*, schrieb Simone de Beauvoir in *Le Deuxième Sexe* über die Homosexualität, und Hélène Cixous schrieb über ihre Entdeckung der Frauenliebe glühende Texte. Die meisten Frauen verzichten jedoch nicht auf den »trennenden Unterschied«,[92] der in der Liebe aufhört, zu existieren.

Wie Anna träumen sie, über diese »so eklatante Verschiedenartigkeit«[93] hinausgehend, von der heimlichen Ähnlichkeit und von Beziehungen zwischen den Geschlechtern, die nicht mehr Vorwand für Machtkämpfe sind: »Ich bin deine Verbündete, jedoch nicht deine Beute«.[94]

Aber von Rachilde und Colette bis Doris Lessing bewegen sich die Beziehungen zwischen den Geschlechtern, das Begehren und die Liebe immer noch in derselben Sackgasse...

Auf dem Weg zu dieser anderen *Frau*, zu diesen anderen Beziehungen, dieser anderen Erotik – sicher einer der Träume unseres zu Ende gehenden 20. Jahrhunderts – sind diese Texte Marksteine einer Entwicklung, wie später die »Sprache des Körpers«, die soviele Frauen für sich gefordert und verherrlicht haben.

Stellen sie eine Archäologie der weiblichen Sexualität dar? Oder tragen sie, als Schrift des Begehrens, der Spannungen, der Triebe, mit ihren Geständnissen und ihrem Schweigen, dazu bei, daß der Bereich in die Ferne rückt, der sich dem Undenkbaren, dem Unsagbaren entzieht? Vielleicht kann eine Leserin auch heute noch darin etwas von dem ausmachen, was in ihr selbst vorgeht. *Übersetzt von Karin Rick*

1 ▪ Ausspruch eines französischen Geistlichen, von einem Senatsmitglied 1880 in der Debatte über Schulunterricht von Mädchen in der Oberstufe übernommen.

2 ▪ Helisenne de Crenne – Les angoisses douloureuses qui procèdent d'amour (1538) / »Die schmerzhaften Ängste, die von der Liebe kommen«. Erster französischer Roman von einer Frau.

3 ▪ Die im Text nun folgenden Zitate aus diesen Werken stammen aus den französischen Ausgaben:
: Colette – *La Vagabonde* (1910), in: *Oeuvres de Colette*, t. I. Paris, Flammarion, 1960
: Doris Lessing – *Le Carnet d'Or* (1962), trad. française, Paris, Albin Michel, 1976 (dt.: »Das Goldene Notizbuch«)
: Simone de Beauvoir – *Les Mandarins*, Paris, Gallimard, 1954 (dt.: »Die Mandarins von Paris«)
: Marguerite Duras – *Un barrage contre le Pacifique*, Paris, Gallimard, 1977 (dt.: »Heiße Küste«)
Die deutschen Übersetzungen der Zitate hat Karin Rick übernommen.

4 ▪ »j«avais une jambe, personne ne s'en doutait, pas même moi. *»Les mandarins*, a.a.O. hinfort zit.: M, 32

5 ▪ »Tu as de beaux seins.« La chose avait été dite. Pour la première fois. Et pendant que la main était à nu sur le sein nu, Suzanne vit ses seins, elle vit l'érection de ses seins plus haut que tout ce qui se dresse dans la ville (...) Elle, en regardant la ville, ne regardait qu'elle même. Regardait solitairement son empire où règneraient ses seins, sa taille, ses jambes.« *(Un barrage contre le Pacifique*, hinfort zit.: B, 195) a.a.O.

6 ▪ »dans l'odeur de sueur et du sexe«, *Goldenes Notizbuch, a.a.O. Carnet d'Or*, hinfort zit.: CO, 546, Zitate 2 bis 6 M 319–321.

7 ▪ »quelque chose de douloureux«

8 ▪ »trop peu de sommeil, trop de fièvre, trop de langueur«

9 ▪ »trop lourd, trop riche«

10 ▪ un »cachot«: dans son air confiné on étouffait un peu«

11 ▪ »maladie et convalescence«

12 ▪ »emportée dans un tourbillon, une houle noire«, M 73

13 ▪ »englouties, submergées, précipitées dans le vide, dans l'oubli, dans la nuit«. CO 197–294

14 ▪ Simone de Beauvoir – *Le deuxième sexe*, Paris, Gallimard 1949, t.II, p. 162 »au coeur d'une nuit charnelle aussi indistincte que le sein maternel«.

15 ▪ »avec horreur«, »si totalement donnée, si affreusement perdue«, M 26.

16 ▪ »la honte de s'abandonner, de ne plus vraiment savoir ce qui vous échappe en gestes ou en paroles«, Colette, *Le Pur et l'Impur*, in: Oeuvres de Colette, t.III, Paris Flammarion 1960, hinfort zit.: PI, 310

17 ▪ »il était nu, j'étais nue et je n'éprouvais aucune gêne; son regard ne pouvait pas me blesser, il ne me jugeait pas, il ne me préférait rien, rien ne m'était demandé«, »je n'avais plus ni orgueil, ni prudence.« M 318–319

18 ■ »on se fout dessus, elle ouvrent les cuisses, et elles veulent être respectées«, M 367.

19 ■ »un ventre qui n'est plus le ventre d'une jeune fille«. M 74

20 ■ »un écho dans le coeur de l'autre«, »que le corps et le coeur battent à l'unisson«. M 75.

21 ■ »un désir d'homme me changeait en une parfaite merveille«, »nourrissante comme le pain, odorante comme la terre«. M 319.

22 ■ »le véritable orgasme«, »l'orgasme vaginal« où »elle répond totalement«, CO 253

23 ■ »familière gymnastique«, »baroque et frivole, incongrue«, M 439

24 ■ »un plaisir lointain, solitaire comme une fleur coupée, »et je m'ennuyais«, M 73–74

25 ■ »des vérités ambigues, séparées, contradictoires, ces vérités fragmentées, qu'il ne faut pas cloisonner, ni compartimenter«, Simone de Beauvoir – *La Force des Choses*, Gallimard, Paris 1963, hinfort zit.: FC 282

26 ■ »sans logique des crises d'intolérante chasteté«, »dans un brasier infernal allumé en un moment«, in *La Vagabonde*, a.a.O., hinfort zit.: V, 826

27 ■ »suit le flux et le reflux de celle de l'homme«, CO 409

28 ■ »froide et molle comme un vieux cadavre«, M 525

29 ■ CO 529

30 ■ »une chienne choyée«, V 778

31 ■ »le désir brut«, CO 409

32 ■ »humide de désir« de cet homme »avec qui elle n'avait rien en commun«, CO 209

33 ■ »le corps vide«, elle se sent »une femelle en chaleur«, M 310

34 ■ »je souhaitais passionnément qu'une force étrangère me terrassât sur ce lit à jamais (...) Qu'il monte, qu'il entre«, M 315

35 ■ CO 408

36 ■ »mise pieds et poings liés à la merci d'un autre«, M 317.

37 ■ »prendre son plaisir, se faire jouir, baiser«; »s'humilier«, CO 409.

38 ■ Roland Barthes – *Fragments d'un discours amoureux*, Paris, Seuil, 1977

39 ■ Rachilde – *Monsieur Venus*, Paris 1880, rééd. Flammarion 1977, hinfort zit: MV.

40 ■ Motto von Colette in Colette – *le Pur de L'Impur*, 1931 erschienen mit dem Titel: *Ces plaisirs*... (Diese Freuden...). Das hier verwendete Zitat ist aus *Le Pur et l'Impur*, in *Oeuvres de Colette*, t.III, a.a.O.

41 ■ »ce récif sourd et inintelligible«, »le Sens, l»Inexorable«. PI 308–310.

42 ■ »c'est comme si les structures chimiques de nos corps éprouvaient une aversion réciproque«, CO 69

43 ■ »des corps qui se comprennent«, CO 178

44 ■ »point d'autre délire que celui de mes sens, V 835.

45 ■ »le premier obstacle où je bute, c'est ce corps de femme allongé qui me barre la route, un voluptueux corps aux yeux fermés, volontairement aveugle... prêt à périr plutôt que de quitter le lieu de sa joie.« »C'est moi cette femme-là, cette brute entêtée au plaisir... tu n'as pas de pire ennemie que toi-même«. V 823

46 ■ »l'enfant abandonné qui tremble en moi (...) prompte à tendre les bras, à implorer: ne me laissez pas seule!« V 823

47 ■ »je ne savais pas qui il était (...) je ne savais pas qui j'étais moi-même (...) sinon que c'était à moi que j'aurais voulu échapper« M 528

48 ■ »ces femmes qui attendent (...) Certaines sont plaquées. Plaquées. On entend ce mot les atteindre, le bruit qu'il fait, le bruit de la gifle qu'il donne. Certaines se tuent.« (...) Il n'y avait pas à attirer le désir. Il était dans celle qui le provoquait ou li n'existait pas. (...) Il était l'intelligence immédiate du rapport de sexualité ou bien il n'était rien.« *L'Amant*, Paris Minuit 1984. hinfort zit.: A, 28.

49 ■ »il suffit de vouloir«, »elle aura tous les hommes qu'elle veut« B 277

50 ■ »Les émotions des femmes correspondent encore à un type de société qui n'existe plus«. CO 284

52 ■ »pulpe fondante«, »livre la femme au mâle«, »son désir d'etreindre, de posséder un trésor analogue«: »toute femme est naturellement homosexuelle«. Simone de Beauvoir – *Le Deuxième Sexe*, Paris, Gallimard 1949, t.II, hinfort zit.: DS, 169–173

53 ■ »seule parure féminine dans un visage trop viril«, V 775

54 ■ dont la »faiblesse me transportait de jouissance«, ce corps d'une »somptueuse douceur«. A 50, 67

55 ■ le »nombril enfantin«, la »fourrure animale« du sexe, ce sexe »où un coeur battait à petits coups«. M 338

56 ■ CO 503

57 ■ »il a un grand penis, il baise bien, comment comprendrait-il?« CO 410

58 ■ »un morceau de chair«, comment aimer ce morceau de chair quand je n'aime pas tout l'homme?« M 74

59 ■ »tombeur des filles«, »une caricature vivante du jeune Américain stéréotypé par les films – viril et sexy, tout en couilles et en érection«, CO 495.

60 ■ »pour la soumettre et l'envoûter«, »inexorablement attirée« par George, qui »imaginait comment elle serait lorsqu'il l'aurait baisée jusqu'á l'étourdissement«. »Je savais par instinct que si je couchais avec George, j'apprendrais une sexualité dont je n'avais pas l'idée jusqu'alors. CO 116–120

61 ■ »une sexualité dure, violente, froide et haineuse« CO 514–524

62 ■ »n'a rien de commun avec la créature-femme éprise«, un désir sadomasochiste »provoqué par la haine«, CO 514

63 ■ »Tu me tues, tu me fais du bien«, Satz aus *Hiroshima mon amour*, in der ersten Version von *L'Homme assis dans le couloir*, hier zitiert aus der zweiten Version: Marguerite Duras – *L'Homme assis dans le couloir*, Paris Ed. de Minuit 1980

64 ■ Marguerite Duras – *L'Homme assis dans le couloir*, a.a.O., hinfort zit.: HAC 15, 27

65 ■ »forme grossière et brutale«, »forme des premiers âges, indifferenciée des pierres, des lichens, immémoriale«, »pleine de jouissance, remplie de jouissance plus qu'elle ne peut contenir«, jouissance de »S'en nourrir, s'en rassassier« HAC 26–27

66 ■ »cette autre féminité, la caverne de l'homme«, HAC 29

67 ■ »la femme est dans la caverne de l'homme, elle est retirée en lui, loin de lui, dans l'obscurité du corps de l'homme«. HAC 30

68 ■ »Der Schatten der anderen«: Titel des Romans, den Anna im »Gelben Heft« schreibt und dessen Hauptfigur Ella ist.

69 ■ Anna de Noailles – *La sagesse des femmes* (Die Weisheit der Frauen), Paris 1931

70 ■ Marguerite Duras – *Moderato Cantabile*, Paris Ed. de Minuit 1958, *Le ravissement de Lol V. Stein*, Paris, Gallimard, 1964

71 ■ »je n'ai plus aimé mon fiancé dès que la femme est entrée«. R 159

72 ■ »envie de faire l'amour avec cette femme qui était maintenant avec lui?« CO 547

73 ■ R 219

74 ■ »je voudrais donner Hélène Lagonelle à cet homme... ceci en ma présence... ce serait... par la traversée de son corps que la jouissance m'arriverait de lui, alors définitive. De quoi en mourir. A 92

75 ■ »me penser nue dans ses bras nus, c'était aussi incongru que d'y supposer man vieille mère«. M 72

76 ■ Marguerite Duras, *Barrage*, a.a.O.

77 ■ »l'homme, d'une façon douce et fatale avait séparé l'ananas du pied, B 295

78 ■ »l'expérience la plus enviable qu'on puisse connaître. C'est en fait ma seule préoccupation, la possibilité d'être capable de perdre la notion de mon identité«. D. Knapp – »Interview mit M. Duras« in *The French Review* vol. XLIV No. 4, 1971

79 ■ il fait »la seule fois« l'amour »avec conviction«, lorsqu'elle vient de »quitter les bras d'un autre homme«, CO 140

80 ■ »le risque de cette intrusion fait partie de son plaisir«, CO 301

81 ■ »la jeune fille déflorée, il veut la »forcer à jouir«, M 74, 75

82 ■ »La Synchronisation! Comme si ça prouvait quelque chose. Comme si ça pouvait tenir lieu d'entente. Même si nous jouissions ensemble, en serions-nous moins séparés?« M 75

83 ■ »sens lents à s'enfièvrer, mais lents à s'eteindre«. PI 351

84 ■ la sensualité des femmes plus éparse que le spasme et plus que lui chaude« (...) terrible traumatisme du plaisir viril« PI 312

85 ■ »obsédés sexuels«, »iinfirmes sexuels«, »impuissants ou éjaculaient prématurément« CO 411–434

86 ■ Raoule läßt Jacques in einem Duell töten und bestellt sich eine Wachspuppe, die nach seinem Bild gefertigt ist. Mit dieser schließt sie sich ein.

87 ■ »sexe officiel, sexe clandestin« PI 329

88 ■ »Vous, une femme? vous voudriez bien...« »être une femme, de dépouiller l'ambiguité de son hermaphrodisme mental, d'offrir à l'homme son brave corps bien femelle et sa vocation, peut-être fallacieuse, de servante«, PI 326–327

89 ■ »Libres! A quoi nous sert d'être libres s'ils ne le sont pas?« CO 411

90 ■ CO 532, CO 526

91 ■ Colette – *Vrilles sur la Vigne*, in *Oeuvres de Colette*, a.a.O.

92 ■ Simone de Beauvoir und Marguerite Duras haben beide über den »trennenden Unterschied« (la différence qui sépare) geschrieben. Über die Liebe und den Unterschied: »Daß sich in der Liebe die Unterschiede so aufheben können, wird sie nie mehr vergessen« (Que dans l'amour les différences puissent s'annuler à ce point, elle ne l'oublierait plus) – B 295
auch:Duras – *L'Homme atlantique*, Ed. Minuit, Paris 1982, s. 11 de Beauvoir, DS, t. II, S. 576
»Ein Mann, eine Frau, der eine für den anderen, der Mann, die Frau, die Liebe, das einzige Licht. Getrennt, verschieden, die eine mit einem Körper, der in meinen Augen ein bißchen mehr weiblich ist, der andere Körper vielleicht männlicher, aber ich war ganz und gar nicht sicher, ein Mann, eine Frau, das Leben in Person«.
»Un homme, une femme, l'un pour l'autre, l'homme, la femme, l'amour, l'unique lumière. Séparés, différents, l'une à corps légèrement plus féminin à mes yeux, l'autre corps peut-être plus masculin, mais je n'étais sûre de rien, un homme, une femme, la vie en personnes«. Hélène Cixous – *Angst*, edition des femmes, S. 127

93 ■ »dissemblance éblouissante«, PI 315

94 ■ »je suis ton alliée, non plus ta proie«. PI 378. Von einer Frau zu einer anderen Frau gesagt.

Monique Schneider

Der weibliche Blick und die theoretische Schrift

Schon in der Erschaffung der analytischen Szene steht die Frage der Beziehung zwischen der Frau und dem Blick im Vordergrund. Freud selbst weist diesem schöpferischen Moment seinen Platz zu, indem er den Traum von Irmas Injektion als maßgeblich für die Geburt seiner analytischen Arbeit darstellt.

Eine Geburt, von der er sich vorstellt, daß sie später bejubelt wird. Diese Hoffnung teilt er Fließ mit: Er evoziert zuerst das plötzliche Erblühen einer Fülle von Blumen – »nach Flieder und Goldregen duften jetzt Akazien und Jasmin, die Heckenrosen blühen auf, und zwar geschieht das alles, wie ich auch sehe, plötzlich« – und geht dann vom Reich der Blumen zum Reich der Steine über, um sich den Aufbruch der Welt der Theorie zu veranschaulichen:

»Glaubst du eigentlich, daß an dem Hause dereinst auf einer Marmortafel zu lesen sein wird:

Hier enthüllte sich am 24. Juni 1895
dem Dr. Sigmund Freud
das Geheimnis des Traumes.[1]

Die Enthüllung des Geheimnisses des Traumes besteht also aus dem Traum selbst und nicht aus seiner Deutung. Es handelt sich um den »Traum von Irmas Injektion«, ein Traum, der in seinem Zentrum einen Frauenmund darstellt – »der Mund geht dann auch gut auf« – ein Mund, über den eine ganze Reihe Ärzte- und Männerblicke gebeugt sind.

Warum sollte eine solche Enthüllung in Marmor gemeißelt werden? Als marmorne, mineralisierte/zu Stein gewordene Schrift, die in einem erstaunlichen Gegensatz zu dem Fließenden steht, welches die Beschwörungen in den Briefen ausmacht, die, so Max Schur, um den Traum von Irma kreisen. Der Vergleich der beiden Texte – die Briefe an Fließ und der Bericht des Traumes in der *Traumdeutung* macht zwei Arten der Umformung sichtbar: Auslöschung und Umkehrung.

Die erste Umformung betrifft das Blut: In den Briefen fließt es in Strömen, wenn Freud den Zustand beschreibt, in dem sich seine Patientin, Emma Eckstein, nach einer von Fließ durchgeführten Operation befindet. Fließ hatte in der Mund-Nasenhöhle einen fünfzig Zentimeter langen Gazestreifen vergessen und das hatte eine schwere Infektion und zahlreiche Blutungen zur Folge. Freud spielt im Brief vom 4. Mai 1895 darauf an:

»Mit der Eckstein kann man nicht zufrieden sein (...) Vorgestern gab es eine massenhafte Blutung (...); es waren zwei Eiterschalen voll«.[2]

Vier Tage später:

»Es blutete mäßig fort aus Nase und Mund, der Foetor war sehr arg. Rosanes reinigte sich die Umgebung der Öffnung, zog Blutgerinsel heraus, die anhafteten, dann plötzlich zog er an etwas wie einem Faden; er zog weiter an (...) Im nächsten Moment folgte ein Blutstrom, die Kranke wurde weiß, mit hervorquellenden Augen und pulslos«.[3]

Der Blutstrom erscheint einen Monat später wieder und man wohnt einer Art Kampf zwischen den Kräften des Blutes und den Kräften des Tampons bei:
»Trübe Zeiten, unglaublich trübe (...) Acht Tage begann sie bei liegendem Tampon zu bluten, was bislang nicht der Fall gewesen war. Sie wurde sofort noch tamponiert, die Blutung war geringfügig. Zwei Tage neue Blutung wiederum, bei liegendem Tampon und bereits überreichlich. Neue Tamponade, neuerliche Ratlosigkeit (...) Sowie der Tampon halb heraus war, kam eine neue, lebensgefährliche Blutung, die ich mitansah. Es spritzte nicht, aber es wogte. Etwas wie ein Niveau hob sich äußerlich rasch und überströmte dann alles. Es muß ein großes Gefäß gewesen sein, aber welches und woher. Man sah natürlich nichts, war froh, daß man wieder einen Tampon drinnen hatte«.[4]

Der Traum von Irmas Injektion wird eine neue Tamponade bilden. Die Patientin ist »bleich«, aber auf das Blut wird keine Anspielung gemacht, weder im Text des Traumes, noch in den Assoziationen; man ist vom Roten zum Weißen übergegangen. Daran ist nichts Erstaunliches, wenn man der zweiten Umformung Rechnung trägt, jener, die den Blick betrifft. Freud stellt sich in den Briefen an Fließ als jemand dar, der kein Blut sehen kann; er ist am Rande der Ohnmacht und seine Frau wird ihm zu Hilfe kommen müssen:

»In dem Moment, da der Fremdkörper herauskam und mir alles klar wurde und ich gleich danach den Anblick der Kranken hatte, wurde mir übel; nachdem sie ausgestopft war, flüchtete ich mich ins Nebenzimmer, trank eine Flasche Wasser aus und kam mir kläglich vor. Die tapfere Doktorin brachte mir dann ein Gläschen Kognak und ich wurde wieder ich«.[5]

Dort, wo der Blick des Arztes zu flackern anfängt, hält ein anderer Blick durch: der der »tapferen Doktorin« und der der Patientin, die jedoch als »sehr bleich und elend,mit frischen Schmerzen und Schwellung« dargestellt wird. Freud erkennt dieses sonderbare Kräfteverhältnis:

»Sie hatte während der Verblutungsszene ihre Besinnung nicht verloren; als ich etwas wankend ins Zimmer kam, empfing sie mich mit der überlegenen Bemerkung: Das ist das starke Geschlecht«.[6]

Der ganze Traumbericht wird eingeschaltet, um das Versagen des ärztlichen Blickes wiedergutzumachen und um den Blick der Patientin auszulöschen – eine andere Art von »Tamponade«. Die Patientin öffnet den Mund nur, um eine Klage auszustoßen: »Wenn du wüßtest, was ich für Schmerzen jetzt habe«, die Unerbittlichkeit ihres Blickes wird damit aufgehoben. Aufgehoben und ersetzt durch eine Überfülle männlicher Blicke. »Ich sehe sie an«, »(ich) schaue ihr in den Hals«, »und anderwärts sehe ich an merkwürdigen krausen Gebilden (...)«. Anstelle der Patientin wird eine chemische Formel gesehen:
»Trimethylamin (dessen Formel ich fettgedruckt vor mir sehe)«[7] Im weiteren Verlauf der *Traumdeutung* wird Freud von einem »durchdringenden« Blick sprechen: »die fürchterlichen blauen Augen« des Professors Brücke, Augen, die in dem Traum »non vixit« Freuds eigene werden:

»Ich sehe dann P. durchdringend an, unter meinem Blicke wird er bleich, verschwommen (...) – und endlich löst er sich auf. Ich bin ungemein erfreut darüber«.[8]

»Bleich«: das war die Farbe der Patientin Irma, die auf Emma Eckstein zurückweist, die ebenfalls »bleich« war, völlig ausgeblutet/blutlos weiß durch die Blutung. Aber in diesem Traum wird die Macht/das Vermögen »bleich« zu machen, blutleer zu machen, dem Blick des Arztes oder des Herren zugesprochen, ein Blick der für die Erfordernisse der Wissenschaft vampirisch geworden ist. Es ist nicht mehr die Rede vom Blick der Patientin, von ihrem harten Urteil: »das ist das starke Geschlecht«. Das männliche Geschlecht ist wirklich »stark« geworden. »Stark« unter der Bedingung, daß der Frau zwei Kräfte genommen werden:

Das Blut und der Blick. Die Frau ist also zum Objekt des Blickes geworden, Objekt-Frau, in einer Umkehrung der von Freud als unerträglich erlebten Erfahrung.

Diese doppelte Verstümmelung, die der Frau auferlegt wird, wird in der onirischen Erarbeitung der *Traumdeutung* als Bedingung der wissenschaftlichen Arbeit gesetzt: Erstellung eines »Herbariums«, von dem jede Seite, im »Traum von der botanischen Monographie« »ein getrocknetes Spezimen der Pflanze«[9] darstellt; und »Pflanze« assoziiert Freud mit »Lieblingsblume«. Das Thema der Austrocknung, das als Finalität der wissenschaftlichen Arbeit angesehen wird, steht im Zentrum/ist Kern des Freudschen Imaginären: Während die Träume seiner Patientinnen lebende, oft rote Blumen bieten, stellen die Träume Freuds, wenn sie die Operation des Wissens inszenieren, getrocknete Blumen zur Schau. Im Traum des Grafen Thun, wird die »Lieblingsblume« ein »zerfetztes Blatt, eigentlich ein zusammengeknülltes Blattgerippe«.[10] Diese seltsame Gleichung zwischen der Operation des Wissens und der des Austrocknens wird im letzten Satz der 31. Vorlesung der *Neuen Folge der Vorlesungen zur Einführung in die Psychoanalyse* wieder aufgenommen. nach der Formel, die die Essenz der psychoanalytischen Arbeit wiedergibt, – »Wo Es war, soll Ich werden« – schlägt Freud, als Conclusio eine beunruhigende Metapher vor: »Es ist Kulturarbeit etwa wie die Trockenlegung der Zuydersee«.[11]

Es ist also nicht erstaunlich, daß die Frau, auf diese Art geschwächt, ihres Blutes und ihres Saftes beraubt, in der Freudschen Theorie als vom Mangel gezeichnet auftritt. Es handelt sich tatsächlich um einen Mangel, der aber nicht primär ist, sondern sekundär, fabriziert, erforderlich gemacht durch eine, der wissenschaftlichen Arbeit inhärente Notwendigkeit. Der wissenschaftlichen Arbeit, so wie Freud sie sich vorstellt. Eine Vorstellung, deren Weg von einer jahrhundertealten Ideologie bereitet wurde, welche »Heilung« mit »Reinigung der Matrix (Gebärmutter)« ident setzte.

In einem Text, der humoristisch gemeint ist, ermöglicht uns Freud den Zugang zu dem, was durch diese Darstellung einer vom Mangel bewohnten Frau verdrängt wird. Es handelt sich um ein Gedicht, das an Fließ adressiert ist, der den Monatszyklus der Frau studiert hat, um die Empfängnisverhütung möglich zu machen. Um die Geburt des Sohnes seines Freundes zu feiern, läßt Freud das Thema des Rivalisierens zwischen dem Reich des Blutes/Saftes und dem Reich des Tampons, der Marmortafel wiederauferstehen:

Heil
Dem wackren Sohn, der auf des Vaters Geheiß
Zum richtigen Zeitpunkt erschienen
Ihm Gehilfe zu sein und Mitarbeiter der heiligen Ordnung.
Heil aber auch dem Vater, der kürzlich vorher tief in der Rechnung gefunden
Die Macht zu dämmen des Frauengeschlechts
und sein Teil, Gesetzesfolgschaft zu tragen (...)
Stimmen möge die Rechnung, als Arbeitserbe vom Vater
Sich übertragen dem Sohn und durch Jahrhunderte Scheidung
Knüpfen zur Einheit im Geist, was im Wechsel des Lebens zerfällt.[12]

Wo ist da also »das starke Geschlecht«? Welches ist das Geschlecht dessen »Macht« man »dämmen« muß? Freud stellt einer heraklitischen Welt, die im »Wechsel des Lebens« mitgerissen wird, einem Wechsel, der unmittelbar mit einer Kraft des Todes, mit dem, was »zerfällt« assoziiert wird, eine parmenidische Welt entgegen. Die ist einheitlich, ewig und jeglicher Bewegung beraubt. Und doch, ist der Blutstrom, den es zu dämmen gilt, nun die Macht des Todes oder die des Lebens? Macht des Lebens, die, wie in der Blutungsszene, alles zu »überströmen« droht. Dämmen, tamponieren: Aufgaben, denen sich Vater und Sohn widmeten, in der »Einheit im Geiste«. Auf daß der Damm, der Stein den Blutstrom aufhalten, das Leben zum Stillstand bringen. (oder: die Blutung, das Leben zum Stillstand bringen.)

Die zwei Figuren der Auslöschung in Bezug auf die weibliche Macht – Blut und Blick – sind im Imaginären Freuds eng miteinander verknüpft: hinter dem unerbittlichen Blick der Patientin Irma kann Freud den Blick seiner Kinderfrau wiederfinden, eine Frau, die das Kind verführt hatte und die Freud seine »Urheberin« nennt. Freud wird Fließ über sie gestehen: »Ich werde dem Andenken des alten Weibes dankbar sein, das mir in so früher Lebenszeit die Mittel zum Leben und Weiterleben vorbereitet hat«.[13] Eine sonderbare Anerkennung, denn Freud wird in seiner Theorie die Spuren dieser Verführung verwischen: Freud hat in der Tat die Theorie der Verführung in dem Moment fallengelassen, in dem er entdeckte, daß, in seinem Fall, die Verführung nicht dem Vater zuzuschreiben war, wie es seinen Hypothesen nach sein sollte, sondern einer Frau. Er kehrt seiner »Urheberin« den Rücken und erklärt: »Ich glaube meine Neurotika (das heißt, meine Verführungstheorie) nicht mehr«. Diese Gestalt der verführenden Kinderfrau kehrt jedoch in der *Traumdeutung* als Quelle des Blicks wieder, als Freud den »Verlegenheitstraum der Nacktheit« zur Sprache bringt. Das Dienstmädchen des Traumes wird tatsächlich als »Inkarnation der prähistorischen Alten« dargestellt. Der Blick der »prähistorischen Alten« wird nicht als Objekt, sondern als Ort erfahren. Ein Ort, an dem das Kind seine Nacktheit als Lusterleben empfindet und nicht als Schande: »Wir haben uns damals unserer Nacktheit nicht geschämt (...) Diese der Scham entbehrende Kindheit erscheint unserer Rückschau später als Paradies«.[14]

Warum wird dieser Rückschau ein Ende gemacht und warum wird in der Selbstanalyse die Gestalt der »prähistorischen Alten« begraben? Im Blick der Urheberin erfährt das Kind sowohl eine »berauschende Nacktheit« als auch die Möglichkeit einer Verwundbarkeit: es ist »hilflos«. Die Erinnerung an die Kinderfrau ist in der Tat mit der einer traumatischen Wunde assoziiert, einer Wunde im Kiefer, die sich dort befindet, wo später der Kieferkrebs auftauchen wird. Diese Erinnerung wird in zwei kurzen Fragmenten – die zwei Lippen der Wunde – in der *Traumdeutung* evoziert, Freud spricht über ihre Bedeutung in *Über Deckerinnerungen*:

»Am meisten Eindruck hätte mir doch eine Verletzung im Gesicht machen müssen, bei der ich viel Blut verlor und vom Chirurgen genäht wurde. Ich kann die Narbe, die von diesem Anfall zeugt, noch heute tasten, aber ich weiß von keiner Erinnerung, die direkt oder indirekt auf dieses Erlebnis hinwiese«.[15]

Im folgenden Absatz geht Freud von dieser von ihm erlebten Gewalt zur Gewalt über, die er auf ein kleines Mädchen ausübte; die Szene spielt sich vor einer Kinderfrau ab. Eine »Wiese«, »in der grün sehr viele gelbe Blumen«, dann der Vergleich und die Aggression:

»Den schönsten Strauß hat das kleine Mädchen; wir Buben aber fallen wie auf Verabredung über sie her und entreißen ihr die Blumen (...). Wir werfen die Blumen weg«.[16]

Freud wird so der Chirurg des Mädchens: Blutleer machen, die Blumen entreißen, Blut, Blume. Kindliche, männliche Gewalt, die in der *Traumdeutung*, in der Darstellung der getrockneten Blume als Resultat der wissenschaftlichen Arbeit mündet.

Welche Möglichkeiten bieten sich über diese erste Reaktion der Sichtbarmachung, des Protestes hinausgehend, an? Für die Frauen, und ist es noch immer notwendig, diesen ihnen »entrissenen« und »weggeworfenen« Blumenstrauß wiederherzustellen, wenn sie ein Bild der weiblichen Identität wiederfinden wollen. Dieser Weg ist notwendig, aber er erhält eine alte Teilung aufrecht. Eine Teilung, die dem männlichen Begehren entspricht, so wie es auf dem Weg auftaucht, den Freud eingeschlagen hat:

Die Frau wird ihren Blick auf sich selbst richten und nicht auf den Mann. Nun scheint mir die Freudsche These in Bezug auf den weiblichen Narzißmus versteckte Fallen zu enthalten:

Indem man die Frau in ihre Beziehung zum Spiegel, zum Spiegel ihrer selbst und anderer Frauen, einschließt, neutralisiert man weiterhin die Möglichkeit eines weiblichen Blicks, eine Möglichkeit die von Freud als Risiko erlebt wird:

der Blick der sich auf das, was geboren wird, verletzbar, »vorgeschichtlich« ist, richtet. Es ist kein Zufall, wenn Freud sich auf das sexuelle Vorgeschichtliche nur dann bezieht, wenn er die weibliche Sexualität erforschen will:

»Die Einsicht in die präödipale Vorzeit des Mädchens wirkt als Überraschung, ähnlich wie, auf anderem Gebiet die Aufdeckung der minoisch-mykenischen Kultur hinter der griechischen«.[17]

Wenn das Vorgeschichtliche zur Seite des Weiblichen hin »weggeworfen« wird, endet man bei Freuds Initiationstraum: es ist die Patientin Irma, die den Blicken Freuds und der Ärzte diesen wunden Mund anbietet, von dem Freud die Erinnerung nicht wiederfinden kann. Der Mund, der aus seinem Gesicht und seinem Gedächtnis gerissen ist, um im weiblichen Gesicht erneut verkörpert zu werden.

Eine Forschungsreise wird unerläßlich. Eine Forschungsreise, die den Versuch der Frau, ihre Identität wieder zusammenzufügen, nicht ersetzt, sondern begleitet: sie führt hin zu den Werkstätten der Erzeugung des Weiblichen, zur Schmiede des Hephaistos, wo Pandora gemacht wurde. Sie führt zu dem, was das Märchen von Grimm, »Fitchers Vogel«, als »Blutkammer« des Mannes darstellt. Hinter der binären Logik, der Logik der Entscheidung, einer Logik, die vielleicht sie sexuelle Trennung erforderlich macht, ist dann die Angst auszumachen, ohne die der Rückgriff auf tiefschneidende Operationen nicht stattfinden würde, die von der Kultur durchgeführt und von der Theorie übernommen werden: Die

Angst vor der Geburt, der vergangenen Geburt, und der Geburt, die gerade stattfindet, ist vielleicht beim Mann viel größer als die Todesangst. Geborenwerden, ist das nicht, aus der Öffnung weiblicher Lippen, blutiger Lippen hervorquellen? Die Leidenschaft für den Marmor, den Stein, könnte bei Freud den faszinierten Schrecken im Hinblick auf eine Geburt bannen, die sich in einem blutigen weiblichen Ort ereignet. »Blut ist ein besonderer Saft«. Freud wiederholt diese Worte Goethes anläßlich einer Kieferoperation.

Das männliche Vorgeschichtliche wiederfinden. Das ist die Richtung, die die Forscherin der Griechischen Antike, Nicole Loraux in den *Kindern der Athena* einschlägt. Nicht, wie J.P. Vernant und M. Détienne es gerne hätten, eine Erforschung des »Überganges vom Mythos zur Vernunft«, sondern eine Analyse des ganzen, an Athena orientierten Imaginären, welches in der Leidenschaft für die Vernunft präsent ist: »Den Ursprung erzählen können, und dies ohne von den Frauen auszugehen«, oder »ein Kind zu haben, außerhalb des Aktes der Fortpflanzung«.[18] Der, den Freud »unseren Gott Logos« nennt, erscheint dann als ein verträumter Gott. Ein Ort, einer unter vielen. Das heißt, nicht auf die von Freud folgendermaßen gestellt Frage antworten: »wie ist der Apparat gebaut?«, sondern fragen, wie er zwischen dem Beherrschbaren und dem Nicht-Beherrschbaren jongliert. Um zu dem Gedicht von Freud zurückzukommen: Der Wechsel des Lebens, als weibliche Domäne gesehen, wird nicht nur mit einer Welt assoziiert, in der alles »zerfällt«. Eine solche Erforschung ist nur möglich in einer theoretischen Schrift, die auf all das aufmerksam ist, was sich im Entstehen, im Dazwischen formt, eine gut durchblutete Schrift, die vielleicht der Faszination der Marmortafel entgeht.

Zum Abschluß möchte ich noch auf den Demetermythos hinweisen, der viel mehr als der Ödipusmythos Komplize des Werdens ist. Was sucht Demeter? Nicht eine Aussage, das was die Sphinx von Ödipus verlangt, sondern einen Schrei, einen Schrei, der überhaupt kein Rätsel lösen soll. Was findet sie wieder? Nicht die vertraute Form ihrer Tochter, sondern alles, was wächst. Gerade das scheint mir der Ort der weiblichen Aufmerksamkeit zu sein – Aufmerksamkeit des Blickes, fleischliche Aufmerksamkeit: nicht nur der Eidos, der Logos, aber auch das was jenseits des Eidos, jenseits des Logos am Werk ist. Nicht nur das, was sich aufrichtet, wie ein Monument, sondern das, was sich öffnet. Ist man einmal bei dieser Wegbiegung angelangt, so läuft man jedoch Gefahr, einem Trugbild zu erliegen: Dann nämlich, wenn man die Dichotomien Freuds, die den Fluß und den Stein, das Weibliche und das Männliche voneinander trennen, zu ernst nimmt und sich damit begnügt, statt dem negativen Zeichen ein Positives zu setzen. Dort, wo Freud einen Mangel zu sehen glaubt, sieht er in Wirklichkeit eine Kraft und eine Überfülle, und an Stelle des *Penisneids* sollte man besser von *Blutneid* sprechen.

Selbst wenn mir diese Umkehrung in Bezug auf das Freud'sche Imaginäre, das das männliche Imaginäre seiner Zeit widerspiegelt, gerechtfertigt scheint, so stellt sich doch die Frage, ob das Weibliche tatsächlich durch das charakterisiert wird, was Freud ihm unbewußt zuschreibt: das Fließende, der Saft des Baumes, das Blut, das Hervorquellen des Lebens. Es ist unmöglich, darauf etwas anderes als eine provisorische Antwort zu geben – und die hat wieder nur für einen einzigen Moment in der Geschichte ihre Gültigkeit. Verschiedene weibliche Reaktionen scheinen mir hier möglich zu sein.

Eine davon ist es, die Macht des Blickes, der Emma Eckstein zueigen ist, zu beanspruchen, um alle Verleugnungen zu analysieren, die es dem männlichen Geschlecht möglich machen, sich als das »starke Geschlecht« zu setzen. Vielleicht ist die Frau, gerade weil ihr als Aufenthaltsort der Ort der Verletzbarkeit zugewiesen wurde, besonders gut in der Lage, das zu erkennen, was im anderen, sei er nun Mann oder Frau, als Ausgesetztsein oder Verletztsein empfunden wird. Ich komme auf die Forschungen von Nicole Loraux zurück, die in mehreren Artikeln Herakles als verletzten, feminisierten Helden studiert. Sie sieht auch Ares, den Kriegsgott als verletzbaren Gott, selbst wenn er seine Wunden überlebt. In meiner eigenen Forschung über Freud[19] wurde ich von den Arbeiten der Romanschriftstellerin und Essayistin Viviane Forrester beeinflußt, die in *La violence du calme*[20] *die Aufmerksamkeit auf die Beziehung zwischen dem Kindheitstrauma – Sturz und Kieferverletzung – und der Unzahl von Einäugigen in der Traumdeutung* lenkte, alles Personen, die Freud nie mit dem Arzt in Verbindung bringt, der die Kieferverletzung seiner Kindheit behandelte, Doktor Pur, selber einäugiger Arzt. Viviane Forrester versucht in ihrer Studie die Kreisbewegung zu analysieren, die die Erfahrung der Wunde und der Demütigung charakterisiert. »Die Männer sind die Unterdrücker der Frauen,« schreibt sie, aber sie unterdrücken als Unterdrückte«.[21] Werden die Frauen dazu aufgefordert, sich für die Unterdrückung zu interessieren, deren Opfer die Männer sind? Warum nicht. Die Frauen sind nicht die einzigen, die in ihrem Innern einen *dunklen Kontinent* beherbergen, und der Vorgang der Umkehrung der Blickrichtung scheint mir notwendig zu sein, damit eine antike Situation nicht noch einmal vorkommt: das Einschließen der Frauen in das Gynäkeion, oder, im Mittelalter, in das

»Frauengemach«. So lebensnotwendig die Einkehr in sich selbst dann ist, wenn Isolierung und Zerstreuung drohen, so sehr würde das starre Aufrechterhalten dieser Struktur in Gefahr geraten, aus dieser ein striktes Befolgen des Ausschlußes zu machen, der in der Antike über die Frauen verhängt worden ist.

Eine solche Umkehrung würde gleichwohl zu einer anderen Entfremdung führen, wenn dadurch eine fixe Rollenzuschreibung notwendig würde. Die Möglichkeit, für die Frau, die Macht des Blickes zu akzeptieren und die Möglichkeit, für den Mann, seine Verletzung anzunehmen, ist nur dann befreiend, wenn sie nicht selbst wieder versteinert, nicht selbst wieder in eine andere Marmortafel gemeißelt wird. Im gegebenen Moment ist es vielleicht weniger wichtig, zu versuchen, dem Weiblichen genaue Umrisse zu verleihen, als die Möglichkeit von Bewegungen wiederzufinden, indem man die dichotomische Logik, die man auch »Logik des Schwertes« nennen könnte, auseinandernimmt.

Jedes Nachdenken über »langage« und »parole« ist vielleicht ein privilegierter Ort für die Infragestellung der Trennungen zwischen Elementen, die als antithetische Paare dargestellt werden – Form und Materie, Soma und Psyché, Affekt und Representation – und die Stimme ist der Ort, wo sich diese Dichotomien vermischen und gegenseitig durchdringen. Lauert hier nicht eine Gefahr?

Das Risiko der gegenseitigen Durchdringung ist eng mit der Darstellung der Verführung verbunden und diese wiederum mit mythischen weiblichen Kräften: Die Sphinx und ihre Stimme, von der man in der psychoanalytischen Tradition nur den Wortlaut ihrer Rätsel im Gedächtnis behalten möchte. Damit wird sie zu der, die belehrt. Sophokles nannte sie noch »diese Hündin, die uns mit ihrem Gesang betörte«. In der gleichen Weise wird der Gesang der Sirenen mit einer Angst verbunden – der, sich nicht mehr zurechtzufinden. In der »parole«, der gesprochenen Sprache, wirkt immer auch der Gesang, wie eine Matrix, die mitläuft, wie eine Botschaft, die von dem Körper, der sie aussendet, nicht zu trennen ist.

Im Laufe einer früheren Forschung[22] wurde mir klar, daß die Linguistik, zumindest zur Zeit ihrer Entstehung, von der Angst vor diesem »Ort der Unteilbarkeit«, der Stimme als Gesang, die in jeder lebendigen Sprache präsent ist, beseelt war – eine Angst, die man als Angst vor dem Weiblichen bezeichnen könnte. Das Inzestverbot würde also die »parole« in Schranken weisen, indem es die Illusion vermittelt, daß es möglich ist, das formelle Element, das in der »parole« präsent ist, von dem Ort zu trennen, wo diese letztere ihren Ursprung hat. Der Ort des Körpers, wo die »parole« entsteht, ist übrigens nicht belanglos: Der Mund ist jene Zone des Körpers, die Freud, am Ende seines Lebens, Stück für Stück ausspeien wird. In dem Maße in dem der Mund eine Metapher in Bezug auf andere Höhlen ist, ist es vielleicht normal, daß dieser Grenzbereich, an dem sich die Botschaft und der Körper treffen, eine Frau weniger in Schrecken versetzt.

Monique David-Ménards Forschung über »parole« und Symptome der Hysterikerinnen charakterisiert sich dadurch, daß sie sich in dem Zwischenbereich ansiedelt, wo Gebiete aufeinandertreffen, die eine alte Logik als antagonistisch setzt. Schon im Titel ihres Werkes ist die Bedeutung des Wortes »zwischen« zu unterstreichen: *Die Hysterikerin zwischen Freud und Lacan. Körper und Sprache in der Psychoanalyse*.[23] Der Freud'sche Begriff der »somatischen Umkehrung«, die als »Sprung des Psychischen ins Somatische« betrachtet wird, wird hier angefochten. Denn die Macht der Hysterikerin liege gerade darin, den künstlichen Charakter der Trennung zwischen Psyché und Soma aufzuzeigen. Eine solche Strategie, die darauf abzielt, die klassischen, binären Oppositionen auseinanderzunehmen, ist auch in verschiedenen Arbeiten von Julia Kristeva[24] am Werk, wenn sie das »Semiotische«, als bewegliche, verstreute Macht zur Stiftung von Bedeutung, dem »Symbolischen« zugrunde legt, welches viel leichter in geschlossene Systeme zu integrieren ist.

Angesichts dieses Wiederauftauchens einer Stimme, die, wie der Gesang der Sirenen, in die Irre führen könnte, stellt sich die Frage, ob wir, Odysseus gleich, den richtigen Ort suchen sollten, an den wir uns in Ruhe fesseln lassen können. Es wäre dann möglich, auf die »Hexe« in einem anderen Sinn zurückzugreifen, als Freud es versteht. Der Hexe eigentümlich ist die Möglichkeit, zur gleichen Zeit an verschiedenen Orten zu sein, in ihrem Bett und beim Sabbat, nicht greifbar oder zutiefst beweglich. Das Paar männlich-weiblich, als Paar antithetischer Positionen gesetzt, hat als Paradigma gedient um eine Reihe von Gegensatzpaaren zu schmieden und gut zu heißen, die als Hüter der Gesetze des Intellekts fungieren. Sind die Frauen jetzt dazu da, diese Gesetzeshüter zu stärken, indem sie auf das hinweisen, woraus die authentische Differenz besteht? Da sie so lange in der Logik der Gegensatzpaare eingeschlossen waren, ist es nicht überraschend, daß die Frauen, die sich auf das Gebiet der Theorie begeben, eine Vorliebe für Orte des Durchgangs, der Kreuzungen haben, also für alles, was einem fix zugewiesenen Aufenthaltsort zuwiderläuft.

Eine neue Version des Ödipusmythos wäre ins Auge zu fassen. Ist die Tatsache, daß die Sphinx dazu gezwungen wurde zu verschwinden, wirklich eine Heldentat, derer man sich rühmen kann? Die Sphinx verkörpert das, was sich in einem Grenzbereich befindet, an einem Ort, wo verschiedene Gebiete sich treffen. Sie ist an den Mauern der Stadt, zwischen dem und dem Innen, sie läßt ihren Gesang in der Abenddämmerung, in diesem Dazwischen, wo der Tag zur Nacht überwechselt, hören. Sie ist selbst ein Ort der Kreuzung zwischen Tier und Mensch. Statt sich um jeden Preis in eine Identifizierung mit Ödipus zu stürzen, der die Rätsel löst und die Sphinx niederzwingt, könnte das theoretische und psychoanalytische Denken auch einen anderen Weg einschlagen: Die Kräfte der Sphinx, die Kräfte der Rätsel wiederherzustellen und Ödipus zu psychoanalysieren, damit er den Schrecken vor all jenen Orten überwindet, an denen Reiche im Austausch sind, von denen man gerne hätte, sie wären antagonistisch.

Übersetzt von Karin Rick

---

1 ■ Sigmund Freud, Briefe an Wilhelm Fließ, 1887–1904, Ungekürzte Ausgabe. Herausgegeben von Jeffrey Moussaieff Masson. Deutsche Fassung von Michael Schröter. S. Fischer, Frankfurt am Main, 1986, S. 458

2 ■ a.a.O., S. 113–4.

3 ■ a.a.O., S. 117

4 ■ II-4-95 a.a.O., S. 125

5 ■ 8.3.95/ a.a.O., S. 117

6 ■ a.a.O., S. 117

7 ■ Die Traumdeutung, Studienausgabe, S. Fischer Verlag, S. 127

8 ■ a.a.O., S. 345

9 ■ a.a.O., S. 183

10 ■ a.a.O., S. 219

11 ■ Neue Folge der Vorlesungen zur Einführung in die Psychoanalyse, G.W., XV, S. 86

12 ■ In Max Schur, Freud: Living and dying, 1972, Anhang zur französischen Übersetzung, S. 645

13 ■ Brief vom 3.10.97; a.a.O., S. 289

14 ■ Die Traumdeutung, a.a.O., S. 250

15 ■ *Über Deckerinnerungen, G.W.*, I, S. 540

16 ■ a.a.O., S. 541

17 ■ »Über weibliche Sexualität«, in G.W. XIV, S. 519

18 ■ Les enfants d'Athena, Paris, Maspéro, 1981, S. 13 und S. 65

19 ■ *Père, ne vois-tu pas…? Le père, le maître, le spectre dans L'intérpretation des rêves.* Paris, Denoël, 1985

20 ■ *La Violence du calme* (die Gewalt der Stille), Paris, Le Seuil, 1980

21 ■ a.a.O., S. 30

22 ■ Monique Schneider, *La Parole et l'Inceste*, Aubier-Montaigne, Paris, 1980

23 ■ *L'Hystérique entre Freud et Lacan. Corps et langage en psychoanalyse*, Editions Universitaires, Paris, 1983

24 ■ insbesondere *Sémiôkè, Recherches pour une sémanalyse*, Le Seuil, Paris 1969

Marietta Zeug

Die »phallische« Frau

Wenn ich hier zu Ihnen über die »phallische« Frau spreche, so möchte ich zuerst die Anführungszeichen im Titel erklären:

Mit »phallischer« Frau ist keine falsche Frau, also keine Frau mit Penis gemeint. Es geht auch nicht um eine, in Aussehen und Verhalten sich männlich gebende Frau. Der Phallus ist als Symbol zu verstehen, als unbewußte Phantasie, die nicht bedeutet, daß die Frau einen Penis haben oder ein Mann sein will. Die »phallische« Frau ist, also, kurz gesagt, eine Frau, die sich Illusionen macht.

Welche Illusionen, wie es zu ihnen kommt und was sie für Auswirkungen auf die Sexualität und die Kreativität der Frau haben, soll der Inhalt dieses Vortrags sein.

Menschliche Kreativität, das Schaffen und Entstehen lassen von etwas Neuem, dient im Grunde immer der Überwindung von Trennung, Schmerz und Tod. Das künstlerische Werk soll den Künstler überleben, es erfüllt damit den Wunsch nach Unsterblichkeit und hilft, die Kränkung zu überwinden, die es bedeutet, der Natur im Werden und Vergehen hilflos ausgeliefert zu sein. Der Wunsch, Tod und Trennung zu überwinden, setzt aber deren Anerkennung voraus. Auch jede befriedigende sexuelle Vereinigung setzt die Anerkennung von Trennung, Mangel und Begehren voraus und überwindet sie im Orgasmus, den man auch den »kleinen Tod« nennt.

Für den Embryo im Uterus oder auch noch den Säugling existieren Trennung, Schmerz und körperliche Bedürfnisse noch nicht, er lebt einen Zustand der Einzigartigkeit, des ungetrübten Glücks, der narzißtischen Vollkommenheit.

Für das Unbewußte ist der Phallus ein Symbol der narzißtischen Integrität, er ist männlich und weiblich in einem, ähnelt einer Kugel, die alles in sich trägt. Nun sollte man meinen, daß ein derart vollkommener Zustand die beste Voraussetzung für Kreativität wäre, daß eine in diesem Sinn phallische Frau aus dem Vollen schöpfen könne, weil sie alles in sich hat. Doch das Gegenteil ist der Fall. Mit der Illusion narzißtischer Vollkommenheit gibt es keine Motivation zur Kreativität, man braucht nichts zu tun, nur einfach zu sein. Frauen ist es möglich, ihren Wunsch nach narzißtischer Vollkommenheit auf den Zustand der Schwangerschaft zu projizieren. Das Kind im Bauch macht sie komplett, es wächst ohne ihr Zutun. Sie können sich der Vorstellung hingeben, Mann, Frau, Kind in einem zu sein, und dabei auch das Gefühl haben, kreativ zu sein, weil etwas in ihnen wächst. Wird die Schwangerschaft so genossen, so bleibt wenig Bedürfnis nach kreativer Betätigung. Die »phallische« Frau, die der Illusion der narzißtischen Allmacht und Integrität unterliegt, ist meist regressiv in der Oralität fixiert. Damit wird im Unbewußten die Gleichsetzung von Vagina und Mund wirksam, was wiederum das Erleben der Sexualität beeinflußt. Der Wunsch, gierig und unersättlich in sich hineinzusaugen, kann dazu führen, daß die Vagina als gefährliches, verschlingendes Organ phantasiert wird. Die sexuelle Lust wird dann durch Ängste oder Schuldgefühle beeinträchtigt. Wie verbreitet die Gleichsetzung von Vagina und Mund ist, zeigt die Empfehlung, die in einem Frauenhandbuch gegeben wird. Es heißt hier: »Stecke nichts in deine Vagina, was du nicht auch in den Mund nehmen würdest«.

Die vielleicht verbreitetste und bekannteste Version der »phallischen« Frau wird in der Hexe symbolisiert. Nase, Besenstiel und Buckel sind ihre phallischen Attribute, sie verfügt über magische Kräfte, ist mächtig und oft böse. Das Bild der Hexe stammt aus der analen Phase und symbolisiert im Unbewußten die Macht und die Fähigkeiten, die aus der sadistischen Aneignung des Phallus stammen. Um zu verstehen, welche Auswirkung eine Fixierung am Phantasma des analen Phallus auf Kreativität und Sexualität haben kann, müssen wir uns die magische Welt des Kindes in der analen Phase vorstellen. Seine Lust bezieht es nicht mehr nur aus oralen Erlebnissen des Saugens und Beissens. Alle Vorgänge der Ausscheidung werden sinnlich lustvoll erlebt, die Reizung der Darmschleimhäute, das Ausstoßen oder Zurückhalten der Exkremente. Die Produkte, die aus dem eigenen Körper kommen und denen von der Umwelt ein zwar ambivalentes, aber meist doch recht großes Interesse entgegengebracht wird, sind für das Kind sein erstes Werk, auch sein erstes Geschenk, Material zum Spielen oder Zerstören, würde man es lassen. Das eigene Produkt, der »Lumpf« wie es der kleine Hans bei Freud nennt, symbolisiert für das Kind Baby, Penis und Kotstange, ohne daß diese drei Begriffe klar voneinander abgegrenzt wären. Die Mutter wird zu dieser Zeit als mächtige Herrscherin über Klos und Töpfe erlebt, die das Kind recht unsanft vom Thron stoßen und sich seine Produkte gewaltsam aneignen kann. Oder aber sie nimmt sie als Geschenk entgegen, bewundert sie, nur um sie dann doch wegzuwerfen. So ist die Frau mit dem Besen, die für Sauberkeit, Ordnung und Pünktlichkeit der Entleerung sorgt, eine Art Hexe, mit denselben magischen Fähigkeiten ausgestattet, die das Kind sich zuschreibt.

Die Vorstellung, produzieren zu können, indem man verschlingt, zerbeißt, zerkleinert und verdaut, bis aus den ursprünglich verschiedenen Dingen eine einheitliche Masse geworden ist, die man mehr oder weniger wohl geformt wieder ausscheidet, ist eine sadistische. Auch der Wunsch, zu behalten und zu besitzen und damit Macht über sich und andere zu haben, ist ein Ausdruck des sadistischen Bemächtigungstriebs der analen Phase. Dabei geht es aber nicht darum, dem anderen Schmerz zuzufügen, er wird als Anderer, mit eigenen Bedürfnissen und Wünschen noch gar nicht wahrgenommen.

Zurück zur Kreativität. Die Lust, etwas zu produzieren, kommt aus der Lust der analen Phase. Wird sie gehemmt, oder in ihr Gegenteil umgewandelt, so kann es zu keiner kreativen Produktivität kommen. So gehemmte Frauen erschöpfen sich im Putzen, Wischen und Waschen und das eben nicht nur, wenn die äußeren Verhältnisse sie zwingen oder die Rollenverteilung es so vorsieht.

In der Phantasie sind sie dann kastrierte Frauen, weil sie meinen, die Fähigkeit, etwas Gutes, Wertvolles produzieren zu können, verloren zu haben. Sie sind aber auch phallische Frauen, weil sie mit ihrem Bestehen auf Ordnung, Sauberkeit und Pünktlichkeit meinen, andere und sich selbst beherrschen und kontrollieren zu können. Damit ein wirklich kreatives Werk zustande kommt, bedarf es der Fähigkeit, zu arbeiten, also nicht nur zu produzieren, und der Fähigkeit, eigene, originelle Einfälle zu haben, also nicht nur zu reproduzieren.

Existiert die Phantasie, eine mächtige Hexe zu sein, die mit Magie alles erreichen kann, so wird diese Phantasie den Arbeitsprozeß und die Originalität stören. Es entsteht dann nicht wirklich etwas Neues, Schöpferisches, Eigenes, sondern Gesehenes, Gehörtes, Gelesenes, Erlebtes wird verschlungen, zu einer homogenen Masse verarbeitet und wieder von sich gegeben.

Diese Art der Kreativität wird unbewußt auch als widerrechtlich Aneignung des Phallus erlebt und führt zu Schuldgefühlen und der Vorstellung, etwas zerstört zu haben. Das Werk selbst ist dann eine Wiedergutmachung, um das verletzte, beraubte oder verlorene Objekt wiederherzustellen. Weil aber der Vorgang des Produzierens immer wieder als aggressive Aneignung erlebt wird, entsteht ein Perpetuum Mobile von Zerstören-Produzieren-Wiedergutmachen. Es kommt zu einer zwanghaften Produktivität, wie sie überhaupt für unsere Gesellschaft typisch ist.

Die Fixierung im magischen Denken bewirkt auch, daß Kreativität zur Alchemie wird, man kann Scheiße zu Gold machen. Wenn man mit magischen Kräften aus sich allein heraus schaffen kann, so braucht man auch nicht zu arbeiten. Arbeit ist immer Arbeit an der Trennung, also Entscheidung, was wegzuwerfen ist, weil es nicht gelungen ist, was man liegen und wachsen lassen soll oder umarbeiten. Beim anal-magischen Produktionsprozeß fehlen die Unterscheidungskriterien, so wie in der Phantasie Kind, Penis und Scheiße noch ein und dasselbe sind.

Die narzißtische Komponente dabei: »Alles, was ich produziere ist gut« oder: »Ich kann alles machen« bedeutet für das Unbewußte, »Ich bin intakt und habe einen Phallus«. Sie ist zwar Voraussetzung dafür, überhaupt kreativ werden zu können, in ihrem absoluten Anspruch aber ist sie eine Illusion und dient der Abwehr der Vorstellung: »Nichts, was ich produziere, ist gut« oder »Ich kann nichts machen«, was wiederum im Unbewußten einer Kastration gleichkommt. Die »phallische« Frau, die der Illusion unterliegt, alles kontrollieren zu können, alles selbst und allein machen zu können, ist regressiv in der Analität fixiert. Damit wird im Unbewußten die Gleichsetzung Anus und Vagina aktiviert. Das kann dazu führen, daß die sexuelle Lust und insbesondere der Orgasmus, mit einem Kontrollverlust, der beschämend und beschmutzend ist, verwechselt wird und daher verhindert werden muß. Anale Empfindungen bewußt erleben zu können, macht einen Teil der orgiastischen Lust aus.

Chasseguet-Smirgel schreibt, daß der Wunsch, sich den Penis des Mannes einzuverleiben, was ja der anatomischen Realität entspricht, analsadistische Bemächtigungswünsche aktivieren kann, die zu Angst und Schuldgefühlen führen. Sie beschreibt als Symptom die Unfähigkeit der Vagina, sich beim Geschlechtsverkehr zusammenzuziehen oder zu öffnen. Die Frauen können dann nichts spüren, schreiben es aber meist ihrer anatomischen Beschaffenheit zu und werden sich erst im Laufe einer Analyse des psychogenen Charakters ihres Problems bewußt. In Gesprächen über ihre Erlebnisse beim Gebären habe ich immer wieder Frauen sagen gehört, sie hätten Schwierigkeiten gehabt zu pressen, weil die Idee auftauchte, mit dem Kind käme auch Kot heraus.

Alle bis jetzt erwähnten phallischen Phantasien stammen aus der prägenitalen, kindlichen Sexualität.

Ich kommen jetzt noch zu der Phantasie der phallischen Frau als der Frau mit dem Penis. Diese Phantasie stammt aus der Zeit der Entdeckung des Geschlechtsunterschiedes und dient gleichzeitig seiner Verleugnung.

Der Unterschied zwischen den Geschlechtern muß dann verleugnet werden, wenn er als narzißtische Kränkung, oder als bedrohlich erlebt wird. Kleine Mädchen und Buben glauben lange Zeit, die Mutter hätte auch einen Penis, er sei nur nicht sichtbar, im Schamhaar versteckt. Daß Mädchen ihr eigenes Geschlecht als narzißtische Kränkung erleben, bedeutet nicht, daß es tatsächlich minderwertig wäre oder weniger Lustempfinden ermöglicht. Die narzißtische Kränkung und der Neid haben mit dem kindlichen Erleben, Denken und Fühlen zu tun. Das Kind schätzt alles, was meßbar, sichtbar und größer ist, es möchte alles haben, was andere haben.

Dazu kommt, daß Mädchen, wenn sie sich mit Buben vergleichen, eine Erklärung für den Unterschied suchen. Dazu ziehen sie oft Phantasien heran, die Analogien zu erlebten Erfahrungen sind. So glauben sie, sie hätten vielleicht doch einmal einen Penis gehabt und ihn dann verloren. Trennungserlebnisse von der Mutter, die Entwöhnung von der Brust, die Defäkation, bei der etwas aus dem Körper herauskommt und dann weg ist, bilden die Bausteine zur Phantasie des Kastriertseins. Bemerkungen, die kleine Mädchen oft hören, etwa sie würden noch wachsen, oder, wenn sie groß sind, wird der Busen wachsen, werden in die Vorstellung umgedeutet, wenn sie nur lang genug warten, wird der Penis auch noch wachsen. Dazu kommt, daß die Geschlechtsteile des Mädchens, die es ja spürt und hat, meist nicht mit Namen benannt werden. Bestenfalls heißt es, Mädchen haben ein Loch, wo Babies rauskommen, schlimmstenfalls »wasch dich da unten«. Die Bezeichnungen wie Vulva, Klitoris, Vagina, Schamlippen, die eine Differenzierung möglich machen, werden nicht verwendet. Spürt das kleine Mädchen, daß es da unten »was hat«, worüber aber niemand ein Wort verliert, so ist es, als ob es das nicht haben dürfte. Eine erwachsene Frau formulierte in ihrer Analyse: einen Penis zu haben ist wie die Erlaubnis, Sexualität zu haben. Das, was dann oft als Penisneid imponiert, ist eigentlich der Wunsch nach eigener, erlaubter sexueller Befriedigung und nach Wertschätzung des weiblichen Geschlechts durch die anderen. Da also die Entdeckung des Geschlechtsunterschiedes mit vielen dieser Schwierigkeiten verbunden ist, kommt es zu Phantasien, die den Unterschied wieder verleugnen.

Das Medusenhaupt ist ein Bild für das Phantasma des weiblichen Genitales mit Penis, es symbolisiert die furchterregenden, gefährlichen Aspekte der Weiblichkeit, die meist der mütterlichen Vulva zugeschrieben werden. Das Gegenstück dazu ist das Bild der lachenden Baubo. Es zeigt eine personifizierte Vulva, aus der der Kopf und die Arme eines Kindes herausragen, was wie ein weiblicher Phallus wirkt. In der griechischen Mythologie war Baubo, ihr Name bedeutet Vulva, eine Wirtin, die Demeter in ihrer Trauer um den Tod der Tochter tröstete, indem sie den Rock hob, ihr die Vulva zeigte und sie so an ihre Gebärfähigkeit erinnerte.

Die gebärende Vulva bedeutet narzißtische Integrität und die Möglichkeit, dem Tod, der Trennung und dem Schmerz durch Gebären von neuem Leben etwas entgegenzusetzen.

Wenn die beiden Phantasmen des weiblichen Genitales mit Penis das psychische Erleben der Sexualität bestimmen, so wird an einer Illusion festgehalten. Die Inhalte dieser Illusion können verschiedene sein. Es kann sich um die ödipale Phantasie, ein Kind vom Vater zu haben, handeln. Mit dieser unbewußten Vorstellung wird die Trennungsarbeit vermieden, die nötig ist, um den Generationsunterschied anzuerkennen und die libidinösen Bindungen an die Eltern zu lösen, um für Neues frei zu sein.

Die Phantasie, Phallus *und* Vagina zu haben, hat auch eine narzißtische Komponente. Es wird verleugnet, daß für die Zeugung Mann und Frau notwendig sind. Das führt zur Idee der parthenogenetischen Zeugung, bei der man wie die Jungfrau zum Kind kommt.

Das Festhalten am narzißtischen Ideal der Vollkommenheit und Reinheit stört auch die Möglichkeit, sich der Lust der Auflösung im Orgasmus und dem Erleben der sexuellen Empfindungen hinzugeben. Für die Kreativität ist die Vorstellung, Mann und Frau in einem zu sein, dann hinderlich, wenn sie sich im Perfektionszwang äußert. Das Werk muß perfekt sein, es darf keine Widersprüche, keine offenen Fragen, keine ungeklärten Probleme geben. Bei derart idealen Ansprüchen kann es leicht zur Hemmung der Tätigkeit kommen. Oder das Entstehende wird in seinem Perfektionismus steril, phantasielos, wenig originell. Muß der Geschlechtsunterschied mit dem Phantasma der phallischen Vagina verleugnet werden, so darf auch die Neugier, die ursprünglich die Geheimnisse der Zeugung, der Sexualität, der Schwangerschaft und der Geburt ergründen wollte, nicht mehr zum Zug kommen. Für Kreativität im wissenschaftlichen Bereich ist das Fehlen von Neugier fatal.

Bis jetzt habe ich versucht, zu zeigen, wie das Festhalten am Phantasma der phallischen Frau Kreativität und sexuelle Befriedigung verhindern kann. Wenn es aber um die Frage geht, wie, wann und unter welchen konkreten Bedingungen Kreativität und sexuelle Lust möglich werden, reicht das theoretische Wissen der Psychoanalyse für eine befriedigende Antwort nicht. Die Hypothese, der Penisneid der Frauen, bzw. der Gebärneid der Männer liegt der Kreativität zugrunde, halte ich für falsch. Penisneid und Gebärneid sind wie neurotische Symptome, die der Abwehr von Triebwünschen dienen, und als solche starre psychische Strukturen, aus denen nichts Neues entstehen kann.

Auch Fragen, ob Frauen kreativer sind als Männer, oder größere bzw. geringere Lust erleben, resultieren aus rivalisierenden Vergleichen, die wenig fruchtbar für die psychoanalytische Erkenntnis sind. Wenn ich davon ausgehe, daß Anatomie Schicksal ist, aber auch die psychische Entwicklung der Persönlichkeit beeinflußt, so heißt das vorerst nur, daß es Unterschiede gibt.

Allein die Tatsache, daß Mädchen Erregung in ihren Geschlechtsteilen zwar spüren und begreifen können, nicht aber ohne Hilfsmittel sehen, Buben bei der Erektion ihres Penis die Erregung gleichzeitig spüren, begreifen und sehen können, muß einen Unterschied für die späteren Möglichkeiten der Konzeptualisierung machen. Ein weiterer Unterschied ist, daß bei den Mädchen das Erleben der Erregung im Inneren des Körpers stattfindet, beim Buben aber eine Brücke zur Außenwelt darstellt. Welche Auswirkungen das auf die Kreativität hat, ist wenig geklärt.

Vielleicht hat dieses geringe Wissen damit zu tun, daß die Pille erst vor 25 Jahren erfunden wurde und die Frauen bis dahin Sklavinnen ihrer Biologie waren. Meist waren sie eingebunden in den Prozeß der Schwangerschaft, des Gebärens und Ernährens von Kindern, so daß ihnen wenig Zeit zur Kreativität blieb. Auch das Zittern vor ungewollten Schwangerschaften und das Organisieren und Erlebenmüssen von illegalen Abtreibungen kostet viel psychische Energie. Außerdem ist ja die Gebärfähigkeit der Frau an sich schon eine Art Kreativität und gibt ihr die Möglichkeit, Tod und Trennung zu überwinden. Ich meine nicht, daß damit alle kreativen Bedürfnisse der Frau befriedigt werden. Daß die Möglichkeiten der Frauen, an Kulturleistungen anteil zu nehmen, von der jeweiligen Struktur und den herrschenden Wertvorstellungen der Gesellschaft, in der sie leben, abhängig sind, versteht sich von selbst.

Wenn also die phallische Frau ihre Illusion aufgibt, kann sie sich auf die Suche machen nach Befriedigungsmöglichkeiten. Was sie dann findet, hängt ab von ihren persönlichen Möglichkeiten, von der Gesellschaft, in der sie lebt, und den Menschen, denen sie begegnet.

Literaturverzeichnis

Chasseguet-Smirgel, Janine:
Psychoanalyse der weiblichen Sexualität, Edition Suhrkamp, Ffm., 1974
Creativity and Perversion, Free Association Books, London 1985

Devereux, Georges:
Baubo, die mythische Vulva, Syndikat EVA, Ffm. 1985

Freud, Sigmund:
Drei Abhandlungen zur Sexualtheorie, GW V
Analyse der Phobie eines 5jährigen Knaben, GW VII
Charakter und Analerotik, GW VII
Über Triebumsetzungen insbesondere der Analerotik, GW X
Das Medusenhaupt, GW XVII
alle: Fischer Verlag, Ffm. 1968

Grunberger, Bela:
Vom Narzißmus zum Objekt, Suhrkamp Wissenschaft, Ffm. 1976

Shersey, Mary Jane:
Nature and Evolution of Female Sexuality, Vintage Books, 1973

Zuhörerin 1: Man kann sagen, daß die neurotischen Strukturen, die Sie aufgezeigt haben, Kreativität verhindern, aber in unserer Gesellschaft in einer gewissen Weise auch Voraussetzung für Kreativität sind, weil sie Familiengründungen verhindern, z. B., und dadurch in der Zeitökonomie, genau die Künstlerinnen, die von Störungen ausgehen und in dieser Selbstbeschäftigung daran gehindert werden, reale Beziehungen zu knüpfen, von vorneherein nicht verwickelt werden in Familiengründungen, Kinderkriegen, was in unserer Gesellschaft gleichbedeutend ist, daß man sehr viel Zeit verliert. Eine Verschränkung, die sich aus dieser spezifischen Situation ergibt. Auf die Künstlerinnen, die ich kenne, trifft die Charakterisierung zu. Also was in unserer Gesellschaft als Hemmung von Kreativität angesehen wird, gleichzeitig auch die Voraussetzung *für* die Kreativität ist.

Zuhörerin 2: Ich würde das nicht so sagen, denn das würde bedeuten, daß viele Frauen aus einer neurotischen Situation heraus kreativ sind, und damit wird auch falsch verstanden, was die Frau Zeug gesagt hat, über Produktivität. Es geht doch auch darum, was Kreativität in der Phantasie der Frauen bedeutet, es geht nicht darum, ob sie so oder so kreativ sind, sondern darum, ob die Kreativität in der Phantasie der Frauen den Symbolwert eines Phallus hat. Wenn man das auf Zeitökonomie reduziert, kommt man nicht sehr weit, denn es hat immer irgendwelche Frauen gegeben, die kreativ waren, wie schwierig auch immer die äußeren Bedingungen dafür waren. Was die Ausführungen der Frau Zeug so interessant macht, ist, daß wir die Ebene der Realität einmal verlassen können, außer acht lassen können, daß die gesellschaftlichen Bedingungen für Frauen heute wirklich schwierig sind, aber daß es nichts desto trotz innere Bedingungen gibt, die diesen kreativen Prozeß erleichtern oder erschweren.

Zuhörerin 1: Ich wollte das in keiner Weise bestreiten oder relativieren, ich habe den Vortrag sehr genau gehört, mir hat er sehr gut gefallen, ich wollte nur in einer Bemerkung auf eine paradoxe Situation hinweisen.

Zuhörer 1: Ich kenne sowohl Männer als auch Frauen, die Künstler sind, die sehr neurotisch sind und große Schwierigkeiten in ihrem übrigen Leben haben und Angst haben, wenn sie in Therapie gehen, daß sie ihre Kreativität verlieren würden. Ich kann nicht einmal sagen, ob sie recht haben oder nicht, weil aus diesem neurotischen Prozeß viel Kraft gewonnen werden kann. Es gibt aber auch Personen, die durch eine Therapie ihre kreative Kraft verstärken konnten. Ich habe da keine eindeutige Antwort drauf. Es gibt auch eine Theorie, die von der falschen und von der richtigen Kunst spricht. Die richtige Kunst entsteht aus der Gesundheit und die falsche Kunst hat etwas Scheinbares. Auch diese Theorien habe ich einmal mit der Frau Rick lange diskutiert, und kann ihnen nicht viel abgewinnen, weil es sehr vom subjektiven Erleben abhängt, was man im Kunstwerk als falsch und was als echt ansieht.

Zuhörer 2: Ich möchte gern, von Mann zu Mann, sagen, ich bin nicht der Meinung, daß die psychoanalytische Therapie einem irgendetwas wegnehmen kann, sie kann einem eigentlich überhaupt nichts wegnehmen, außer die Selbsttäuschungen. Wenn die Kreativität abhängt von diesen Selbsttäuschungen, ist sie selbst an etwas fixiert, was selber sich in Auflösung begreift. Ich denke da an zwei Beispiele und muß mich entschuldigen, daß es männliche Beispiele sind, die mir da einfallen, zwei Künstler, die Schwierigkeiten hatten mit der Psychoanalyse, Artaud und Rilke. Artaud hat eine Analyse in Paris angefangen und aufgehört aus derselben Angst, daß ihm die Psychoanalyse die Kreativität rauben würde und die Entwicklung bei ihm, und ich schätze Artaud ungemein, aber man kann auch seinen Schatten darin sehen, wie er sich selber immer mehr zum Gesamtkunstwerk machen mußte, daß es nicht mehr darum ging, um so etwas, wie ein Gebären von einem Werk, sondern die Gleichsetzung von Gebären und Scheißen kommt immer wieder vor in seinem Werk. Er selber als Gesamtkunstwerk und seine Selbstzerstörung als Gesamtkunstwerk. Sehr faszinierend natürlich für die psychoanalytische Diskussion, und bei Rilke war es so, daß er jahrelang überhaupt nichts zusammengebracht hat, nach seinem frühen Schaffen, das dann versiegt ist, und die Spätwerke dann entstanden sind, als er sich mehr mit Trennungen beschäftigt hatte und wo die Illusionen einer narzißtischen Vollkommenheit, die man in den frühen Gedichten immer wieder sieht, wo die Mutterbeziehung immer wieder vorkommt, sich auflösen mußten, weil er sich mit Krankheit und Tod beschäftigen mußte, und seine wahre Kreativität kommt erst in diesen Werken zum Ausdruck.

Zeug: Ich will nur noch sagen, daß ich nicht meine, daß die Neurose in einem Bereich die Voraussetzung für die Kreativität ist, sondern daß ich glaube, die Flexibilität von psychischer Energie überhaupt und die Möglichkeit nach Innen auf die eigenen Phantasien zu horchen, wie auch, das aktiv umzusetzen, ist grundlegend eine Voraussetzung für den kreativen Bereich, und da kann man schon sagen, daß hier die Psychoanalyse eine Antwort darauf gegeben hat, nämlich, daß es nicht geht, wenn die Energien neurotisch gebunden sind.

Zuhörerin 3: Ja, aber das hindert doch nicht, daß alle unsere Erfahrungen uns sagen, daß ein Mensch, der in dem Sinne ideal ist, wie Sie uns das gezeigt haben, der also keine Allmachtsphantasien hat, die Trennung der Geschlechter akzeptiert und und und, daß man von dem keine großen Kunstwerke haben kann. Ich möchte EINEN Schriftsteller zum Beispiel genannt haben, der nicht eine starke homosexuelle Komponente hat, der nicht todunglücklich ist, es gibt keinen. Ein wirklich glücklicher Mensch, der wirklich rundum alles akzeptiert, wie Sie es sagen, der ist eben kein Schriftsteller. Es ist etwas anderes, ob man nun so stark neurotisch ist, daß es zur Arbeitshemmung kommt, aber wer wirklich glücklich ist, schreibt nicht.

Zeug: Also ein wirklich glücklicher Mensch, der ununterbrochen glücklich ist, der kann das nur, wenn er sich Illusionen macht. Der Wunsch nach Vollkommenheit setzt eine gewisse kritische Selbstkenntnis voraus, und natürlich gibt's diese Sehnsucht, wohingegen diese Allmachtsphantasien, die ich meine, also phallische Phantasien, es unmöglich machen, sich zu sehnen, weil man in der Realität gar nicht mehr genau hinschauen, wahrnehmen darf, was fehlt, was man gern möchte, und in der unbewußten Phantasie bleibt man so fixiert in der Vorstellung, man ist eh vollkommen, da gibts dieses Sehnen nicht. Gegen dieses Sehnen nach Vollkommenheit gibt es ja nichts einzuwenden

(...)

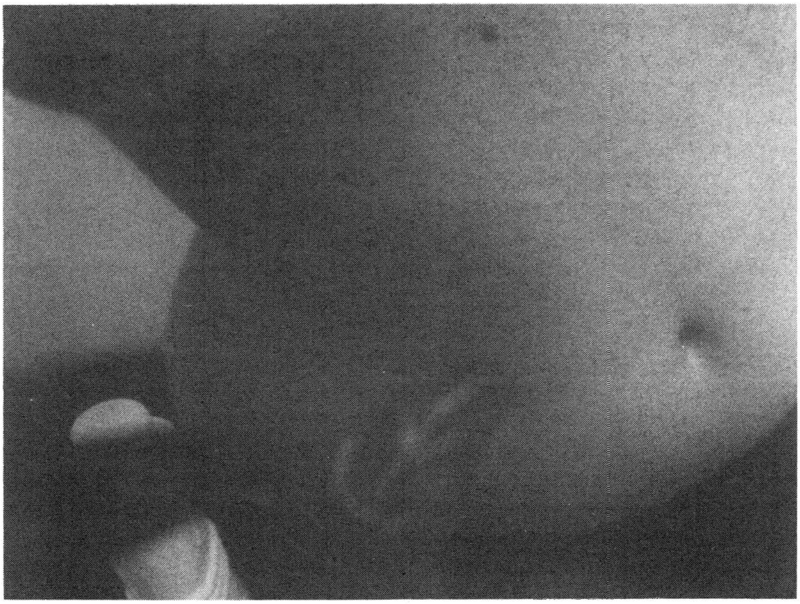

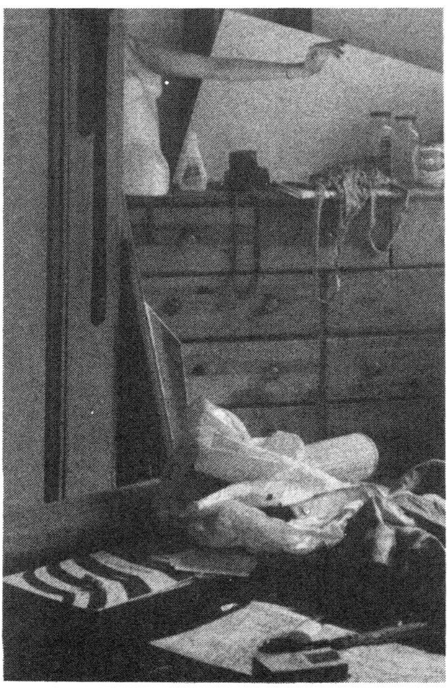

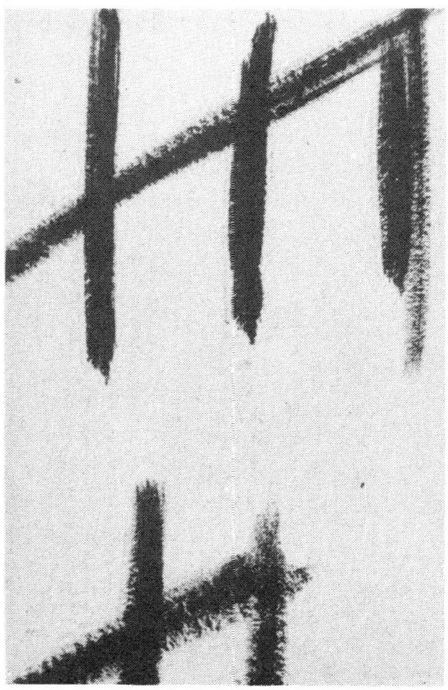

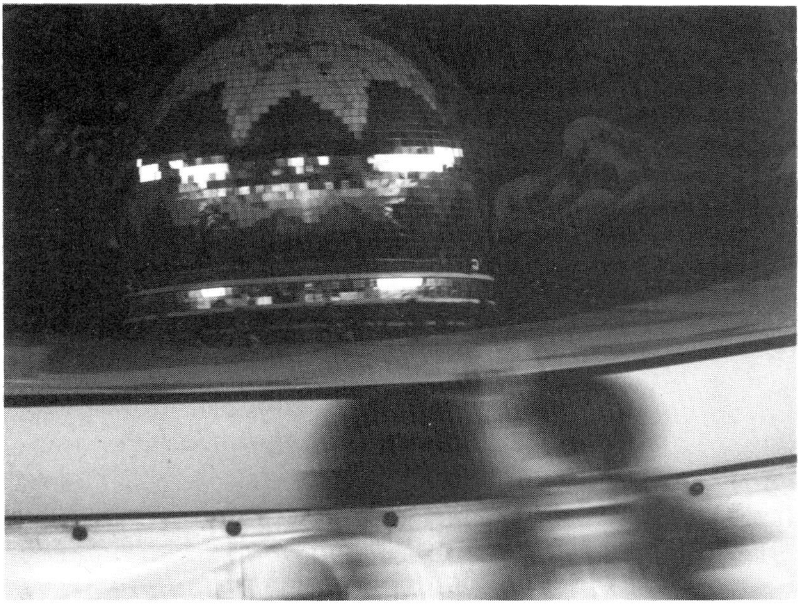

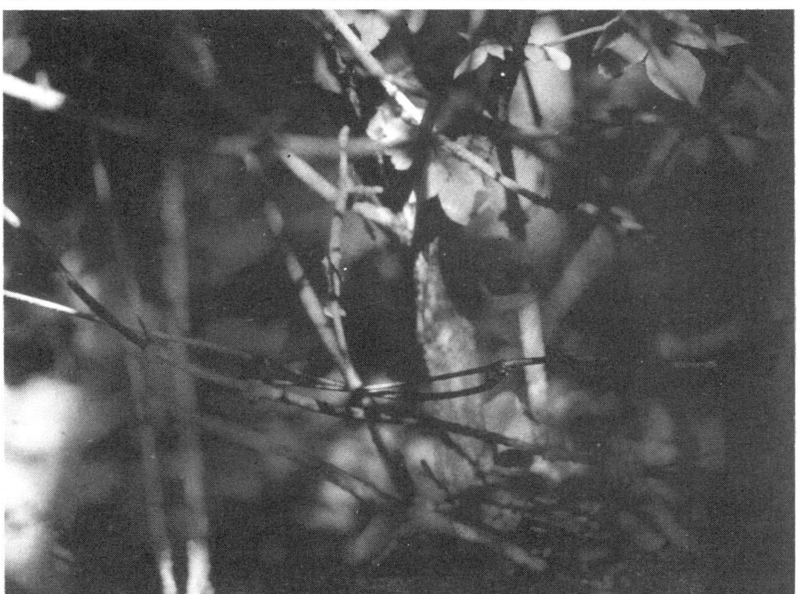

Barbara Sichtermann

Sind Frauen das friedlichere Geschlecht?

Der Text, den ich vortrage, erwähnt das Wort »Kreativität« erst ganz zum Schluß. Die Literatur und die Sexualität kommen gar nicht vor. Es geht in ihm um die Frage, ob Frauen eher für Ausgleich und Frieden taugen als Männer, ob es Frauen, im Vergleich zu Männern an Aggressivität und Zugriff fehle. Diese Frage ist unmittelbar von Belang für die künstlerische Produktion und für die sexuelle Aktion. Ich sehe es so, daß ohne eine Grundposition zum Herangehen an die Dinge, was Aggressivität im Wortsinn meint, eine kreative Leistung nicht zustande kommt und ein sexuelles Begehren sich nicht spannt. Für den künstlerischen, wie für den generativen Produktionsprozeß ist es notwendig, daß ein Objekt ergriffen, gepackt, gehalten wird, das heißt, daß aggressive Energien freikommen. Die Frage also nach dem Zustand, dem Verbleib der Geschichte der weiblichen Aggressivität, auch der weiblichen Konfliktfähigkeit bis hin zur Gewaltbereitschaft ist zentral für das Projekt einer weiblichen, künstlerischen Erzeugung oder Gestaltung. Sind Frauen friedlicher?

Ein »Klar« auf die Frage, ob Frauen besser für den Frieden taugten, als Männer, hätte den Augenschein auf seiner Seite. Kriege waren in der geschichtlichen Zeit Männersache, die Ausnahmen sind zu rar, als daß sie diese Feststellung einschränken könnten. Auch private, gewaltsame Händel, von der Saalschlacht bis zum Show-down, haben Frauen nur sehr selten eine Rolle zugeteilt. Gewalt gegen Kinder und Hunde, gegen Sachen und gegen den eigenen Leib kennt Frauen schon eher als Subjekt. Und wenn wir den Gewaltbegriff erweitern und nicht nur Schießen, Schlachten, Schlagen, Notzüchtigen als Gewalt ansehen, sondern auch sublime Formen des Drucks, von der Gefühlsrohheit bis zur Beleidigung, spätestens dann kommen massive Zweifel, ob Frauen es tatsächlich so sehr mit der Sanftmut haben. Aber so eine Erweiterung des Begriffs ist heikel, nehmen wir davon lieber Abstand und lassen wir allein den unmittelbar körperlichen oder sonst materiellen Überbegriff von Gewalt gelten. Auch für diesen Fall bleibt zweifelhaft, ob Frauen die geborenen Pazifistinnen sind.

Vielleicht kommen wir der Sache näher, wenn wir auf die beiden, bis heute in der Diskussion befindlichen Thesen zurückgehen und prüfen, was beide für und was sie gegen sich haben. These 1 lautet: Frauen sind in der Tat friedfertiger als Männer, sei es aus Gründen, die mit der Mutterschaft zusammenhängen, sei es, weil sie zur Konzilianz erzogen werden – in jedem Fall ist die empirisch offensichtliche Fähigkeit von Frauen zum Ausgleich eine Stärke, die es zu pflegen gilt. Diese These wird von politisch rechts Stehenden vertreten, die die weibliche Konkurrenz in Politik und Berufsleben eher fürchten und Frauen unter Verweis auf deren Schwachheit in die Familie abschieben wollen, aber auch von solchen Konservativen, die gegen wachsende Partizipation von Frauen nichts einzuwenden hätten und sich von mehr Frauen in Parlamenten und Vorständen eine Pazifizierung des sozialen Umgangsstils versprechen. Die treffen sich darin mit »konservativen« Feministinnen, die den Emanzipationsprozeß zwar voranbringen möchten, aber nicht um den Preis einer Vermännlichung oder Neutralisierung weiblicher Eigenarten, Strategien, Werte usw.

These 2 lautet: Frauen sind »eigentlich« genauso kampflustig wie Männer, sie sind lediglich durch ein jahrtausendealtes Patriarchat daran gehindert worden, ihre Courage zu erproben. Schon die Frauenbewegung ist ein einziger Beweis für weibliche Konfliktfähigkeit. Gibt man Frauen die Chance, zu kämpfen, wartet man die Reife einer anderserzogenen Mädchengeneration ab, so wird man sehen: auch Frauen sind streitbar. Das heißt natürlich, daß die Gesellschaft ihre Erlösungshoffnungen von ihnen abziehen muß, jedenfalls solange sich jene auf die den Frauen zugeschriebene Friedfertigkeit stützen. Eher schon vermöge ihrer praktischen Klugheit und ihres durch die lange Unterdrückungserfahrung erworbenen Blicks fürs Wesentliche können Frauen die Welt verbessern. Aber ist das eigentlich ihre Aufgabe? Erstmal müssen sie sehen, wo sie selber bleiben. These 2 wird von den radikalen Feministinnen vertreten, die sich keine Illusionen über die Kosten machen, die die Emanzipation den Männern aufhalst und die deshalb mit einem lang andauernden Geschlechterkrieg rechnen.

Und nun zum Für und Wider. Was an These 1 überzeugt, ist die Empirie: Frauen *sind* mehrheitlich weniger aggressiv als Männer, und daß diese Tatsache auf Repression zurückgehe, also in ihr Gegenteil umschlüge, wenn Frauen nur erst mal auf die Schlachtfelder entlassen würden, ist nicht zu beweisen. Umgekehrt bleibt die weibliche Eigenschaft »Friedfertigkeit« jedoch auch bloß eine Hypothese, und selbst wenn noch so viele Hormone die Frau zur Demut disponierten: der Mensch ist so weitgehend schon Herr seiner Biologie, er überformt und modifiziert sie so mannigfach, daß wir uns schwerlich ausgerechnet bei weiblichen Geschlechtshormonen im biologischen Determinismus verlaufen dürfen. Zur Begründung des Augenscheins, der These 1 erstmal plausibel macht, bleiben uns also nur Vermutungen, und dieser Umstand schränkt die Reichweite von These 1 gleich wieder ein.

Was These 2 sympathisch macht, ist ihre Skepsis: diese These rät davon ab, Frauen als Weltenretterinnen zu überschätzen, und man ahnt, daß so eine Warnung etwas für sich hat. Wenn es stimmt, daß die weibliche Milde bloßes Produkt von Zurichtung, Druck und Drohung ist, kann es nicht weit her mit ihr sein, dann darf die Welt von solcher erzwungenen Ruhe keine Belebung und Befriedung erwarten. Aber die Unterstellung, weibliche Aggression sei nur gestaut und bereit, hervorzubrechen, um mit dem Patriarchat abzurechnen, wenn die Stunde geschlagen habe, klingt wie gesagt nicht allzu überzeugend. Eine über Jahrhunderte reprimierte Fähigkeit nähme Schaden und äußerte sich, wenn sie's endlich darf, nie mit dem Ungestüm des ersten Tags. Ferner haben ja Traditionen, auch evolutionäre Veränderungen des menschlichen Charakters eine Prägekraft, aus der weder Individuen noch Gruppen sich so einfach frei machen können – auch nicht, wenn sich die äußeren Bedingungen im Sinne einer solchen Freiheit geändert haben. Ergo: die Skepsis von These 2 muß auf ihre Prognose ausgedehnt werden. Wir wissen nicht, ob Frauen »eigentlich« aggressiver sind und ob sich das zeigen wird, wenn sie erstmal massenhaft in die Arena dürfen. In der Tatsache, daß die freier erzogenen Neugeborenen der 60er Jahre heute erwachsen sind und an geschlechtsbezogenen Neigungen keinen bedeutenden Unterschied zu älteren Generationen zeigen – immer noch drängt es Mädchen stärker in die sozialen Berufe als Jungen – liegt eher ein Gegenbeweis. Und wie ist es nun wirklich?

Verwickelt. Natürlich weiß ich nicht, ob die Vorstellung, die ich jetzt ausbreiten will, wirklich stimmt, aber sie erscheint mir interessant genug, um sie hiermit zur Diskussion anzubieten. Sie enthält Elemente aus beiden obigen Thesen – und etwas Zusätzliches: einen Blick nicht nur auf den Gegensatz, sondern auch auf das Zusammengehen der Geschlechter, auf die Arbeitsteilung, die sich gerade in Fragen und Zeiten von Krieg und Gewalt, zwischen ihnen hergestellt hat. Wer die Anfänge der neuen Frauenbewegung in Erinnerung hat, weiß sicher noch, wie empört die Feministinnen der ersten Stunde auf die Zurechtweisung der rebellierenden Studenten reagierten, sie, die Frauen, seien mit ihren Problemen doch nur ein »Nebenwiderspruch«. Eine Hierarchie von »Widersprüchen« ist natürlich Quatsch, es bleibt aber etwas Richtiges an dem Gedanken, daß der

Geschlechtergegensatz als ein biologischer in Grenzfällen und -situationen abgeschwächt und daß die Geschlechterherrschaft, d.h. die Dominanz der Männer und die (mehr oder weniger) subversive Auflehnung der Frauen dagegen auch zugunsten von Übereinkünften und Kooperation durchbrochen oder (zeitweilig) aufgehoben werden kann. Die Möglichkeit der (Ver)Einigung von Mann und Weib ist nicht nur das »ganz andere« ihres Gegensatzes und Konflikts, sondern auch deren Bedingung. Frauen hätten sich kaum den männlichen Vormund so lange gefallen lassen, wenn er ihnen nicht auch gefallen hätte, d.h. wenn da nicht die Liebe wäre, die es leider lehrt, die ärgsten Erniedrigungen zu ertragen, und die es glücklicherweise den Patriarchen auch immer wieder nahegelegt hat, von ihrem Thron runterzusteigen und sich *neben* die Frau zu begeben, die Überlegenheitspose also auch mal zu suspendieren. Wir müssen bei der Frage nach der Friedfertigkeit der Frau beides im Blick behalten: den Konflikt zwischen den Geschlechtern und die Koalition, den Gegensatz und die Einigung. Beginnen wir mit Konflikt und Gegensatz.

Was Frauen durch die Menschheitsgeschichte immer wieder, in jedem Individuum, jedem weiblichen Kind und fallweise täglich aufs Neue haben lernen müssen, ist, daß Männer körperlich stärker sind. Die physische Überlegenheit der Männer, zunächst das Mehr an Größe und Gewicht, dann aber auch die fürs Zuschlagen und Klaviertragen günstigere Ausstattung mit Muskulatur, der (dafür) dienlichere Aufbau des Skeletts und eine passende Physiologie ist eine Naturvoraussetzung, die die Geschlechter trennt, die wohl in Grenzen modifiziert, aber nicht völlig aufgehoben werden kann – hier irrt, meine ich, der Feminismus, sofern er die relative Zartheit des Frauenkörpers einer restriktiven Erziehung anlasten will. Männer sind Frauen nicht allgemein und in jeder Beziehung körperlich überlegen, sondern nur oder insbesondere in Sachen »Gewalt«, in Bezug auf die sogenannte Schnell- und Sprungkraft. Frauen schlagen Männer bezüglich physischer Ausdauer, Dehnbarkeit ihrer Bänder und Sehnen, sowie physiologischer Anpassungsfähigkeit. Aber diese Pluspunkte zählen nur auf die mittlere und lange Frist, nicht im Fall eines Zweikampfes. Wenn es der *Augenblick* ist, der entscheidet, und wenn er an Waffen die nackte Körperkraft gewählt hat, *dann siegt der Mann*. Wahrscheinlich kann man die (Langzeit-)wirkungen, die diese archaische, phylogenetisch frühe und wiederholte Erfahrung von körperlicher Unterlegenheit, sprich Bedrohung, auf die weibliche Psyche und Kollektivmoral ausgeübt hat, gar nicht überschätzen. Ich vermute, daß der weibliche Sozialcharakter, so wie er sich im Laufe von Jahrtausenden herausgebildet hat und bis heute trotz aller Korrekturversuche von Aufklärung und Erziehung überdauert, das

Produkt einer uralten, komplizierten *Defensive* ist. Im Laufe der Zeitalter entwickelte das Weibchen Verhaltensformen der Verteidigung und Prävention, um sich selbst und seine Kinder vor männlicher Gewalt zu schützen: all diese Künste sind in seiner Erscheinung, seinen Verhaltensbereitschaften, seinen Neigungen, in seinen Gesten und in seiner Mimik, seiner Spontaneität und seiner Intelligenz aufbewahrt, abgelagert, umgesetzt.

Ich habe an anderer Stelle schon mal die Tatsache, daß erwachsene Frauen in der Regel dem sogenannten Kindchen-Schema, d.h. den Reizen der kleinkindlichen Physiognomie näher sind, als einen Milde-Appell zu erklären versucht. Das bartlose, feinhäutige, relativ großäugige Antlitz der Frau mag mit seinem flehentlichen Ausdruck im Steinzeitmacho eine »Tötungshemmung« ausgelöst haben – geradeso wie der Anblick eines (verlassenen) Säuglings sowohl Männer, Frauen als auch größere Kinder zu spontanen Pflegehandlungen stimuliert. Sicher, das sind Spekulationen; andererseits: wie will man diese seltsame Differenz zwischen Mann und Frau bezüglich ihrer Nähe zum Kindchen-Schema sonst erklären? Bekanntlich haben in der Evolution so auffallende Phänomene wie dieses meist einen handfesten Grund.

Die Neigung der Frauen zu Putz und Schmuck ließe sich in dasselbe Erklärungsmodell einfügen. Die Verführung hätte dann auch immer den Nebensinn gehabt, einen potentiellen Körperverletzer auf andere Gedanken zu bringen, ihn milde zu stimmen, um die drohende Vergewaltigung durch eine Werbung zu ersetzen. Es spricht zunächst manches dagegen, so offensichtlich kulturell erzeugte Erscheinungen wie den notorischen Narzißmus der Mädchen anthropologisch zu deuten, auch fallen einem sofort jene afrikanischen oder südamerikanischen Stämme ein, bei denen sich nur die Männer putzen, indessen: wer je die Chance hatte, eine größere Gruppe von Kindern beiderlei Geschlechts von ihrer Geburt, bis zur Schulreife in denkbar günstigen, progressiv-egalitären Eriehungs-Milieus zu beobachten, kommt nicht umhin, zuzugestehen, daß der weibliche Hang zum expressiven Chic irgendwie doch sehr tief sitzt – und sich deutlich kräftiger artikuliert, als der männliche. Im Rahmen unseres »Erklärungsmodells« wäre er nur zu plausibel – und gar nicht verwerflich. Er wäre die Vorform einer Zivilisationstechnik. Denn was ist der Prozeß der Zivilisation anderes als die sukzessive Verdrängung roher, gewaltförmiger Umgangsweisen zwischen Individuen und Gruppen durch symbolische, seien es verbale, mimische oder geistige? Wobei wir es zu einer Substitution nie gebracht haben, die Gewalt ist immer noch da, und zwar kompakter denn je. Aber die Schwelle, jenseits derer sie »ausbricht«, ist durch die Zeitalter hindurch angehoben worden, eine Errungenschaft, die uns doch bleibt, wenn wir auch sonst sehr daran zweifeln müssen, ob wir es überhaupt zu etwas gebracht haben. Wenn man »Gewalt« und »Zivilisation« einander gegenüberstellt, so sieht man sofort, daß Frauen die ursprünglich zivilisierteren und zivileren Wesen sind; sie hatten, um ihren Konflikt, aber auch ihre Verständigungsbereitschaft mit dem Mann auszudrücken, gar keine andere Chance, als die, der »Zivilisationstechnik«. Daß die Hirnhälftenforscher bei Frauen eine Überlegenheit im sogenannten kommunikativen Bereich (klingt scheußlich, heißt aber nun mal so) ausgemacht haben, paßt ins Bild; dieses weibliche Plus ließe sich als evolutionsgeschichtlich erworbene Defensiv-Klugheit, als Ausdifferenzierung solcher Potentiale (Reden, symbolischer Ausdruck) deuten, deren Entwicklung Frauen im Wettstreit mit den Männern doch noch Chancen eröffnen konnten. Daß dieselben kommunikativen Fähigkeiten auch für die Nachwuchs-Hege dringend gebraucht werden, hat sich sozusagen günstig gefügt. Die weibliche Friedfertigkeit wäre also *eine Reaktionsbildung*: notgedrungen ließ die Frau die Keule in der Höhle, weil die ihr nichts genutzt hätte bei einer Begegnung mit dem vierschrötigen Nachbarn. Mehr durfte sie sich zurecht erwarten von einem Appell an dessen Bereitschaft, sie zu schonen, einem Appell, der, vielleicht, wer weiß, gewürzt war mit dem Versprechen, es ihm einmal zu danken. Daß Mädchen die Zivilisationstechniken der Andeutung, des Winks, der List und des Spiels früher, feiner und reicher ausbilden als Jungen, ist ein Erbe des (notwendig) defensiven weiblichen Kollektivcharakters, das ihnen nur wirklich tumbe und plumpe Burschen als Doppelzüngigkeit oder Unentschiedenheit übelnehmen. Sie, die Frauen, waren *das* Geschlecht des symbolischen Ausdrucks und der (häuslichen) Kultur, sie sind es immer noch, weil sich die äußeren Gegebenheiten bisher nur graduell, nicht wesentlich geändert haben. Wenn an diesen Spekulationen etwas dran ist, so folgt:

Erstens. Vieles von dem, was emanzipierten Frauen als Mädchen-Getue unangenehm, was Machos als Weiber-Art eher zum Lachen und ganz normale Frauen als ihr »So-sind-wir-eben« ganz normal finden, läßt sich a. plausibel erklären, b. nicht von heut auf morgen ändern, dazu sitzt es zu tief, c. als Sozialcharakter durchaus akzeptieren, da es eine Art elementarer Kritik an dem ja auch heute noch gängigen Umgangsstil der körperlichen Gewalt und des materiellen Übergriffs impliziert. Zu einer Moral, die das Zeitalter der Gewalt gegen Personen überwinden hilft, gehörte es, daß eher raufende Knaben und rempelnde Männer als peinlich empfunden werden, als kichernde Mädchen und schwatzende Frauen.

Zweitens. Als bloße Reaktionsbildung ist weibliche Friedfertigkeit sozusagen bloß das halbe Verdienst und außerdem nie ganz zuverlässig: sie ist an die primäre männliche Gewaltbereitschaft geknüpft und von ihr abhängig. Fänden Männer einen Weg, sich der Gewalt zu entschlagen oder zu enthalten, so könnte es durchaus dazu kommen, daß Frauen, anstatt erlöst aufzuseufzen und nun gemeinsam mit dem Mann friedlich das Feld zu bestellen, ihrerseits die Keule aus dem Schrank holen. Das ist nicht wahrscheinlich, weil die lange Einübung in zivilisatorisch höher stehende Formen des Verhaltens Präferenzen für sie ausgebildet haben dürfte, aber es ist doch nicht ganz ausgeschlossen.

So, jetzt sehen wir uns das Geschlechterverhältnis nach der anderen Seite hin an, nach der der Übereinkunft, der Kooperation, im Kontext gewaltförmigen Handelns. Als Paar und Familie haben Männer und Frauen gelernt, zusammenzuhalten und sich selbst, einander und ihre Brut gegen *fremde* Übergriffe zu verteidigen. Die Fronten zwischen den Geschlechtern schließen sich mit Blitzesgeschwindigkeit, wenn es außerhalb kriselt. Mir erscheint es deshalb problematisch, den Geschlechterkonflikt allen anderen historisch und systematisch voranzustellen, wie es viele Feministinnen tun. Geblutet haben durch männliche Gewalt wahrscheinlich immer noch am meisten die Männer selbst. –

Kriege fanden und finden Frauen nicht als Protestbewegung, sondern als Strickerinnen von Pulswärmern gegen die Kälte des Schlachtfeldes, als Spenderinnen für die Kriegskasse, als mutzusprechende Mütter und Bräute. Obwohl es auch *die* Frau gab, die wir am liebsten als einzige Zeugin für die Geschichte des Verhältnisses von Krieg und Weiblichkeit reklamieren würden – wenn das nicht leider der Wahrheit spottete –, obwohl es auch die Frau gab, die den Krieg haßte und Sohn und Gatten von ihm fernzuhalten suchte: sie war eine Ausnahme. In der Regel fanden sich Frauen hinter dem Uniformrücken ihrer Kerle wieder, wenn es draußen donnerte. Lysistrata ist Literatur, Rosa Luxemburg wurde nicht gehört. Das Gros der Frauen hat um seine Männer gebangt, dabei gehofft, daß *sie* gewinnen und nicht die anderen, war also schlicht und wenig ergreifend kriegerisch-unkritisch Partei. Friedfertig? Nicht die blaue Bohne. Die kriegsbewußten NS-Weibsen, die ihre Söhne für des Führers Feldzug erzogen, mag frau heute ungern wahrhaben, doch es gab sie massenweise. Natürlich gab es auch die Frau, die Mut bewies, indem sie die Anpassung verweigerte, aber gewiß nicht häufiger als Männer dieses Formats. – Wenn wir in die Literatur ausweichen, tut es weniger weh, aber um die Wahrheit geht es auch da. Lady Macbeth ist eine wunderbare Rolle und ein sehr realistischer

Typ Weib: die Anstifterin, Einflüsterin, die dem zögernden Gemahl die Waffe unters Hemd schiebt. Das wäre nun allerdings Gewalt aus zweiter Hand, und die soll hier nicht zählen. Schreibtischmörder, die die Tat aushecken und jemand anders den Vollzug aufbürden, gibt's auch unter Männern, diese Art von indirekter Gewalt ist nichts spezifisch Weibliches, höchstens in dem Sinn, daß sie den Frauen, die im Zuschlagen selbst ihr Heil vernünftigerweise nicht suchen konnten, immer noch übrigbleibt. – Was ich zeigen wollte, ist dies: Wenn gewaltsame Konflikte zwischen Familien, Gruppen und Nationen ausbrachen, haben sich die Gräben zwischen den Geschlechtern rasch geschlossen, und die Frauen haben in aller Regel darauf verzichtet, den zivilisatorischen Vorsprung, den ihre im Vergleich zum Mann weniger gewaltgeeignete Physis ihnen anerzogen hat und den sie in der Auseinandersetzung mit dem Mann auch ins Feld führten, geltend zu machen, d.h. sie haben ganz einfach in die Kriegsbegeisterung oder Kriegs-Akzeptanz, um das grauslige Neuwort mal in dieser aparten Kombination auszuprobieren, eingestimmt. Ausnahmen, die es natürlich gab, lassen sich nicht als einen weiblichen Hang zum Frieden deuten, denn *die* finden sich auch auf Männerseite. Neben Luxemburg kämpfte auch Liebknecht gegen die Kriegskredite.

So, jetzt müßte sich eine These zur weiblichen Friedfertigkeit formulieren lassen, die die Rechte von sowohl Biologie als auch Geschichte respektiert, sich allzu kühner Schlußfolgerungen enthält und doch für die derzeitige Lage und die nähere Zukunft eine kleine Prognose erlaubt: Frauen sind *nicht* als Geschlechtswesen gewaltfrei, sie sind als Geschlechtswesen einer überlegenen männlichen Gewalt ausgesetzt, bevor sie sich noch, als Individuen, entscheiden können, ob sie sich in den elementaren kämpferischen Disziplinen, dem Raufen, Jagen, Ringen, Fußballspielen, üben wollen oder nicht. Ihre Kampfesweise, die sie in der Koexistenz mit dem männlichen Geschlecht ausgebildet haben, ist von vornherein defensiv, aber sie ist deshalb doch eine Kampfesweise. Sie ist gewaltfern, weil sie das körperliche Sich-Messen meiden muß, sie setzt auf symbolische Formen, auf den Wettkampf im körperlichen Ausdruck und in der Sprache, sie entwickelt hier Instrumente, die auch für den Streit taugen sollen: Verstellung, List, subtile Kränkung usw. Selbstverständlich fechten auch Männer mit solchen Waffen, da die für sie aber immer als Alternative zum Faustschlag existieren, sind sie in der Regel weniger differenziert.

Der weibliche Sozialcharakter ist nicht durch den Verzicht auf die rohe Gewalt geprägt oder gar durch ihre Überwindung, sondern eher durch die Furcht vor ihr, die im übrigen wohl begründet ist. Diese Furcht lehrte die Frauen Gegenstrategien, Maßnahmen, Tricks, aber auch Künste. An letztere, also an die 1001 Geschichten der Scheherazade, denken wir, wenn wir den defensiven weiblichen Charakter als Pionier der Zivilisation achten.

Ein Zutrauen, das mehr von ihm erwartet als die Pflege symbolischer Umgangsweisen zwischen den Geschlechtern, rechtfertigt dieser Charakter samt seiner kulturellen Inspirationskräfte allerdings kaum. Ist das Kriegsbeil zwischen den Geschlechtern begraben, taten und tun Frauen wenig, um es auch zwischen Gruppen und Nationen begraben sein zu lassen. Sie fürchten den Mann ja nicht nur wegen seiner Gewaltbereitschaft, sie brauchen und benützen ihn aus demselben Grund als Schutz. Wenn es Gewalt ist, die an die Stelle von Verhandlung und Diplomatie tritt, erheben Frauen nicht häufiger Einspruch als Männer, sie schlagen sich auf die Seite der Ihren und hoffen für sie. Dieser Egoismus macht sie »mitschuldig«, aber eine so subjektive Kategorie gibt hier wohl keinen Sinn. Sagen wir: die Tatsache, daß sie den Krieger ziehen lassen und nur um ihn und nicht um die Menschheit fürchten, hebt ihre Humanität, ihr »Frauen-Ethos« keineswegs über das des kriegslustigen Mannes hinaus. Höchstens insofern Frauen an der Geschichte von Kriegen subjektiv weniger Anteil hatten, kann man ihnen einen Bonus zubilligen, aber nicht mit einem positiven, sondern mit einem neutralen Index, denn wir wissen nicht, wie ihre Entscheidungen ausgesehen hätten, hätten sie mehr Gelegenheiten gehabt, welche zu fällen.

Es hört sich ja nun ebenso banal wie furchtbar an, daß wir uns, was die Grundlage von etwas so Komplexem wie der Geschlechterbeziehung angeht, immer noch im Zeitalter des Faustrechts aufhalten sollen. Aber es ist so (wenngleich Wandlungen sich doch abzeichnen). Die Überlegenheit des Mannes beruht heuer wie einst auf nichts anderem als auf seiner Muskelmasse; für einst mag das ja angehen, aber für heuer, das Zeitalter der intelligenten Maschinen, ist es eine Beleidigung. Das empfanden die Männer, als unser Zeitalter noch jung war, sehr genau, und sie stellten dann rasch die These von der geistigen Unterlegenheit der Frau auf. Aber dieses unser Zeitalter war zu intelligent für eine solche These, es widerlegte sie. Arm in Arm mit der Technik, welche die Legitimation sozialer Macht als Folge überlegener Muskelmasse vernichtete, marschierte die Frauenbewegung. Zu ihren Hauptanklagepunkten gehört seit fünfzehn Jahren die Gewalt gegen Frauen. Die Männer stehen da und kratzen sich am Kopf. Körperkraft ist kein sozial nützlicher und notwendiger Vorteil mehr.

Der Hebekran, den auch ein Weib bedienen kann, ersetzt den Muskelmann. Und die Dinge des täglichen Gebrauchs werden immer handlicher, selbst Klaviere neuerer Bauart erscheinen weniger voluminös. Die physische Stärke und ihre Pflege sinken oder steigen, je nachdem, wie man es betrachten will, von der Ebene der sozialen Notwendigkeiten in die Sphäre der ästhetischen oder sonstigen symbolischen Akte. Beleg dafür ist die ungeheuerliche Kultivierung des Sports, insbesondere während des letzten Jahrzehnts. Derweil ist die rohe Gewalt, wie gesagt, nicht verschwunden, weder zwischen Völkern, noch Gruppen, noch Geschlechtern. Ihre Existenz und ihre verrohende, enthumanisierende Wirkung wird aber heute, und da liegt vielleicht doch ein Wandel, nicht mehr als Fatalität hingenommen, sondern als Verirrung gebrandmarkt, sie wird nicht mehr nur beklagt, sie wird vors Tribunal gezogen. Der Mann darf seine Frau nicht mehr schlagen, wenn er sich über sie ärgert, und wenn er es doch tut, kommt er in die Therapie, vor Gericht oder ins Fernsehen. Private Gewalt ist heikel geworden, öffentliche eh schon. Natürlich wird sie immer noch ausgeübt und oftmals vertuscht oder entschuldigt – aber das geht nicht mehr so einfach wie in den Zeiten, in denen das Patriarchat seiner selbst und der Weiber noch sicher war. Die Frauenbewegung *hat* was verändert. Langsam, nicht unangefochten, aber doch unübersehbar, setzt sich, zumindest innergesellschaftlich, ein »weiblicher« Sozialcharakter der Bevorzugung indirekter und symbolischer Formen der Konfliktaustragung durch.

Ja, sie kratzen sich am Kopf, die Männer, wo sie vorher die Faust geballt und dann irgendwodrauf haben niederknallen lassen. Das ist nur ein kleiner Fortschritt, aber es ist das Äußerste, was frau von ihren in der Evolution Orang-Utan-mäßig roh gebliebenen Gefährten erwarten durfte. Wir stehen immer noch am Anfang der Zivilisation. Diese Feststellung hat, da sie die Entwicklungsperspektive erweitert, auch ihr Tröstliches.

Zum Schluß noch ein Gedanke zur Friedensfrage im Großen.

Was die Frauenbewegung in den westlichen Gesellschaften an Moral-Reformen, männliche Gewalt zu Hause, unterwegs und am Arbeitsplatz betreffend, zustande gebracht hat, läßt sich auf den Umgang der Nationen miteinander, also auf die Frage nach Krieg und Frieden, nicht übertragen; hier erlischt die praktische Zuständigkeit der Frauenbewegung und wohl auch der Frauen als Kollektiv. Es sind dennoch immer Hoffnungen geäußert worden: Frauen könnten, mit ihren spezifischen Begabungen für Diplomatie und Ausgleich, auch in der Politik den Frieden fördern. Wie oben schon gesagt, gibt es kaum Hinweise auf weibliche Friedensliebe, die über die männliche hinausginge. Ob mehr Frauen in politischen Funktionen friedensfördernd wirken können, bleibt abzuwarten. Man sollte da mißtrauisch sein und Gehlen zitieren:

»Die Frauen haben ihr Frauendenken, orientiert am Schutz des Lebendigen, Frieden, Wohlstand und Sicherheit, immer ausleben können, nicht weil sie sParias waren, sondern weil sie keine politische Verantwortung trugen und somit diese Gefühle bis zu jedem Grad der Verfeinerung kultivieren konnten.«

Wir sind es gewohnt, die Männer als Profiteure von weiblicher Hausknechtschaft zu verurteilen, ihre vergleichsweise großartigen Leistungen in Kunst und Wissenschaft durch den Verweis auf Hintergrundfrauen, die dem Genie den Alltag vom Hals hielten, zu relativieren. Leider gilt diese Logik auch für die Untaten der Männer: ihre Gewalttätigkeit und ihre Unbeherrschtheit, ihre Bereitschaft, zu töten und zu zerstören. Sie konnten auch deshalb so sein, wie sie waren, weil weibliche Duldung sie psychisch und legitimatorisch salviert hat. Der Mann zieht hinaus ins Feld, und die Frau gibt ihm emotionalen Feuerschutz. – So wichtig es ist, die Geschichte unter weiblicher Perspektive zu betrachten bzw. nach dem spezifischen Anteil der Frauen an der Menschwerdung des Affen zu fragen – so nötig ist es auch immer wieder, die Sonderwelten der beiden Geschlechter in einer einzigen Perspektive zusammenfließen, sie gleichsam ineinander aufgehen zu lassen. Wir erkennen dann, daß vieles, was wir als spezifisch weiblich oder männlich aufgefaßt haben, sein Spezifisches der *Polarität* verdankt, der Tatsache, daß da ein geschlechtliches Gegenüber war, das als Bedingung für die Spezifität gewirkt hat, mit ihr also in enger Beziehung steht. Der weibliche Frieden und der männliche Krieg schließen einander vielleicht punktuell aus, über längere Zeitstrecken gesehen jedoch bedingen und erzeugen sie einander. Weibliche Ausgleichsbereitschaft nach innen und männliche Aggressionsbereitschaft nach außen können einander ergänzen, insofern verantwortet auch eins das andere. Herdflamme und Kanonenfeuer, sie lassen sich mit demselben Kienspan anzünden. – Kurzum: daß Frauen, wenn sie erst »politische Verantwortung tragen«, eine bessere Friedenspolitik machen, wie es manche Optimisten aus der Friedens- und Frauenbewegung erwarten, das ist aus ihrer, der Frauen Fähigkeit, in sozialen Kleingruppen schlichtend zu wirken, nicht ableitbar.

Soll das bedeuten, daß wir keine besonderen Hoffnungen in eine breitere Beteiligung von Frauen an politischen Entscheidungen zu setzen brauchen? So meine ich es nicht.

Wenn ich mir wünsche und dafür eintrete, daß mehr Frauen an die politischen Hebel herankommen, so deshalb, weil ich beobachte, daß die Emanzipation, also das »Aus-dem-Haus-Gehen«, Kräfte freisetzt, die den Frauen *und* der Politik zuträglich sein können: Neugier, Kühnheit, Umsicht, Lust (letzteres nennt man heute auch Motivation oder Engagement). Vielleicht finden Frauen wirklich den verborgenen Hebel am politischen Schaltpult, der die globale Destruktionsmaschine anhält – das wäre dann aber eher ein historisches Glück als ein Verdienst, das sich weiblicher Friedfertigkeit verdankte. Was die politischen Inhalte betrifft, für die gewählte, abgeordnete und regierende Frauen eintreten werden, so müssen die aus Diskussions- und Willensbildungsprozessen herausdestilliert werden, in denen der Feminismus nur *eine* Front, nur *ein* Argument unter mehreren ist. Welche Politik den Frieden am besten sichert – zu dieser Frage kann der Feminismus Aspekte beisteuern, aber er kann sie nicht grundsätzlich beantworten. Es gibt keine direkte Leitung vom Gehlen'schen »Frauendenken« zu geglückter Friedenspolitik. Über die Metamorphosen, die die in der Familie gewiß überlegene weibliche Integrationsfähigkeit durchmacht, wenn sie in die Parlamente, auf die Regierungsbänke und an internationale Konferenztische gerät, wissen wir noch nicht genug. Vielleicht schlägt sie in Zügellosigkeit, vielleicht in die Neigung, zu polarisieren und zu radikalisieren, um. Das kommt mir nicht wahrscheinlich vor, aber man muß wissen, daß die Möglichkeit besteht. Im übrigen ist es schlecht-naiv, zu glauben, daß der Frieden durch ein inter-nationales Harmoniebewußtsein – ich setze jetzt voraus, die Transposition des »Frauendenkens« in die große Politik gelänge – gefördert werden könnte. Er muß zwar durch ein solches Bewußtsein nicht gestört werden, aber um ihn zu sichern, braucht es mehr. Frieden wünschend würde ich mich nie auf sanfte Charaktere, sondern auf Intelligenz, Geschicklichkeit und Mut verlassen – denn, man weiß das, beim Frieden geht es um die Vermeidung des Zusammenstoßes, also um die Balance von Interessen, die auf lange Sicht nicht aufhören werden, gegensätzlich zu sein. Wer Politik macht, muß die Existenz gegensätzlicher Interessen akzeptieren, anstatt sich der Hoffnung zu verschreiben, daß die Menschen sich vertragen. Frauen lernen ersteres im Maße, wie sie in die Männerwelt (in die Politik) vordringen. Sie lernen mit Ungeduld, Geschwindigkeit und Erfolg, und es besteht Grund, Ansehnliches von ihnen zu erwarten. Eine Garantie für Frieden aber gibt ihre häusliche Geschichte und ihre weniger geräuschvolle Art keineswegs her; nur eine gewisse Wahrscheinlichkeit, daß sie mit der belebenden Energie der »historischen Anfängerinnen« für eine Politik der Entspannung etwas leisten. Und das wäre doch auch schon was.

Und nun zum Schluß noch eine kleine Brücke von den Brechungen und Stauungen, die Frauen mit ihrer Aggressivität haben vornehmen lassen müssen, zur künstlerischen Produktion. Einerseits sind Frauen durch die erzwungene Defensive, durch ihr Leben im Schatten der männlichen Dominanz und Gewaltdrohung in ihren Antrieben und Spielräumen immer schon eingeschränkt gewesen. Ihr Leben spielte sich sozusagen auf einer elementareren Stufe ab. Sie konnten froh sein, wenn sie es erhielten, während es für Männer ein Darüber-hinaus gab und gibt, das heißt, die konnten, das war einer ihrer Machtgewinne, sich über das Fischen, Jagen und Kriegführen hinaus, der Schönheit zuwenden und die ebenso notwendige, wie gänzlich überflüssige ästhetische Produktion pflegen. Immer dann, wenn die Felder bestellt und die Grenzen gesichert waren, durfte die Kultur im sublimen Sinne beginnen. Aber nur, oder vorwiegend für die Männer, denn für die Frau gab es keine temporäre Befreiung von unmittelbarer Not. Ihr Notzüchtiger wohnte auch in Friedenszeiten nicht weit. Kurz gesagt: die Frau steht anteilsweise bis heute unter der unmittelbaren Bedrohung primitiver Gefahr für Leib und Leben, aus der Männer sich in Hochkulturen und Friedenszeiten zu retten wußten, und in dieser Rettung liegt ja, wenn es dann erbaut werden kann, das Fundament für die Blüte von menschlicher Kreativität. Grundbedingung für die künstlerische Emanzipation der Frauen wäre die Zivilisierung der Männer, bzw. Vollendung oder mindestens Weiterentwicklung dieser Zivilisierung.

Es kommt darauf an, wohin man schaut. Ob auf die stagnierende oder gar steigende Anzahl von Mißhandlungen und Notzüchtigungen von Frauen durch Männer oder auf das verfeinerte soziale Gewissen in diesen Fragen, ob man die Prognose zur positiven oder zur negativen Seite hin akzentuiert. Ich mag mich da nicht festlegen. Ein Andererseits steht aber noch aus. Ihre defensive Ausgangsposition im zivilisatorischen Zusammenspiel mit dem Mann, hat Frauen dazu genötigt, hat es Frauen gestattet, all die schönen Fähigkeiten, die für die künstlerische Produktion wesentlich sind, auszubilden. Einen Sinn für symbolische Mitteilungsweisen, für Sprache und Sprachspiele, für Doppeldeutigkeiten, Zwischentöne und Hintergründe, für die Inszenierung und den Schmuck des Körpers. Sie mußten ebenso ein Interesse an sozialen Formen, wie Ritualen, Rechtsförmlichkeiten und anderen Regulativen, die die Gewalt in Schach halten, entwickeln. Das alles prädestiniert sie für den künstlerischen Ausdruck und für die Arbeit an der Form. Das sich bislang trotzdem sehr viel mehr Männer als Frauen die Freiheit der künstlerischen Kreativität herausnahmen, hängt zusammen mit den zu engen sozialen Spielräumen, welche für die Entfaltung einer weiblichen Aktionslust, die über die elementare Lebensfür-

(und -vor)sorge hinausgriffe, ihnen nur zur Verfügung stand. Es gibt auch viele innere Hürden. Unter ihnen ist die Neigung der Frauen, sich lieber erstmal in Sicherheit zu bringen, anstatt sich vorzuwagen, eine der gewichtigsten. Das Ursachenmilieu, das Frauen bislang am kreativen Coming-out behindert hat, ist dicht und komplex. Die stets manifeste männliche Gewaltdrohung sollte man sich nicht so sehr als eine Ursache unter anderen denken, denn als Generalbedingung, die allen anderen logisch und kategorial vorgeordnet ist. Was immer Frauen als Geschlecht oder kollektiv, auch als Einzelne, die sich ihrer geschlechtlichen Rolle bewußt wird, beginnen, um ihre Lage zu ändern, sie stoßen auf den männlichen Waffenarm, der keineswegs nur gegen die wilden Tiere und gegen den Feind vor den Toren gerichtet ist, sondern im Zweifelsfalle auch gegen das unbotmäßige andere Geschlecht. Neben die subversive Strategie der Scheherezade sind inzwischen Formen der offenen Auseinandersetzung getreten, was beweist, daß wir ein Stück weiter sind, dabei wird jedoch die Frau, die die massive, männliche verdrängende Präsenz nicht nur in den Künsten und anderswo nicht nur offen beklagt und mit Widerstand und Protest beantwortet, sondern unterläuft, umgeht oder, im Sinne von Christine Garbe mit Schalkhaftigkeit[1] überspielt und überspringt, immer mit von der Partie sein. Auch weibliche Kreativität hat ihre defensive Seite, und das muß nicht ihre schlechteste sein.

1 ▪ Christine Garbe in ihrem Vortrag »Fiktionen des weiblichen Begehrens«.

ZUHÖRERIN 1: »Ich fand die Äußerungen, darüber was vermutlich passiert, wenn Frauen in der Politik sind o. k., mich erschreckt aber das Vorurteil, daß Frauen im Verteidigungskampf auf Grund ihrer mangelnden Kraft unterliegen müssen, denn im Verteidigungskampf läßt sich eine Frau, wenn sie sich wirklich verteidigen will, nicht auf einen Kraftkampf ein, sondern das ist in erster Linie eine Frage von Geschwindigkeit. Ich finde es ziemlich fatal, darauf eine Theorie aufzubauen, warum Frauen sich defensiver verhalten müssen. Es ist einfach eine Lüge unserer Gesellschaft, daß Frauen sich nicht gegen Vergewaltigungen wehren können, wenn sie es lernen würden.

SICHTERMANN: Ich habe ja dazu gesagt, es ist eine Spekulation, ich kann es schlecht beweisen, es scheint mir nur sehr vieles dafür zu sprechen, daß im Laufe der Evolution, einer sehr, sehr langen, jahrtausendealten Geschichte, die Frauen sich als Geschlecht, also als große Gruppe tatsächlich in ihrer Entwicklung immer wieder haben auseinandersetzen müssen, mit dem, sagen wir, männlichen Gewaltvorsprung. Daß sich der auch organisiert hat, bis hin zu den modernen Armeen, das ist ein Überbau über der biologischen Grundvoraussetzung, die die Geschlechter in Bezug auf Gewicht, Größe, Schnellkraft unterschiedlich gemacht hat. Daß dieser Unterschied modifizierbar, in einigen Jahrhunderten vielleicht sogar, durch Eingriffe ins Erbgut, durch noch stärker radikal veränderte Formen des Trainings, der Ernährung usw. aufgehoben werden kann, will ich nicht ausschließen, aber das ist vielleicht noch spekulativer. Selbstverständlich haben Frauen ihre Wege gesucht, um sich mit den Männern zu messen, und da mußten sie den Kraftvergleich meiden, da bin ich ja mit dir einig.

Es kann ja sein, daß ich mich irre, und daß es jetzt schon Möglichkeiten gibt, für Frauen, so zu trainieren, daß sie einem Mann in einer körperlichen Auseinandersetzung stets gewachsen wären. Wenn wir darüber jetzt diskutieren, dann führt das ja zu weit weg von dem, was vielleicht diskussionswürdig ist, von meinen Sachen, denn es ist ja in der Vergangenheit nicht so gewesen. Ich habe ja meine These entwikkelt, auf Grund eines sehr globalen und sehr weiten Rückblicks in die Geschichte.
Zuhörerin 2: Genau das wage ich auch zu bezweifeln, nämlich genau an dem Punkt scheints mir fatal zu werden, wo dieser Gewaltvorsprung historisch und kategorial vorangesetzt wird dem sozialen Geschlechterverhältnis im Verlauf der Geschichte. Nach diesem Modell wäre die historische Herausbildung von Matriarchaten unmöglich gewesen, es gab aber in der Vergangenheit in größerem Maße, bis in die heutige Zeit nur mehr ganz rudimentär Gesellschaftsformationen, die eher matriarchal geprägt sind. Zweitens: Du hast angefangen damit, daß das Weibchen, in der evolutionären Entwicklung, also schon das Affenweibchen, lernen mußte, sich gegen die Gewalt des stärkeren Männchens durchzusetzen. Dagegen spricht eigentlich schon die Herdenstruktur, wo eigentlich das soziale Gefüge das der Weibchen mit den Jungen ist, und die Männchen eher randständig sind. Deine These aber würde heißen, daß die Männchen die soziale Struktur bestimmen und die Weibchen einlassen. Die tatsächliche Handhabung ist umgekehrt. Drittens: Das Verhältnis von Gewalt und Stärke ist in einem sozialen Gefüge von Solidaritäten und Interessen bestimmt. Das heißt nicht, von einem einzigen Mann, der auf eine einzelne Frau eindrischt, sondern das ist bereits die Folge eines ganz besonderen gesellschaftlichen Gefüges, daß überhaupt die Möglichkeit besteht, daß ein einzelner Mann eine einzelne Frau verdrischt. Er kann ja auch nicht mehrere Frauen verdreschen, sondern da kann es durchaus umgekehrt verlaufen. Und Viertens: Die einzelne Frau ist nicht so wehrlos, wie es immer hingestellt wird. Ein gezielter Tritt in die Eier wirkt mehr, als eine lange Rauferei, bei der wir zweifellos unterlegen sind. Es ist eine Frage der Methode, und des Umgangs mit der Aggression, Friedfertigkeit ist ja Umgang mit der Aggression, und daß Frauen friedfertiger sind, ist natürlich Humbug...

SICHTERMANN: Hab ich auch nicht gesagt...

ZUHÖRERIN (WEITER): ... wir haben natürlich sehr verschiedene Umgangsformen mit der Aggression, was daran historisch und natürlich ist, werden wir nicht so schnell ergründen, aber diese interessieren mich auch primär...

ZUHÖRERIN 3: Ich möchte mich dazu auf zwei Ebenen äußern, das eine ist, daß ich die persönliche Erfahrung gemacht habe, ich kann mich wehren, obwohl ich gedacht habe, ich würde unterliegen, ich bin heilfroh darüber. Das andere ist etwas, was ich an dem Vortrag nicht verstanden habe, also eine direkte Frage an dich: Du hast einerseits klar dargelegt, daß wir, Mann und Frau, Techniken innerhalb dieses Zivilisationsprozesses entwickelt haben, und gerade weil wir die gelernt haben, also sie gesellschaftlich bedingt sind, kann ich deine Schlußfolgerungen absolut nicht nachvollziehen. Du hast einerseits das Zusammenspiel von Verhaltensweisen analysiert, und andererseits kommt dann ein Gehlenzitat, was dem Ganzen ins Gesicht schlägt, nämlich die Interpretation desselben. Ich frage dich, ob du dem nicht aufsitzt, daß du die gesellschaftlichen Erscheinungen nicht wieder als absolute Gesetzmäßigkeiten anerkennst und dich denen unterwirfst, anstatt gerade diese Erscheinungen, wie das Gewaltenverhältnis, als Verhaltensweisen, auf die die Gesellschaft sich geeinigt hat, als unveränderbar zu sehen. Daraus ergeben sich nämlich ganz andere Schlußfolgerungen für Frauen in der Politik oder für Friedenspolitik international oder zwischen den Geschlechtern.

SICHTERMANN: Die Frage habe ich nur zum Teil verstanden, aber ich versuche noch einmal zu sagen, was ich eigentlich sagen wollte, vielleicht geht das schon in die Richtung der erwarteten Antwort. Mir ging es darum, diese Schlüsselfrage, sind Frauen friedensgeneigter, kann man auf Frauen bauen, wenn es darum geht, eine friedenssichernde Politik zu machen, und auch in privaten Beziehungen sozusagen die Garanten für eine Überwindung des aggressiven Umgangsstils in ihnen sehen? Kann man oder sollte man Frauenverhalten als soziales Modell verstehen, wenn es darum geht, menschliche Beziehungen in Gruppen, Kleingruppen, aber auch zwischen den Nationen näher an friedliche, gewaltausschließende Formen der Auseinandersetzung heranzuführen. Und ich habe versucht, mit meiner These nicht einfach »Jein« zu sagen. Ich konnte nicht darüber hinwegsehen, daß Frauen doch sehr häufig Expertinnen sind im Ausgleich, im Verständnis, im Vermögen, konfligierende Interessen dazu zu bringen, daß sie sich doch vertragen usw. Es gibt auch bei Frauen Dispositionen zu zügelloser Aggressivität, das habe ich nicht unterschlagen, z.B. dann, wenn sie in dieser Arena des Kampfes, die sie durch ihre Geschichte nicht so sehr gewohnt sind, hineinkommen, dann überreagieren sie manchmal, und es wird sehr viel Aggressivität freigesetzt. Sie können aber auf eine, den Männern überlegene Weise, Ausgleich herstellen. Auf der anderen Seite bleiben doch berechtigte Zweifel daran, daß das eine angeborene Stärke ist. Man muß sich ja fragen, woher kommt das? Mit diesem Begriff des »defensiven Sozialcharakters« wollte ich eine Antwort darauf geben. Daß Ausgleichsbereitschaft etwas ist, wo sehr viel vorangegangener Zwang schon eine Rolle spielt. Als Reaktionsbildung nicht ganz zuverlässig, ist sie durch den Druck der vorgängigen männlichen Gewaltdrohung ersteinmal zustande gekommen und kann auch wieder zerfallen. Und ist auch als kulturelle Leistung fragil, problematisch. Man kann sich darauf doch nicht so ganz verlassen. Andererseits ist es aber doch mehr als diese Reaktionsbildung. Die Frauen haben historisch erworben einen Vorsprung in dem, was ich »symbolische Kommunikation« nannte. Frauen sind in Bezug auf Kommunikation, Sprache, ganz früh schon auch die kleinen Mädchen, ganz einfach weiter. Das ist dann auch wieder eine Stärke, die in Zivilisationsprozessen, mit Kultivierung eine Rolle spielt, auch im Zusammenhang mit künstlerischer Leistung.

ZUHÖRERIN 3: Ich finde, daß die Männer genauso symbolträchtige Handlungen vollbringen, jeden Tag, daß das ein inkonsequentes Denken auf verschiedenen Ebenen bedeutet. Kriegshandlungen z. B. sind symbolisch, dicke Mercedesautos-Fahren ist symbolisch. Die konkreten Erscheinungen nähern sich einander an. Männer tragen auch Ohrringe, Frauen werden auch dicke Autos fahren. Worum es mir geht: Ich finde es ja o.k., wie du das dargestellt hast, nur die Schlußfolgerung kann ich nicht teilen. Im Grunde genommen setzt du dich wieder mit dem Vorwurf der Männer auseinander, in dem ganz einseitig von den Fähigkeiten der Frauen, für den Ausgleich zu sorgen, gesprochen wird. Frauen sind genau so fähig, aggressiv zu sein, die Führung zu übernehmen...

SICHTERMANN: Nicht genauso, die Aggressivität sieht bei ihnen anders aus...

ZUHÖRERIN (WEITER): ... ja in der Erscheinung. Was Erscheinung hier ist, ist ein Kontext, auf den die Gesellschaft sich geeinigt hat, das ist *unlernbar*.

SICHTERMANN: Was mißfällt dir denn eigentlich? Wo liegt dein Einwand?

ZUHÖRERIN: Der Einwand liegt in der Verschreibung, daß Frauen in diese Handlungen im Grunde genommen nicht eingreifen können...

SICHTERMANN: In welche Handlungen?

ZUHÖRERIN: Na zum Beispiel in politische Handlungen.

SICHTERMANN: Das sag ich doch gar nicht...

ZUHÖRERIN: Doch. Und zwar immer wieder in dem alten Rollenverhältnis.

SICHTERMANN: Also ich habe keine Lust, mich gegen Sachen zu wehren, die ich nicht gesagt habe. Ich möchte nur kurz zum Gehlen etwas sagen. Gehlen war für mich ein ganz brauchbarer Gewährsmann, weil er diese Skepsis, die man haben muß, gegen das, was wir »weibliche Milde« nennen, was natürlich ein Konstrukt ist, was aber andererseits auch stimmt, vielleicht auch ein Irrtum, wo aber auch irgendetwas daran stimmt, weil Gehlen diese Skepsis sehr gut zusammengefaßt hat. Er sagt, daß Frauen vom Tragen der obersten Verantwortung, der obersten Heeresleitung z. B. ausgeschlossen waren, deshalb konnten sie, verwiesen auf das Private, zu Spezialistinnen der Kultivierung und Differenzierungen feinerer Gefühle werden. Das kann man so oder so sehen. Als Mangel z. B., sie waren nie in der vollen Kampfarena drin und waren deshalb auch nicht genötigt, sich mit einem Ethos des Krieges usw. zu befassen, andererseits sind das auch Stärken, wie die Differenzierung von so einer Art Privatkultur, die Gehlen meint, man soll auch nicht sagen, das ist nix.

ZUHÖRERIN 4: Ich habe den Eindruck, daß es sich hier um ein Mißverständnis handelt. Ich habe deinen Vortrag so verstanden, daß du unterstreichen wolltest, die Frauen sind nicht von Natur aus das friedfertigere Geschlecht. Und ein großes Fragezeichen an all diese Strategien anfügst, die sich darauf stützen wollen. Und ich möchte das übersetzen in die Terminologie, die ich gestern benützt habe in meinem Vortrag (Fiktionen weiblichen Begehrens). Die Frauen können nicht einen konstativen Diskurs führen und sagen, »wir sind«, »wir sind das friedlichere Geschlecht«. Sie können allenfalls einen performativen Diskurs führen und sagen, »wir setzen uns dafür ein«, »es ist uns sozusagen nicht von Natur aus mitgegeben, oder von der Geschichte als Erbe an uns gegangen, daß wir das friedliche Geschlecht sind, wir können es immer nur werden.« Das finde ich wichtig, um jegliche Selbstgefälligkeit und Bequemlichkeit und Unkritisches, sich auf Weiblichkeit als positiven Wert zu stützen, in Frage zu stellen, auch unter den Frauen selbst. Nur daraus kann ein Aktionsraum entstehen. Wir sollen es uns nicht zu leicht machen. Punkt eins. Und damit bin ich 100prozentig einverstanden. Das schließt aber überhaupt nicht aus, das, was ich als Protest hier gehört habe von euch, zu berücksichtigen: nämlich, wir sind überhaupt nicht darauf festgelegt, immer nur friedliche, gewaltfreie Strategien als defensive Strategien einzusetzen; das schließt nicht aus, zu sagen, Frauen können auch lernen, direkt aggressiv zu sein; das finde ich durchaus, und das entspricht auch meiner eigenen Erfahrung, man kann die direkte Aggressivität Männern gegenüber mit einer gewissen Erfolgsaussicht praktizieren. Meiner Meinung nach ist es ein

Mißverständnis, wenn Barbara vorgeworfen wird, sie würde das ausschließen mit ihren Aussagen, denn darum gings nicht.

ZUHÖRERIN 5: Eine Frage zu dem, was Sie offen gelassen haben. Was passiert dann, wenn die Frauen tatsächlich in der Politik sind?

SICHTERMANN: Das Problem liegt darin, daß von den Frauen erwartet wird, daß sie, wenn sie in die Politik gehen, dort den Stil ändern und neue Inhalte einführen; das ist ja eine legitime Erwartung, wenn die Frauen keine alternativen Inhalte einbringen, warum sollten sie, ich meine jetzt von den Männern aus gesehen. Wenn man auf die gesamte Gesellschaft blickt und mit Unzufriedenheit und Unglück die ganze Entwicklung betrachtet, sieht man das Eindringen der Frauen in diese Sphäre mit der Hoffnung, daß sie etwas verbessern und verändern. Wenn das nicht gegeben wäre, wäre eine große Quelle der Sympathie für diesen Aufbruch der Frauen ausgetrocknet. Die Frauen antworten dann skeptisch, »nur mal langsam, wir machen das auch unsretwegen, um unserer Karriere, unserer Selbstentfaltung willen, vielleicht machen wir in diesem Machtspiel der Männer nur einfach mit.« Aber sie belassen es ja nicht dabei, sondern sie gehen auch den Schritt weiter und sagen, es gibt bestimmte Stile, es gibt bestimmte Politiken, die wir, nicht auf Grund unserer Natur als Frauen, sondern auf Grund der Distanz, die wir historisch dazu haben, als fehlerhaft und verderblich ansehen, und daran wollen wir uns nicht beteiligen. Das ist der Ausgangspunkt. Was sich wirklich ändern wird? Also Frauen werden einmal eine Interessenspolitik machen. Das klingt jetzt banal, aber sie werden für ihr Geschlecht etwas durchsetzen, das heißt, sie werden die spezifischen Hindernisse, die Frauen Steine in den Weg räumen, wenn Frauen versuchen, Beruf und Kinder zu verändern, was Politik da tun kann, das werden Frauen angreifen, das heißt, sie werden Frauenbereiche eben zu Themen machen, überall. Und inwiefern sich der Stil, der Ton ändern wird, ist eine offene Frage. Wenn ich sage, daß ich hoffe, daß Frauen in die Politik eine andere Aktions- und Umgangsweise hineinbringen, die diese Sphäre weniger heimlich, weniger undurchschaubar, weniger langweilig machen, als sie es heute ist, dann fange ich mir den Vorwurf ein, »aha du mystifizierst da etwas, du siehst in den Frauen einen besonderen Charakter«, wenn ich gar nichts sage, ist es auch nicht recht. Es ist also verdammt schwer. Wer mir argumentativ einen Ausweg weisen kann, ich werde ihn sofort mit Begeisterung beschreiten, ich weiß ihn aber auch nicht. Ich kann nur um diesen Punkt rumreden und sagen, im Grunde müßte man schon hoffen, daß Frauen wegen ihrer sehr anderen Geschichte – natürlich haben sie an der Männergeschichte auch partizipiert, aber sie haben eben doch ihre eigene, schwer beschreibbare, über weite Strecken wortlose Geschichte gelebt, die in ihnen etwas abgelagert hat, an Ausdrucksbereitschaften, über die sie gar nicht springen können, die sich dann von selber auf den politischen Tribünen als Alternative beweisen werden.

ZUHÖRERIN 7: Natürlich ist nicht prognostizierbar, welche Auswirkung die Partizipation der Frauen an der Macht (die weitgehend nicht in den politischen, sondern in den industriellen Foren sitzt) haben wird. Diese Partizipation ist an zwei Punkten festmachbar, von denen ist eine Veränderung zu erwarten. Einerseits, daß Frauen nicht aus einer historischen Nullstunde heraus diese Partizipation anstreben, sondern mit dem ganzen historischen und sozialen Hintergrund, den sie haben, und mit dem erworbenen Charakter (ich möchte mich da nicht auf die Frage einlassen, was ist Natur und was ist erworben). Das Zweite ist noch wesentlicher. Du hast das sehr schön beschrieben. Mit der zunehmenden Teilnahme der Frauen am öffentlichen Leben fallen die Funktionen aus, die dem Mann die Privatsphäre gerichtet haben, damit er hinaus kann ins »feindliche Leben« (...). Diese Veränderung dieser Arbeitsteiligkeit, Frau im privaten Bereich – Mann für die Öffentlichkeit, kann uns, will ich ganz optimistisch sagen, nur guttun.

ZUHÖRER: Frau Sichtermann, wie wichtig ist

für Sie die evolutionstheoretische Grundlegung ihrer Gedanken?

SICHTERMANN: Ich denke einerseits, man kann den ganzen Ramsch weglassen und von der Situation ausgehen, wie sie heute ist, sie beschreiben. Und dann Schluß machen mit der Mystifizierung, »Frauen sind friedfertiger«. Andererseits habe ich gern in meiner Argumentation ein ganz starkes Gewicht, indem ich klarmache, daß das Entwicklungen sind, die ja stattgefunden haben, die nicht so einfach zur Disposition stehen. Das muß man sich nicht vorstellen im biologistischen Sinne als Vererbung, sondern so etwas wie eine »Botschaft der Evolution«, eine ganz ganz lange Tradition verschiedener Reaktionsweisen, die eingeschrieben sind im weiblichen Charakter, das »Defensive«. Ich glaube nicht, daß das nicht ohne weiteres zur Disposition steht, Frauen können nicht einfach sagen, so, wir machen jetzt ein Trainingsseminar und gewöhnen uns das ganz schnell ab, und dann kommen wir raus und sind anders. So einfach ist es nicht, und um das zu veranschaulichen, habe ich diese These von der Phylogenese gewählt.

ZUHÖRER (WEITER): Sind diese evolutionstheoretischen Gedanken nicht eher belastend dafür? Ich könnte das ja auch anthropologisch betrachten, daß das nicht zur Disposition steht, weil Frauen eben so erzogen werden.

SICHTERMANN: Das mit der Erziehung ist mir immer noch zu willkürlich, Erziehung kann man ändern.

ZUHÖRER (WEITER): Ja, aber das ist ja auch nicht etwas, was individuell zur Disposition steht...

SICHTERMANN: Ich bringe das Beispiel von dem englischen Rasenpfleger, der von einem Kontinentalen gefragt wurde, wie er das macht, daß der Rasen so schön kompakt ist, und der sagte, na wir sprengen, und mähen usw., und der Kontinentale sagt, ja das machen wir doch auch, und der Engländer, ja aber machen Sie das einmal vierhundert Jahre... Es ist so, daß diese Zeitgewichte eine große Rolle spielen, und wenn ich dann einen Schritt mache und von heute ausgehe, dann nehme ich meinem Argument so etwas wie eine Dimension... Ich will noch einmal dazu sagen, es ist spekulativ, und wer es nicht glauben will, soll es lassen, ich kann es letztlich nicht mit irgendwelchen Forschungen begründen oder so etwas, und dann würde das alles wieder schon zu wissenschaftlich ernst werden, das ist ein essayistischer Rahmen, der mit bestimmten Plausibilitätsannahmen arbeitet, die auch nicht mehr sein wollen.

Dorothea Zeemann

Eros gegen Thanatos

Der Geist ist nicht der Feind des Körpers, sondern dessen Verfeinerung. Er ist das unendliche Bewußtsein.

Ehe ich beginne, möchte ich Prentice Mulford zitieren aus seinem Buch »Der Unfug des Sterbens«. Ich las es 1927 und lebe seither in seinem Geiste. Das Zitat, das ich daraus lese, ist folgendes: »Mit Hohn die Vorstellung von sich zu weisen, daß der Leib durch immer erneute Umwandlungsprozesse dauernd erhalten werden kann, heißt eine Tür zum Leben verschließen und das Tor des Todes freiwillig weit aufreißen«.

Es ist keine Sekte oder Religion, die das predigt, es gibt Menschen, die es zu denken vermögen: Canetti zum Beispiel gehört dazu.

So stirbt man denn noch nach alter Gewohnheit, aber man hat die Wahl, ob im Aufruhr einer Leidenschaft oder in der Leere eines Verzichts oder in sanfter Hingegebenheit an eine Liebe, und sei es an einen Kanarienvogel, eine Musik oder an ein Kätzchen. Liebe zu einem Bild, zu einer blanken Wohnung, zu einem Gärtchen – das sind Banalitäten, und die Reisenden, die Lernenden, die produktiven Pensionistinnen, die es heute gibt, gelten nichts, es sei als Konsumenten.

Wir haben aber viel gelernt und die Geschichte eingeholt. Wir haben analysieren und unterscheiden gelernt und Qualifikationen erworben und wollen unter die Entscheidungsträger, und genau das funktioniert noch nicht.

Sehr tief sitzt in der öffentlichen Meinung und auch in den Frauen selbst die Minderwertigkeit des Weiblichen als geschlechtsbestimmt. Weininger hat alle – und scheint's für immer – überzeugt. Selbst die Feministinnen, die am kräftigsten dagegen auftreten. Die Anatomie der Frau ist ihr Schicksal, das glaubt auch Freud. Ich sehe das positiv.

Hier ist umzudenken!

Nicht argumentieren. Initiativen durchbringen!

Es gibt den Juden, das Weib, die Sexualität und die ewige Spekulation. Exakte Definition, System und Taxonomie reichen nicht, decken nicht. Es gibt Begierde und Befriedigung in allen Altersstufen, es reicht vom Groben bis zum Feinsten und bleibt individuell verschieden in Quantität und Qualität, es reicht vom Tierischen in alle Möglichkeiten und Höhen der Sublimation. Wenn schon These, dann eine Sache des Vokabulars – ob Goldhamster oder Spielkamerad, Partner beim Bridge oder beim Gottesdienst – es geht um Verhaltensmuster und Vorurteile. Auch die Sexhasser sind angeheizt schöpferisch und keineswegs im Alter erloschene Vulkane. Man verdrängt den Sex, der nicht ins Vorurteil paßt. Das ist das Thema und läßt jeden leiden, der unpopuläre Empfindungen hat. Außenseiterliteratur, Ressentiments, Hexen und Pfaffen. Der Blocksberg der sogenannten Perversitäten.

Es geht um Verhaltensmuster, um Aufklärung von Vorurteilen – aber weder die Frau noch der Jude sind wissenschaftlich erfaßbar und biologisch endgültig einzugrenzen. Das Verfügbarmachen durch Eingliederung und die Fülle der Möglichkeiten außerhalb dieser macht solche Themen immer neu aktuell. Die Überschaubarkeit von Leben und Gesellschaft wird durch Verhaltensmuster stets variiert, damit nicht alles in einer Richtung stur dem Tode zustrebt. Der Eros ist Antrieb im weiten Feld und uninteressant, wenn er nur die eigene Lust meint.

»Wann hört es denn auf zu kitzeln?« soll der vierzigjährige Voltaire seine achtzigjährige Großmutter gefragt haben. »Ja, wenn ich das wüßte«, hat sie geantwortet.

Es gibt die Vergänglichkeit des Fleisches und seine Lüsternheit über diese Vergänglichkeit hinaus. Literatur, aber wenig Wissenschaft über das Phänomen einer zwecklosen Lust. Die Wollust, das Verlangen, die Begierde, l'art pour l'art...

Statistiken gibt es keine darüber, wann es aufhört, Freude zu machen, oder ob die Freude befreiter wird, wenn sich der Geltungskampf, der Kampf um Erbe oder Prestige im Alter beruhigt hat, oder ob Geld und Gut dann noch sinnlicher machen und im Erwerb von junger Zuneigung eine noch größere Rolle spielen. Und welche? Das wären noch Thesen für gezielte Fragen.

Wem die Erziehung nicht zwingend vorschreibt, Schuldgefühle bei jedem körperlichen Jucken zu haben, dem ist es ganz gleichgültig oder nicht wesentlich, ob und wie Sex von den Alten gelebt wird, weil die gesellschaftliche Relevanz gering ist. So ist es denn auch überflüssig, sich über Tatsachen auf diesem Gebiet zu entrüsten und durch Lächerlichmachen die eigene Todesnähe zu verdrängen. Scham und Entsetzen sind als Dressur zu durchschauen.

Es gibt ein Buch über die »Goldenen Jahre« von einer sehr wissenden, sehr alten Ärztin. Ihre Ratschläge, wie der alte Mensch leben soll, wurden in vielen Auflagen verkauft und werden studiert. Wie der alte Mensch sexuell empfindet, hielt sie nicht für nötig zu erörtern. Es gilt als selbstverständlich, daß mit der Funktion auch die Begierde aufhört. Das bürgerlich-soziale Interesse sieht in der Libido der Alten nur die Gefahr für eventuelle Erbrechte. Die Ärzte haben kein Interesse, sich mit senilen Abwegen zu beschäftigen. In den Irrenhäusern lächelt das Personal und behandelt Unruhen mit Psychopharmaka.

Alte Fingerspitzen pulsieren. Junge Haut blüht und duftet. Gedanken an Auschwitz. Eros und Thanatos! Eros gegen Thanatos! Das Grauen und die Statistiken. Die Asche alles Gewesenen und die geschmiedeten Sätze: Literatur. Und der Stumpfsinn des Vergessens: die ineffektive Spekulation. Funktionierendes bleibt das einzige, das zählt. Technisches erweist Wirklichkeit: Der Flug ins All, die Sensibilität der Mikrozensoren. Die neue Wiedergeburt bedarf keiner Art von Glauben, sie ist das Recycling. Jeder Dreck ist Material: Rohmaterial!

Der Surrealismus hat das Häßliche längst in die absurde Form gerettet, Kunst geschaffen aus der zweck- und nutzlosen Sensibilität. Durch Übersteigerung befreit.

Anders die altmodische Ironie. Das amüsante Buch der Muriel Spark »Memento Mori« handelt von alten Leuten der englischen Bourgeoisie, die ihren senilen Sex mit Ironie nicht gerade ausleben, aber in einer Weise ironisieren, die sich uns heute untersagt. Ich habe in meinem Roman über die Libido einer alten Frau diese Alte reich sein lassen, weil Freiheit nur einleuchtet, wenn die Mittel dazu da sind, oder wenn es sich um gesellschaftliche Outsider handelt. Meine Sympathie gilt auch den Frauen, die zerfetzt um die Pestsäule lungern, betrunken und geschminkt, in Lumpen Brüste und Schenkel enthüllen und sich mit betrunkenen Männern unterhalten oder den alten Diseusen in üblen Lokalen. Von den Bürgern lüstern gemiedene Bardamen und Huren. Diese Romantik wurde von Hubert Fichte in ihrem ganzen Elend enthüllt. Meine Protagonistin kann sich leisten, was sie sich leistet, und ist kein »Fall«, sondern ein Pratermärchen. So lustig ist aber der Prater gar nicht. Viele finden es auch traurig: Die Organe vertrocknen, aber die Ekstase, die Faszination überleben. Eine Praxis ohne Ethos. Viele sind beleidigt. Menschlich und tierisch, Freundschaft ohne Sex und Sex ohne Freundschaft. Der Kampf der Geschlechter ist simpel. Die Frau verlangt, begehrt und zärtlich geliebt zu werden. Der Mann haßt seinen Drang, begehren zu müssen, und ist seinem Objekt böse. Im Alter mag sich's oft ins Gegenteil kehren. Sind wir in einer sehr alten Zeit? Dieser Kampf variiert, je nachdem sich W. und M. in einem Menschen mischen – da irgendwo läßt sich auch die Platonsche Theorie von den getrennten Hälften versöhnlich einbauen; manchmal finden sie sich in der richtigen Mischung.

Mitte der zwanziger Jahre rotierten in den Gehirnen und in den Gefühlen junger gebildeter Mädchen die Gipsgötter der Antike, die Sagen des klassischen Altertums, die Mythen der Geschichte und die des Christentums der Menschenliebe, der Pariser Surrealismus, die Idee der freien Liebe, die gerade in der Sowjetunion ausprobiert wurde. Traum und Wirklichkeit, genauso anzuzweifeln wie die große Ausstellung im Künstlerhaus. Es resultieren heute noch die vielen Fragen von damals, die der Reichtum der Probleme schließlich zum Kurzschluß im Faschismus führte: Zuviel Diskurs wird immer kurzgeschlossen und immer unter dem Niveau der gestellten Fragen.

Eros und Thanatos, sich von einem schönen Jüngling über den Styx rudern zu lassen, war eine frühe Todesvorstellung, der ich lange treu geblieben bin. Ich fürchte und hasse Skelette und Asche und den christlichen Aschermittwoch. Wie ich mir Freud verständlich mache: Alles ist Eros, und jede Ekstase nimmt im seligen Erlöschen das Ende vorweg.

Eros in vielerlei Gestalt ist das Thema der Sexualität, die sich im Alter aus ästhetischen Gründen sublimieren will. Ästhetik ist die Ethik der Sinnlichkeit, schreibt Burghart Schmidt, wobei er wahrscheinlich nicht die gezielte Sinnlichkeit meint, sondern die von Feuerbach, die umfassend und immer da ist, mit allen Sinnen die Welt in sich aufnimmt und reproduziert. Ich aber rede für die wenigen alten Frauen, die es zugeben, daß es sie noch freut zu lieben.

»›Alles, was wir über unseren Leib vermögen, wir nur..., kraft des Leibes über ihn vermögen‹; denn ›wozu der Geist den Leib mit Bewußtsein bestimmt, dazu (wird) er selbst schon unbewußt von seinem Leibe bestimmt.‹« Ein Zitat von Feuerbach, das mir wichtig ist. Gestatten Sie mir noch ein Zitat von Feuerbach, das sich in mir gegen das kreative Denken, das männlich genannt wird, richtet, gegen die Abstraktion bis zum Skelett alles Daseins: »Das absolute Denken«, heißt es in den ›Grundsätzen der Philosophie der Zukunft‹ (1843), »negiert alles; aber nur, um alles zu setzen in sich. Es hat keine Grenze mehr an etwas außer ihm, aber dadurch tritt es selber außer seine immanente, seine natürliche Grenze.« Oder, noch schärfer: »Im Denken bin ich absolutes Subjekt, ich lasse alles nur gelten als Objekt oder Prädikat von mir, dem Denkenden, bin intolerant; in der Sinnentätigkeit dagegen bin ich liberal, ich lasse den Gegenstand sein, was ich selber bin – Subjekt, wirkliches, sich selbst betätigendes Wesen. Nur der Sinn, nur die Anschauung gibt mir etwas als Subjekt.« – »Sein« aber »heißt Subjekt sein, heißt für sich sein.« Also nicht in erster Linie nützlich.

Diese Interpretation eines höheren Egoismus verstehe ich vermittelt. In einer Zeit, in der jeder ein Egoist ist und es nicht zugibt, rettet der Egoist über diesen Umweg das Besondere ins Allgemeine über seinen subjektiven Sinn, den Sinn. Und nur in diesem Sinn, keineswegs im kirchlichen, liebe ich auch die alten Beterinnen an den Altären, die in heiligem Entzücken fromme Inbrunst erleben, sich eins fühlen mit den Madonnen, an deren Brüsten die Puttis hängen, während die breitschultrigen Gladiatoren arme Opfer in die Arena peitschen.

Alter ist Hinfälligkeit, Dekrepidität, Endzeit. Doch jedes Leben hält an sich fest. Das ist für die Jugend lächerlich. Für die Bewohner eines Systems, eines Denkgebäudes, ist das ein trauriges Verhängnis, dem etwas abverlangt wird: Haltung im Verzicht. Da tut aber der zeitgenössische Merkantilismus nicht mit. Er tritt als der Versucher auf, die Alten sollen kaufen. Auch ein alter Mensch kauft einen Burberry, versucht seinen Bauch loszuwerden, nimmt an der Mode teil. Sex selbst jeweils auch Mode. Und jede andere Mode, auch der religiöse Verzicht, hat damit zu tun. Im Fernsehen kleideten sich protestantische Priesterinnen, Seelsorgerinnen modisch ein, goutierten Kleider, hielten Stoffe ins Bild, sprachen darüber, gaben sich weltlich als lebensfrohe Damen. Überall auf der Linie. Nur der Papst hält fest am Hergebrachten, an der Tradition vom Teufel, der alles Geschlechtliche bewohnt. Was dem Geschlechtlichen einen hohen Reiz verleiht und der Kirche die Macht. Das Gewissen hält an der Religion fest und die Religion am Gewissen.

Wir sind sehr bald achtzig Jahre alt, meine Freundin und ich. Meine Freundin und ich haben dieselbe sehr allgemeine Erfahrung gemacht, von unseren Männern um einer jungen Frau willen kaltgestellt worden zu sein. Aus fröhlichen Töchtern wurden säuerliche Großmütter.

Man denkt darüber nach, darüber weg, wird dadurch angeregt, sich qualifiziert zu äußern und die Dinge objektiv zu sehen. Abstand vom Detail und von der eigenen Wut zu gewinnen, schließlich wieder zum Detail zurückzukehren, denn die Muster variieren.

Themen, die übers Triviale wieder ins Allgemeine führen und das übliche Geflecht ergeben, das uns schließlich mehr oder weniger schöpferisch ergiebig macht. Kombinationen, Varianten und sogar Programme. Als wir jung waren, meine Freundin und ich, gab es die Roaring Twenties. Viel Frivolität und viel Aufklärung, ehe Hitler alltäglich und ernst genommen wurde. Da gab es in den Zeitungen und im Gespräch Freude über promovierte Frauen, über die aufklärerische Tätigkeit darüber, daß auch Frauen durchaus in der Lage sein können, sich selbst und ganze Familien zu ernähren, und nicht nur als Wäscherinnen, Köchinnen oder Huren, ehe Hitler und sein Programm die Weiblichkeit wieder aufs Generationsgeschäft beschränkten und auf die Aufzucht der von ihm programmierten Rasse, der er selbst nicht ähnlich sah, die er aber zu seinem Wunschbild machte. Wer damals als Frau einem ernsthaften Studium an der Universität oblag, wurde als arbeitsloses Geschlechtstier oder als geschlechtsloses Arbeitstier bezeichnet und dieserart festgelegt. Dieses Urteil und Vorurteil, diese Einschätzung konnte bis heute durch eine neue Gesetzgebung nicht sehr beeinflußt werden. »Halbtier« war der Titel eines damals vielgelesenen Romans über das Gebären, Rosa Luxemburg galt als männlich, und von Hermann Bahr gab's ein Buch für die Abtreibung, über die Gefahr ihrer spektakulären Illegalität. Die großen und berühmten Sozialistinnen wie Lilli von Braun bearbeiteten das Feld der Befreiung. Aber weder Wahlrecht noch fragliche Gleichstellung am Arbeitsmarkt können am Zweckdenken etwas ändern. Der weibliche Organismus wird mit dem Klimakterium wertlos für die Gesellschaft. Trotz seither erworbener hoher Qualifikation und des Erweises der Fähigkeit zum eigenen Denken bleibt sie in der heutigen Gesellschaft dienend. Die weise alte Frau hat nicht einmal die Randposition wie in den alten Mythen und Legenden. Sie dient weiter, erringt die Lorbeeren gesellschaftlicher Anerkennung für die Männer und Söhne. Sie bleibt weiter in vornehmer Demut und gewohnter Liebe hinter ihnen. Sie geht unter, steht im Schatten, weil die Phalanx von Vorurteilen sie hemmt. Aber das schädigt den Mann, weil er seine Unschuld im Ausbeuten verloren hat.

Ich weiß tatsächlich nicht, ob ich für einen offenen Krieg bin oder mir die augenblicklichen Strategien in den Beziehungen genügen, wo jeder ein Recht zu sehen glaubt und darauf beharrt.

Ich weiß es nicht.

Jedenfalls gilt: Eros gegen Thanatos. Die Eislandschaft des Todes ist nicht nur in den Leichenkammern zu suchen, sondern die neue Angst vor AIDS und auch die neue alte vor dem Prestigeverlust muß auftauen, wenn ich hier in den Fehler verfalle, irgendetwas zu verlangen.

Ich will Wärme, Liebe, Opfer.

Aber die linke Backe haut nicht mehr hin, hier fehlt der konstruktive Gedanke, der neue, der den Verzicht auf Herrschaft attraktiv macht und dem Egoismus neue Ziele weist. Zum Beispiel: *den* Eros heilig zu sprechen, der nicht verzichtet. Und die Vernunft, einzusehen, daß Gewalt gleich Tod ist.

Künstlerinnen

ELVIRA BACH
geboren 1951 in Neienhain, 1967–70 Glasfachschule Hadamar, 1972–79 Studium an der Hochschule der Künste, Berlin, Meisterschülerin bei Hans Trier, 1972–81 Arbeit an der Schaubühne Berlin als Requisiteurin, Foyerdame, Souffleuse, 1982 Artists in residence Santo Domingo, Dominikanische Republik. Lebt in Berlin. Ihre letzten Einzelausstellungen:
1986: Forum Zürich, Raabgalerie; Deweer Art Gallery, Zwewegem-Ottegem, Belgien; Galerie Catherine Issert, Saint Paul de Vence; Capricorno, Venedig.
1987: Charles Cowles Gallery, New York; Raab Galerie, Berlin; Raab Gallery, London.
Bilder auf den Seiten: Titel; 68, 69, 72

SUSANNE GAMAUF
geboren 1960 in Wien, 1978–84 Hochschule für angewandte Kunst, Wien, Diplom, Meisterschülerin bei Prof. Oberhuber, Graphik, Fotografie, Film, seit 1984 Mitarbeiterin und Organisation in der Fotogalerie, 1985 Sommeraufenthalt in New York, 1986 Gastsemester bei Prof. Arnulf Rainer. Zuletzt Teilnahme an folgenden Ausstellungen:
1986: Adam und Eva – Centre Fotografic Valencia; Erinnerung an morgen; Das offene Auge – »Sommernachtstraum«; Erzählbilder; Galeriecafé; »andere Dunkelheiten«, Echobar.
1987: Fotografie und Malerei – Gallery Vienna, Chocago; Tiere, Galerie Stubenbastei; Fotografie, Galerie Brünnerstraße; »Brief an Nina« – Europalia, Fotomuseum Charles Roi; Gärten, Bond Gallery, New York.
Fotos auf den Seiten: 119, 168, 169

GISELA SCHEUBMEYER
Geboren 1951 in Schwanenstadt/Oberösterreich, lebt in Wien. Zwei Jahre Fachschule für Wirtschaftswerbung/Werbegestaltung, vier Jahre Berufspraxis in Grafikateliers, einjähriger Aufenthalt in England. Von 1977–84 Studium an der Hochschule für angewandte Kunst, Meisterklasse für freie Grafik bei Oswald Oberhuber. Preis der Stadt Wien für ihr Diplom, 1984–87 tätig im Wiener Frauenverlag, grafische Gesamtgestaltung. Seit Juni 87 freischaffende Grafikerin/Künstlerin. Diverse Super-8-Filme, Videodokumentationen, Teilnahme an Ausstellungen, Mitherausgeberin der Zeitschrift »Angewandte«, 1980 und 81, Organisation der Feminale I, 1983.
Bilder auf den Seiten: 64 & 65; Blutorangen

KARIN SCHÖFFAUER
geboren 1951 in Badgastein, Lehramtstudium an der Hoschschule für angewandte Kunst, lebt freischaffend in Wien. Ihre letzten Einzelausstellungen und Veröffentlichungen: 1983 Wien, Frauencafé; 1987 Wien, Städtische Bücherei Engerthstraße. 1986 Buch im Wiener Frauenverlag: So fühlt sich der Mond im Fleische (Kurzprosa), 1987 Veröffentlichung in zwei Anthologien: Krimianthologie und Anthologie über Literatur und Geld. Nebenher und zwischendrin: Stoffbemalungen für Kleider und Raumtextilien.
Bilder auf den Seiten: 60 & 61

DORIS LÖTSCH
geboren 1940 in Graz, lebt in Wien. Kunstgewerbeschule Graz, Akademie für bildende Künste Wien. Ausstellungen u.a.:
1983: Museum of Modern Art, New York, Zum Beispiel Steiermark.
1984: Identitätsbilder, Sezession.
1986: galerie Intacta. Performances, Filme. Mitbegründerin der Galerie Intacta.
Rückumschlag

Doris Schöttler-Boll
geboren 1945 in Nördlingen, lebt in Bremen und Essen. 1966–70, Studium an der Folkwangschule Essen, 1970–74 Studium an der Staatl. Kunstakademie Düsseldorf (bei Karl Babek und Joseph Beuys), seither freiberuflich, zwischen 79 und 86 Lehrbeauftragte an der Uni Bremen.
Letzte Ausstellungen:
1987: Zeitgleich, Gruppenausstellung Galerie Fotoforum Bremen; Dekonstruktionen oder vom Widersprechen in Bildern, Einzelausstellung mit Katalog, Rheinisches Landesmuseum Bonn, Clemens-Sels-Museum, Neuss, Museum Bochum; out of darkness (Installation und Performance in Zusammenarbeit mit Tony Morgan), Neuer Aachener Kunstverein. Veröffentlichung von Bildern u.a. in diversen konkursbüchern.
Bild neben Inhaltsverzeichnis

Autorinnen

Rita Bischof
Dr. phil., Veröffentlichungen auf den Gebieten der Geschichtsphilosophie, der Ästhetik und der Theorie der Moderne, u. a. »Souveränität und Subversion, George Batailles Theorie der Moderne«, München 1984, »Toyen – Das malerische Werk«, Frankfurt 1987; z.Z. in Florenz.
Der Abdruck der Bilder von Meret Oppenheim erfolgt mit freundlicher Genehmigung von Dr. Burkhard Wenger, Basel.

Christina von Braun
geboren 1944 in Rom, Studium der Theaterwissenschaften, Politik und Soziologie; Publizistin und Journalistin; Filmdokumentationen und -essays, Hörfunkfeatures, Autorin des Buches über hysterische Geschichtsschreibung, »Nicht ich, ich nicht« – Logik, Lüge, Libido, Neue Kritik, 1985.

Hélène Cixous
geboren 1937 in Oran, Schriftstellerin und Professorin an der Universität Paris VIII. 1974 Gründung der interdisziplinären Studienrichtung »études féminines«, Paris VIII. Veröffentlichung von 30 Büchern – Romane, Novellen, Essays, Theaterstücke, u.a.: »Le portrait de Dora«, théatre; »Angst«, fiction; »L'exile de James Joyce« (Dissertation); Prix Médicis für »Dedans«, roman; »L'Histoire terrible mais inachevée de Norodom Sihanouk, Roi du Cambodge«, théatre, Uraufgeführt 1985 im »Théatre de Soleil« Paris, unter der Regie von Ariane Mnouchkine. Auf Deutsch erschienen: »Die Orange leben«, SV 1980, »Die unendliche Zirkulation des Begehrens«, Merve 1977, »Weiblichkeit in der Schrift«, Merve 1980.

Christine Garbe
Literaturwissenschaftlerin, Lehrbeauftragte am FB Germanistik der FU Berlin, Dozentin in der Frauenbildungsarbeit. Forschungsschwerpunkte: Literarische Sozialisation von Frauen, Theorie der Weiblichkeit (18. Jh. / Romantik), Feministische Literaturkritik.
Veröffentlichungen u.a.: »Sophie oder die heimliche Macht der Frauen. Zur Konzeption des Weiblichen bei J.J. Rousseau. In: I. Brehmer u.a. (Hg.), Frauen in der Geschichte IV, Düsseldorf 1983.

Eva Meyer
geboren 1950 in Freiburg/Breisgau. Lebt in Berlin. Studium der Philosophie, Kunstgeschichte, Archäologie und Romanistik in Freiburg und Berlin, Ausbildung zur Puppenspielerin an der Deutschen Figurentheaterschule in Bochum, Mitbegründerin des Lilith-Frauenbuchladens und Verlags in Berlin, Übersetzungen aus dem Französischen, 1982 Promotion, Lehrtätigkeit im In- und Ausland.

Veröffentlichungen (Auswahl): »Zählen und Erzählen«. Für eine Semiotik des Weiblichen (1983), Medusa Verlag, Wien, seit 1986 bei Stroemfeld/Roter Stern, Basel/Frankfurt; »Versprechen. Ein Versuch ins Unreine«, 1984, »Architexturen«, 1986, beide: Stroemfeld/Roter Stern. »Briefe oder die Autobiografie der Schrift, 1986, Bentili Verlag, Bern.

KARIN RICK
geboren 1955 in Wien. Studium der Germanistik, Philosophie, Kunstgeschichte. Dolmetscher- und Übersetzerausbildung in Wien. 1980–1985 Lehrauftrag für moderne Literatur an der Universität Nancy, Frankreich. Lebt als freie Autorin in Wien. Diverse Veröffentlichungen zur historischen Frauenforschung, weiblicher Ästhetik, u.a. »Zu Luce Irigaray« in »Luce Irigaray, Zur Geschlechterdifferenz«, Wien, 1987. Arbeitet derzeit an dem Projekt »Rezeption französischer feministischer Philosophie im deutschen Sprachraum« und an »Bewegung des Begehrens«, Roman.

MONIQUE SCHNEIDER
Philosophin und Psychoanalytikerin in Paris, 1980 Habilitation in Paris X, über »La réflexion émotionelle«. Derzeit: »Maître de recherches au C.N.R.S. (Nationales Forschungszentrum) Paris. Publikationen: »De l'exorcisme à la psychoanalyse. Le féminin expurgé.«, (Zur Austreibung des Weiblichen), Retz, 1979. »La Parole et l'Inceste«, Aubier-Montaigne, 1980. »Freud et le Plaisir«, Denoël, 1980. »Rère, ne vois-tu pas...?« Le Père, le maître, le spectre dans l'Interprétation des rêves«, Denoël, 1985.

BÉATRICE SLAMA
geboren 1923 in Tunis, Professorin an der Universität Paris VIII. Habilitation über »Frauen und Schrift von Colette bis Marguerite Duras«. 1985 Gründung der Forschungsgruppe »Frauenforschung« am C.N.R.S. Paris mit dem Thema »Die literarische Produktion von Frauen in Frankreich vom Mittelalter bis zu Gegenwart«. Eigene Forschungsschwerpunkte: Weiblichkeit und Schrift, Semiotik dikursiver weiblicher Praxis, sexuelle Differenz und Weiblichkeit. Dazu diverse Veröffentlichungen.

BARBARA SICHTERMANN
geboren 1943, freie Autorin in Berlin. Studium der Sozialwissenschaften in Berlin und Hannover. Zahlreiche Zeitschriftenveröffentlichungen und Rundfunksendungen. Preisträgerin des Elisabeth-Selbert-Preises der Hessischen Landesregierung und des Jean-Amery-Preises für Essayistik (1985). Publikationen u.a.: »Vorsicht Kind«, »Leben mit einem Neugeborenen«, »FrauenArbeit«, »Wer ist wie?« »Weiblichkeit. Zur Politik des Privaten«, alle in Wagenbachs Taschenbücherei, Berlin.

DOROTHEA ZEEMANN
geboren 1909, Schriftstellerin in Wien, 1970–1972 Generalsekretärin des PEN, Veröffentlichungen: »Ottilie, Ein Leben um Goethe«, »Das Rapportbuch«, »Einübung in Katastrophen«, Suhrkamp 1979, »Jungfrau und Reptil«, stw 1982, »Eine unsympatische Frau«, SV 1983, »Das heimliche Fest«, stw 1986.

MARIETTA ZEUG
geboren 1950 in Wien, Studium der Psychologie, Psychoanalytikerin, in Ausbildung bei der Wiener Psychoanalytischen Vereinigung.

Namensregister
(in Anführungszeichen literarische Namen)

Sachregister